中華民国と文物

国家建設に果たした
近代文物事業の役割

張　碧惠
CHANG Pihui

早稲田大学エウプラクシス叢書――018

早稲田大学出版部

Cultural Relics in Republic of China
The Role of Modern Cultural Relics Projects in Nation-Building

CHANG Pihui, PhD, is a part-time lecturer, Rikkyo University, Tokyo, Japan.

First published in 2019 by
Waseda University Press Co., Ltd.
1-9-12 Nishiwaseda
Shinjuku-ku, Tokyo 169-0051
www.waseda-up.co.jp

ISBN978-4-657-19803-7

Printed in Japan

目次

凡　例

一　漢字については、一部を除き、原則的に常用漢字を用いた。

二　文語文の中国語史料を引用する場合、原則として現代日本語に訳し、適宜、句読点を補った。

三　引用文を補足説明する場合は［　］内に記した。引用文を省略した場合は……で示した。

序章 本書の課題と視角

第一節　問題の所在

本書は、辛亥革命から一九四九年に中華民国が台湾へ退去するまでの期間を対象として、中華民国各政府期の文物に対する認識過程を追い、その認識に基づいて行われた近代文物事業に注目し、国家建設において文物が近代文物事業を通じてどのような役割を担ってきたのかを明らかにすることを研究目的としている。

一九世紀末から二〇世紀初頭の中国において、列強による半植民地状態から脱出するためには、西欧諸国をモデルとする近代国家建設が緊急な課題であることを政治関係者や知識人は切実に認識するようになった。国家体制をめぐる構想には、具体的には立憲君主制から革命による新国家建設まで様々であったが、この時中国国家の建設によって西欧列強に対抗し、中国の独立を維持しようとするナショナリズムが胎動した。これはやがて近代中国国家建設の基底に流れ、無論、近代文物事業の構築にも深い関わりをもつこととなる。

中国では清末において、アロー戦争および義和団事件の際の列強諸国による文物の破壊・略奪、外国探検隊による発掘品の持ち去り、さらに清末になると皇族関係者による文物売却によって、文物は大量に海外へ流出した。近代中国の文物事業はこうした破壊や海外流出から文物を保護するために、「光緒新政」が実施された光緒末期（以下、清末新政期）から構想され始めた。文物保護が西欧諸国から導入された背景には、中国が制度改革によって近代国家としての体裁を整え、国際社会から承認を獲得したいという事情もあった。そして、近代国家を樹立するためには、西欧文明に比肩できる独自の歴史や文化の存在を国内外に対して示さなければならないという認識が政府関係者や知識人たちに抱かれるようになった。

このような状況から清末新政期から中国に導入され始めた近代文物事業には、ある二面性がみられる。第一に、これらの文物制度は、欧米から学んだ文物保護や博物館制度などであり、それは西欧化＝「近代化」の一環であった。第二に、近代文物事業が対象とする文物の多くは、本来王朝体制下にあった「古物」であり、それらは中国の歴史や伝統文化を表象しうる存在であった。つまり、近代中国の文物事業には、文物を保護する過程においては「近代化」を推進する側面を有しながら、他方で事業対象となる文物自体は「前近代」の「古物」などであった。しかも「古物」には中国の歴史や伝統文化という過去の王朝体制に依拠する価値が「近代」という視座から改めて付与されることになった。

中華民国が成立すると近代文物事業において焦点となるのは、清末からの課題であった文物保護をどのように実現するかということと、新たに中華民国の政治空間に出現した「清王朝文物」を近代国家としてどのように処置し、国家機構に組み込むかということであった。中国の歴史・伝統文化という価値を投影された文物が「近代化」を志向する文物事業によって国民国家に組み込まれることは、各政府期における近代文物事業を規定する共通した特性であった。そこで、近代文物事業とりわけ文物保護と国家建設との関係性を各政府期にわたる文物制度の変遷を通じて検討することが必要となる。

また、文物の国外流出を糾弾する思潮は自国に対する危機意識と関係があった。黄興濤によれば、近代中国におけるナショナリズムは西欧列強の脅威に自覚的に対応しようという近代的な思潮・運動であったという[1]。列強諸国による文物の破壊や略奪はこうした脅威の一つであり、これを自覚的に阻止しようと企てられたのが中国の近代文物事業であった。清末新政期から始動した近代文物事業も最初のうちは対外的な危機意識に支えられた活動であり、二〇世紀以降激しさを増す中国国内のナショナリズムと呼応・連動し、時には一体化しながら、やがて文化ナショナリズムに転化していく。中国ナショナリズム、とりわけ文化ナショナリズムと近代文物事業にはこうした関係があることを念頭において、本書ではナショナリズムという用語を使用する。

近代国家の建設は欧米から近代的な諸制度を導入し、近代的国家機構を構築することであるが、それとともに重要なのが近代国家を支える国民を創出することである。近代国家を特徴づけるのは国民の存在であり、これが近代国家を国民国家と呼ぶ所以である。近代国家の有する膨大な権力は、合理的な官僚機構とその統治対象となる均一な国民を必要とする。国民国家では、本来均一ではない民衆に同一の言葉や宗教、習慣、歴史などを共有していると想像させることによって、均一な国民を創り出し国民統合を図る。

ホブズボームは、「ネイションとは国家形成の基礎となるよりも、むしろ国家設立の結果、作り出されることの方が多い[2]」ことを指摘している。小野寺史郎の指摘によれば、欧米との接触によって急速に近代国家建設を余儀なくされた中国において、この傾向はより顕著であった。清末から南京国民政府期にかけて、ナショナリズムが革命の原動力となるよりも、革命のあとに国家や政党、知識人たちが上からナショナリズムを創出しようとしたという[3]。ここに中国の歴史と伝統文化を表象するナショナル・シンボルとして文物を活用し、国民創生に結びつけようとする近代文物事業の国家建設における重要な役割がみえてくる。

一方でゲルナーは、民族を生み出すのはナショナリズムであるという。ナショナリズムは、以前から存在し歴史的に承認されてきた文化、あるいは現実の文化財を利用する。それらを選択的に利用し、根本的に「変造」してしまう。私語が復活され、伝統が「捏造」され、ほとんど「虚構」に過ぎない大昔の純粋さが復元されるという[4]。伝統の政治的利用という点において、ゲルナーの論は中国における近代国家建設にも示唆的な考え方である。文物事業とは歴史と伝統文化が文物に投影され、それとナショナリズムが結びつけられる過程でもある。

ところで、辛亥革命を経て中華民国が成立すると、これまで不可視だった「清王朝文物」が民衆の前に出現し、文物保護とともにこれらの文物の処置が近代文物事業の新たな課題に加えられることになった。北京政府は旧都である奉天および行宮である熱河（以下、奉天と熱河）などに保管されていた清朝所蔵の文物を北京に運搬し、古物陳列所に展示した。北京政変が起こるまで溥儀とともに紫禁城内廷[5]に所蔵されていた文物は、北京政変によって溥儀が紫禁城から追放されると、その処置をめぐって守旧的な北京政府と革命派の清室善後委員会の間に抗争が起こったが、一九二五年に故宮博物院が臨時組織として設立され、これらの文物は収蔵されることになった。一九二八年北伐後、故宮博物院は南京国民政府によって接収され、正式な国家機関として位置づけられた。南京国民政府によって中央集権的な近代文物事業が再構築されていく過程において、「清王朝文物」は国家機構に組み込まれることになった。

故宮博物院には、「清王朝文物」を保管するのみならず、中国の歴史と伝統文化を表象する文物を民衆に対して公開し、王朝時代の文物を近代国家の文物に変換する働きがあった。とりわけ故宮博物院の設立は近代文物事業における一つの画期であるといえる。そこで、辛亥革命後に清朝所蔵の文物を保管・保護するために生まれた博物館が各政府期において文物にどのような意味を与え、国家建設にどのような役割を果たしたかを詳細に検討する必要がある。

一九三一年九月満洲事変が発生すると、日本の侵略から北平にあった文物を保護するために、南京国民政府内では文物の南遷が検討されるようになった。しかし、南遷に関して政府内部の責任の所在が定まらず、南遷が不可避となったあとも南遷先は容易に定まらなかった。さらに政府外部の動きとして、市民団体や知識人による反対運動が北平で展開された。日本軍が華北方面への侵略をうかがうようになると、危機感を高めた南京国民政府は南遷を決断し、反対運動を抑えながら三三年二月から五月までの間、五回にわたって北平にあった文物を南京や上海に運び出した。

一九三七年七月に盧溝橋事件、同年八月には第二次上海事変が起き南京の情勢が緊迫すると、南遷した文物は西南へ疎開することとなった。特に、西南疎開に際しては政府機関も重慶に移転し、疎開した文物を利用した展覧会などの文物事業が展開され、戦意高揚が図られた。抗日戦争が終結すると、西南に疎開した文物はいったん南京に戻されたが、国共内戦の敗北が決定的になると文物は台湾に再び遷移することになった。このように大量の文物が戦乱からの保護を目的として幾度も移送を経験することは、南京国民政府の近代文物事業に特異な現象である。南遷とそれに続く西南疎開は文物にどのような政治的価値を付与し、国民統合や国家建設にどのような影響を与えたのであろうか。これも重要な検討課題である。

これまでに挙げた問題は五点に整理できる。第一は、文物の海外流出を阻止するために構想された文物保護を中心とする近代文物事業は、各政権期においてどのように展開されたのか。第二は、中国の歴史と伝統文化という価値が文物に投影されることは、近代文物事業にどのように反映され事業の展開につながったのか。また、こうした文物事業と勃興するナショナリズムはどのような関係にあるのか。第三は、国家建設に不可欠な国民創出において、文物事業はどのように展開され、国家統合につながったのか。第四は、辛亥革命後、「清王朝文物」を保管・保護・展示するために生まれた博物館が文物にどのような意味を与え、国家建設にどのような役割を果たしたのか。第五は、侵略の危機に直面した中華民国は、文物を保護するために収蔵場所から文物を疎開させたが、こうした文物の移動によって国家建設における文物の位置づけにどのような変化が生じたのか。

これらはいうまでもなく個々に独立した問題ではなく、それぞれに深く関連している。たとえば、第一の問題にある「文物保護」と第二の問題の「中国の歴史と伝統文化」、「ナショナリズム」は他の全ての問題に深く関わっている。第四の問題にある「清王朝文物」に対する「保管・保護・展示」は、第五の問題にある「文物疎開」に通じ、これは当然第三の問題にある「国民創生」ともつながる。本書はこれらの問題を検討しながら、辛亥革命から一九四九年に中華民国が台湾へ退去するまでの期間を対象として、国家建設において近代文物事業がどのような役割を担ってきたのかを明らかにする。

ここで、本書で頻出する用語に関して若干の説明を行いたい。まず、「文物」についてである。文物概念は広義の用法としては移動できない歴史建築物などを含むことがある。しかし、本書では移動できる文物を中心に論じる。本書が使用している「文物」は「古物」とほぼ同義であり、発掘品を含む。なお、関連する法制度に言及する箇所などでは、移動できない文物を含む場合がある。

清末民初からの近代文物事業に関する条例などでは、「古物」という用語が使用されることが多く、しかも、一九三一年南京国民政府が公布した「古物保存法施行細則」第一五条にみられるように、「凡ての名勝、古蹟、古物は永久に保存すべきである」と移動できない名勝や古蹟も「古物」として国家法規体系下に置かれるようになった。[6] 一方、「文物」という用語も国家組織や展覧会において使われるようになった。たとえば、一九三四年に北平にあった歴史建造物の修復や調査を主な任務とする旧都文物整理委員会が設立された。ここにおける「文物」とは主に歴史建造物を指すことがわかる。[7] しかし、西北開発の宣伝活動として、三六年に行われた西北文物展覧会の名称をみれば、「文物」とは移動できるものを指している。「文物」を現在のように移動できる古代遺物と移動できない古代遺物の両方を指すようになったのが、四五年設立された清理戦時文物損失委員会であった。同委員会は、文化建築、美術、古蹟、古物の四つの部門に分けられ、移動できるものおよび移動できないもの両方を対象としている。[8] この戦後に形成された文物概念が、その後一般的な概念として普及したと考えられる。

本書が使用している「文物」は、前記のように第二次世界大戦終結前後までの中国における「文物」の用法とは異なる部分がある。本書が対象として設定したのは、広い意味での文化財保護の問題ではなく、古美術・工芸品、古図書・文献など移動可能な文物である。移動できる文物に限定することによって初めて南遷、西南疎開、海外流出、戦後返還要求などを中国近代文物事業を特徴づける特異な事象として浮かび上がらせることが可能となる。こうした理由から、本書では移動できる文物に着目して論じている。なお、前近代における文物概念については第一章で改めて詳述する。

また、清朝が中国歴代王朝から受け継ぎ、紫禁城の内廷・外朝のみならず奉天や熱河などに保管された文物の集合体を「清王朝文物」と総称する。なお、紫禁城内廷に所蔵され、北京政変後にその処置が問題となる「清王朝文物」については奉天と熱河に所蔵されていた同文物と区別するため、「内廷文物」とする。さらに、故宮博物院の所蔵文物ないしは故宮博物院を想起させる文物の総体に対して「故宮文物」という言葉を用いる。満洲事変後に文物が北平から南遷する際には、その対象となった文物について、その所蔵機関を問わずに「北平文物」[9]とする。これらの用語が文中に頻出するのを避けるため、文脈を考慮したうえで文物と表現する場合がある。

次に「近代文物事業」についてである。近代文物事業とは、近代化を志向する政府による文物を保護・管理するための組織と法整備、およびこれらの制度に基づく諸活動の総称であり、文物に関わる教育・啓蒙、プロパガンダ、外交活動なども含むものとする。近代文物事業は中国では西欧の文物事業を導入することから始まり、前近代において王朝のために王朝所有の文物を管理する活動とは明らかに異なる。

本書における研究対象期間は辛亥革命から一九四九年に中華民国が台湾へ退去するまでの期間に限定する。[10]ただし、関連のある清末におこった出来事にもふれている箇所がある。本書が近代文物事業の主体として言及している政権は、北京政府、南京国民政府、さらに抗日戦争期に西南に行政機構を移転した南京国民政府（重慶国民政府）である。その理由は各々の政府が国際社会から中華民国の代表政府として承認されていることと、これらの政府は全国レベルでの近代文物事業に関わった政府だからである。以上を前提としたうえで次に先行研究の整理に移りたい。

第二節　先行研究の検証

一　近代文物事業に関する先行研究

中国の近代文物事業の全体像を俯瞰できる先行研究には、史勇の『中国近代文物事業簡史』[11]と吉開将人の「近代中国における文物事業の展開――制度的変遷を中心に」[12]が挙げられる。

史はアヘン戦争から中華人民共和国建国までを対象期間として、近代の文物事業全般を網羅的かつ時系列的に整理しており、中国における近代文物事業史の全体像が精緻にとらえられている。一九二〇年代から三〇年代にかけて各地で中国共産党が展開した文物保護や、抗日戦争期の日本統治下の各政権による文物事業にまで記述は及んでおり、北京政府期と南京政府期の文物事業が詳細に記述され、その後の文物事業の基礎が形成されたことや、文物事業が両政権の統治基盤を固めたことが指摘されている。一方で、これらの政権は軍事実力者[13]および官僚資本主義的であり、封建的かつ半資本主義的な社会状況から文物事業には自ずと限界があり、文物事業は不均衡で多くの民衆が疎外されていたとする。[14]史はあくまで通史として中華民国の近代文物事業を詳述することに徹しており、そこには中華民国という政治的枠組みを設定して文物事業と国家建設との関係を検討するという課題が残されているように思われる。また、史の場合、中華民国の政治空間に出現した「清王朝文物」の処置について辛亥革命にまで遡った検証がなく、そのため故宮博物院についても古物陳列所に関する考察がないままに、単に溥儀の紫禁城内廷退去によって建設された画期的な施設であるという記述に止まっている。さらに、文物疎開と海外展覧会について国家建設および文物の政治的意味の変容に関する部分に議論の余地が残されている。

吉開は清末から一九三〇年代半ばまでの期間を対象に、各政権期の文物事業の制度的変遷について時系列的に考察している。これは中国の近代文物事業に関する先駆的な論考であり、各政権期の文物事業の展開を政治背景などと関連させて論じている。ここには吉開自らも述べているようにいくつかの検討課題が残されている。まず、満洲事変後の文物南遷がその後の南京国民政府による文物事業の組織・法制的な展開にどのような影響を及ぼしたかについてである。また、抗日戦争と文物の関係、戦後接収と賠償問題についても検討の余地がある。[15]

史と吉開の研究は、いずれも近代中国の文物事業に関する先駆的な研究であるが、本書では両研究に立脚しながら、史の網羅的な近代文物事業研究とは異なる枠組みを用い、吉開が指摘した検討課題を視野にいれながら論じていきたい。

中国への近代諸制度の導入については、旧体制の再編や連続性を指摘する論考が多くみられる。たとえば、外交制度、衛生制度、税関制度、教育制度、交通通信政策などの分野が挙げられる。[16] これらの先行研究では、いずれも清末からの連続性を視野に取り入れているという共通点がある。これらの諸事業の多くは王朝体制下において何らかの形で旧制度としてすでに存在し、その継承や否定、西洋からの新たな制度の導入、置換、折衷などが複雑に関係し合いながら近代制度として形成されていった。

一方、文物事業の場合、近代国家以前の王朝体制下では旧制度と呼べるほどのものはなかった。西洋へ文物が流出することを防ぐ手だてが清末に緊要となり、さらに「清王朝文物」の処置という特異な事業対象が辛亥革命によって出現したことが、近代文物制度を初めて構想させたのであった。外交や、税関、衛生、教育などの諸事業とは異なり、文物保護という課題は少なくとも清末以前の王朝体制では存在せず、「清王朝文物」についても対象となる文物は王朝体制下では民衆にとって不可視な存在であり、一般社会や民衆との接点はほとんどなかった。このように近代文物事業にはその他の近代諸制度にみられるような連続性は認められない。こうした中国近代文物事業の特殊性から、これを視座にすることによって他の近代諸制度に関する考察からはとらえきれない、国民の創生と歴史・伝統文化といった領域と国家建設との関係が明らかになろう。

以下では、本書に関係する個別分野の先行研究について述べておきたい。

二　王朝文物・博物館に関する先行研究

中華民国の近代文物事業のなかでは、「清王朝文物」を「中華民国の文物」に変換する装置としての博物館の問題が大きな位置を占める。博物館は西欧で誕生したが、王朝文物と博物館の関係については以下のような先行研究がある。鈴木良は、近代国民国家の成立にあたって、前代の王朝から引き継いだ膨大な文化財は、国家的財産として博物館によって集積、展示され、国家的威信を示すものとなり、国民統合のうえで大きな役割を果したことを指摘した。(17)また、松宮秀治は、近代国民国家におけるミュージアム制度は以下のように自己規定していると述べている。

かつての王侯の私的財産であり、たとえ恩恵的に解放されることがあるとはいえ、原則的には非公開のものであった「宮廷コレクション」を、法的に国民の共有財産と規定し、公開性の原則のもとに新たな国民の教養財産に整序し直したものがミュージアムであると近代国民国家のミュージアム制度は自己規定する。宮廷コレクションは旧体制の王権イデオロギーとして否定され、克服され、新しい近代的な諸価値の原理のもとで再構成されねばならないものとされる。[18]

松宮によれば、王朝文物を法的かつ公開性の原則のもとに新たな国民の教養財産へと変換するものが「ミュージアム」であった。さらに、金子淳はイデオロギーの装置、政治の表象手段として博物館像を描いた。国家を取り巻く状況において、博物館は国家にとって都合のよい装置となることで、結果として、博物館は政治的中立であることはできない。政治に隷属し、「権力のモニュメント」として機能する潜在性を有している存在であることを指摘した。[19]

ベネディクト・アンダーソンは博物館と「国民建設」、ナショナリズムの関係について次のように言及している。すなわち、植民地政府によって発掘された遺跡や発掘品は博物館化され、展示を通じて統治の正当性に根拠を与えてきた。しかし、被植民地が独立国家になるとともに、その本来の特質が忘却され、やがて、独立国家のナショナリズムに転用され、「国民的アイデンティティの記号」となっていく。このように、アンダーソンは植民地という状況における博物館に関する言及ではあるが、博物館と博物館によって想起される歴史的、空間的なもの（博物館的想像力）は、いずれも政治的なものであり、その意味は国家体制や政権交代によって、転換させられるものであることを強調し、国民の創出に結びつくとした。[20]

清朝の文物が近代文物事業を通じて国家財産に変換されることを、林志宏は『四庫全書』を事例として考察した。清朝によって編纂された『四庫全書』は王朝が所有することに神聖な意義があったが、民国時期にこうした意味が失われて国家の文物となり、その後印刷出版によって国粋を伝承する文化機能を付与され、国民国家の建設において新たな意味を持つこととなったという。[21]

これらの研究はその射程や方向性に差異をみせながら、博物館などを通じて前王朝（アンダーソンの場合は植民地政府）の文物は国家財産や国民の共有財産へと大きく変換し、それは近代的諸価値のもとで再構成され、公開の原則のもとで国民統合を促す存在であるという認識では共通している。本書では、これらの先行研究に立脚し、中華民国において博物館が王朝文物を国家建設にとって意味あるものへ変換する装置であるという視点に立って考察を進める。

三　故宮博物院・「故宮文物」に関する先行研究

中国の博物館のなかで特異な位置を占めるのが故宮博物院である。北京政変後、紫禁城内廷にあった文物（以下、「内廷文物」）を国民に公開するために設立された故宮博物院に関して次のような先行研究がある。まず、故宮博物院の設立経緯、設立過程を時系列的に論じたものとして、馮明珠[22]、周密[23]の研究がある。また、重要な資料として、台湾退去までの故宮博物院の運営を記録した呉景周[24]（瀛）、那志良[25]、荘厳[26]らの回想録がある。一九六〇年代台湾の中華文化復興運動における故宮博物院の位置づけに注目した研究に蔣復璁[27]などがある。

これらの故宮博物院に関する研究は、個々には実証的な優れた研究である。だが、清末からの近代文物事業のなかで、故宮博物院を位置づけようとする研究は少ない。本書は故宮博物院をあくまで中華民国の文物事業の一つとして取り上げ、その他の文物事業と相対化して論じることにより、先行研究の問題点の是正を図る。

前記のほかに故宮博物院に関する次のような研究がある。松金公正は二〇〇〇年代後半にみられた「国立故宮博物院組織法」の成立に至る条文案の変化と、本館リニューアルによる故宮博物院の変容から、台北故宮博物院が持つ「中華」の意味を台湾の文脈のなかに位置づけ直そうとする。[28]呉十洲『紫禁涅槃――従皇宮到故宮博物院』は故宮博物院設立の前後から議論を起こし、「清王朝文物」の特徴、故宮博物院と古物陳列所との関係性、そして、五・四運動を経て、学術団体が設立に果たした役割を明らかにした。さらに、フランスのルーブル美術館およびソ連のエルミタージュ美術館との比較も視野に入れ、近年における両岸の故宮博物院の発展状況や相互交流までを考察した。[29]家永真幸は、戦後の国共間における「唯一の合法政府」をめぐる闘争のなかで、故宮博物院の文物が国際社会においてどのように争点となったのかを故宮博物院設立時期にまで遡及して論証している[30]。また、家永は清朝皇室のコレクションに由来する「故宮文物」が「国宝」となる過程を丹念に考察し、さらに戦後から近年までを対象に、両岸政府による「故宮文物」の政治利用を明らかにした[31]。本書ではこれらの研究から得られる知見を活用して議論を展開したい。

四　南遷、展覧会などに関する先行研究

文物の移動と展覧会に関して、林伯欣は故宮博物院の収蔵品が抗日戦争期の南遷から、戦後台北での新館開設まで数回にわたって移動したことに着目した。中華民国が幾度かの「国難」を乗り越える過程において故宮博物院の収蔵品が神格化され、「国宝」という地位を獲得したことを検証した[32]。一方、呉淑瑛は海外展覧会への出展を通じて、故宮博物院の収蔵品が宮廷の脈絡から引き離され、国家を表象するようになったという。これが故に故宮博物院は今日に至っても、国家の範疇かそれとも文化の範疇とみるべきかの論争が絶えないと述べている[33]。「故宮文物」の遷移については杭立武の回想録が挙げられる[34]。さらに、宋兆霖は一九四〇年のモスクワへの出展について、一次史料を駆使し、国民政府が抗日戦争期に行った文化外交であると位置づけた[35]。

前記の先行研究はいずれも故宮博物院収蔵品の移動と海外出展に焦点をあて、「故宮文物」の政治的な意味の変容を詳細に検証している。しかし、これらの研究では故宮博物院とその文物の存在を所与のものとしており、故宮博物院と「故宮文物」の成立過程に関する検証は行っていない。そのために、故宮博物院に関する事業をその他の中華民国の文物事業との関係から相対化する視点に欠けているように思われる。また、これらの研究には海外展覧会に先行して開催された全国美術展覧会および戦後収復区で行った展覧会への言及もない。さらに移動という文物の特性に注

目すれば、海外に流出した文物を中国に回収しようとする活動も文物事業として考察されなければならない。略奪などによって海外へ流出した文物を調査し可能であれば回収しようとする事業に関しての先行研究は少なく、この点についても検討の余地が残されている。

先行研究と本書との関係について整理すると、個別の事業分野に関して対象時期を限定した詳細な先行研究は存在するが、それらの総体を整理した研究はほとんど行われてこなかったと考える。本書は前述の先行研究に立脚しつつ、個別分野を横断しながら中華民国の近代文物事業を総合的に考察する。また、近代文物事業は他の近代諸事業とは異なり、王朝体制下に旧制度を持つことがなかった。そこで、近代文物事業を視座にすることによって、他の近代諸事業に関する考察からはとらえきれない、国民の創生と歴史・伝統文化といった領域と国家建設との関係が明らかになるのではないかと思われる。そして、中華民国という枠組みをあえて設定することによって、研究が通史的、網羅的に拡散することを回避したい。

第三節　本書の構成

これまで述べてきた問題の所在および先行研究を踏まえて、本書は以下のような構成をとる。

第一章では、辛亥革命後、初めて国際社会に承認された北京政府が取り組んだ近代文物事業について、清末からの課題であった文物の海外流出を防ぐための文物保護を中心に、関係組織と法整備について述べ、近代文物事業が要請される背景、北京政府期の近代文物事業の限界について論じる。本章が主に対象とするのは一九一二年から二八年に蔣介石の率いる北伐軍が北京に入るまでの期間である。なお、「清王朝文物」を接収し古物陳列所や故宮博物院に収蔵したことは北京政府期の重要な文物事業であるが、この問題は第三章で改めて論じる。

第二章では、一九二八年から三七年に南京国民政府が西南内陸へ移転するまでの時期を対象に、南京国民政府の近代文物事業について論じる。北京政府から未完の近代文物事業を受け継いだ南京国民政府は、近代文物事業に関連する法令や組織の整備、外国探検隊に対する統制と中国が独自に行う発掘調査、文物保護事業の国際社会での展開などにおいて大きな成果をみせた。また、文物を民族や歴史、伝統を表象する存在として活用することによって、国民統合を図るようになったのも南京国民政府期からである。本章では、こうした近代文物事業を個々に検討し、南京国民政府が中央集権的体制を整えるなかで近代文物事業はどのように構築され、国家建設につながったのかを明らかにする。

第三章では、近代文物事業において故宮博物院という装置が果たした役割について述べる。辛亥革命直後に、奉天と熱河の文物を古物陳列所に収める経緯や、北京政変後、「内廷文物」を収蔵するために故宮博物院が設立された政治背景、南京国民政府が故宮博物院を接収した政治状況などを検討し、中華民国の近代文物事業における故宮博物院の位置づけを探る。ここでは、「清王朝文物」が「中華民国の文物」に変換され国民に公開されることと、中国の近代国家建設との関係についても論じる。

第四章では、文物の疎開について論じる。まず、一九三〇年ごろからすでに検討されていた古物陳列所文物の南京移転に対する市民団体の反対運動を検討し、それを踏まえて、満洲事変後の「北平文物」南遷をめぐる南京国民政府内部の混乱と、南遷反対運動にみる市民の意識などについて探る。また、南遷文物の内訳を検証することを通じて南遷における故宮博物院文物の位置づけを探り、故宮博物院の文物を含む「北平文物」が「故宮文物」と総称されるようになった理由について考える。さらに文物の西南疎開と重慶移転後の国民政府の文物政策について論じる。

第五章では、まず、一九二九年から三回にわたって国内で開催された全国美術展覧会での文物展示が、南京国民政府期に実現した背景を探り、国家統合に果たした役割を論じる。また、ロンドンで開催された中国芸術国際展覧会およびモスクワ中国芸術展覧会への参加経緯を整理し、文物展示の国際関係における政治利用について論じる。さらに、第二次世界大戦後の四川、南京、台湾などでの展覧会において文物を展示した狙いとそれを通じて文物によって表象されるものの意味を探る。

第六章では、中華民国政府によって展開された文物に関する「戦後処理」が第二次世界大戦後の国家再統合に果たした役割について論じる。まず、文物損失調査と文物返還要求を国際政治のなかで位置づけ、中国国内における文物損失調査についても整理する。さらに、日本に対する文物返還とGHQとの関係や、中華民国によって日本で行われた文物調査について検討する。そして、文化機関、文物、「敵偽財産」の接収や疎開地からの帰還について論じ、毛公鼎にみる戦後の文物回収の意味についても言及する。

補論では、辛亥革命から北京政変期の『順天時報』に掲載された「清室宝物」に関する社論・論説を分析し、文物南遷の大きな理由となった日本の中国文物に対する高い関心が、すでに北京政府期において抱かれたことを検証する。この補論は、中国の近代文物事業について分析した本書の各章と異なり、主に日本側の動向を述べるものであり、そのために補論という形式を用いた。

以上、各章の内容を終章においてまとめ、本書の結論とする。

注

（1） 黄興濤著、小野寺史郎訳「近代ナショナリズムの感情・思想・運動」飯島渉、久保亨、村田雄二郎編『シリーズ20

世紀中国史1　中華世界と近代』東京大学出版会、二〇〇九年、一八九頁。

（2）　E・J・ホブズボーム著、浜林正夫、嶋田耕也、庄司信訳『ナショナリズムの歴史と現在』大月書店、二〇〇一年、九八頁。

（3）　小野寺史郎『国旗・国家・国慶――ナショナリズムとシンボルの中国近代史』東京大学出版会、二〇一一年、五頁。

（4）　アーネスト・ゲルナー著、加藤節監訳『民族とナショナリズム』岩波書店、二〇〇〇年、九五頁。

（5）　紫禁城の宮殿全体は、外朝と内廷からなる。外朝とは皇帝の公務執行場として、乾清門より南にある太和殿、中和殿、保和殿の三大殿および文華殿、武英殿にあたり、辛亥革命後に民国政府によって接収された。内廷とは皇帝が日常生活を送る場所であり、乾清門より北にあたる各殿である。一九二四年溥儀が紫禁城から退去させられるまで、内廷で生活していた。

（6）　「古物保存法及施行細則與各地辦事処暫行組織通則、古物之範囲及種類大綱（一九二九年一月八日―一九三五年一一月一九日）」、「古物保存法及施行細則案」国史館蔵、国民政府檔案、檔案号：001-012111-00004-000。

（7）　「旧都文物整理委員会組織規程（一九三四年一二月二一日―一九三七年六月三〇日）」、「旧都文物整理委員会組織規程」国史館蔵、国民政府檔案、檔案号：001-012100-00025-000。

（8）　「成立戦区文物保存委員会案（一九四三年六月―一九四六年三月）」、「戦區文物保存委員会」国史館蔵、外交部檔案、檔案号：020-050207-0050。

（9）　本書において「北平文物」とは、清朝由来の文物をはじめ、民国期に入り民国政府によって収集された文物や考古発掘品などを含み、その所蔵機関を問わず、満洲事変後に北平から南遷する際にその対象となった文物を指す。その収蔵機関は、国民政府直属の故宮博物院、内政部所属の古物陳列所、国子監、北平壇廟管理所および北平市政府所属の頤和園が含まれる。

（10）　本書が研究対象とするのは、一九一二年から四九年までの中華民国が中国を統治していた時期に行った文物事業である。一九四九年中華民国が台湾へ退去して以降、台湾で行った文物事業は研究対象としない。台湾海峡を挟んで両岸が行った文物事業を論じるためには新たな枠組みを立てる必要があり、本書で扱うのは適当ではないと考えられるからである。

（11）　史勇『中国近代文物事業簡史』蘭州：甘粛人民出版社、二〇〇九年。

（12）　吉開将人「近代中国における文物事業の展開――制度的変遷を中心に」『歴史学研究』七八九号、二〇〇四年六月、五二―六二頁。

(13) 原文では軍閥となっている。
(14) 史勇前掲書『中国近代文物事業簡史』、一〇頁。
(15) 吉開将人前掲論文「近代中国における文物事業の展開――制度的変遷を中心に」、六二頁。
(16) 飯島渉、久保亨、村田雄二郎編『シリーズ20世紀中国史1 中華世界と近代』、『シリーズ20世紀中国史2 近代性の構造』東京大学出版会、二〇〇九年。
(17) 鈴木良、高木博志編『文化財と近代日本』山川出版社、二〇〇二年、三頁。
(18) 松宮秀治『ミュージアムの思想』白水社、二〇〇九年、二二一二三頁。なお、本書の著者は、日本では「ミュージアム」を「博物館」や「美術館」などの個別的な機能として取り入れ、統括的な概念としての「ミュージアム」とその背後にあるミュージアムのもつ西欧イデオロギーを充分に受容することはできなかったという。同前、八-九頁。
(19) 金子淳『博物館の政治学』青弓社、二〇〇一年、一〇-一六頁、一八八-一九二頁。
(20) ベネディクト・アンダーソン著、白石さや、白石隆訳『増補 想像の共同体――ナショナリズムの起源と流行』NTT出版、一九九七年、二七四-三〇一頁。
(21) 林志宏「旧文物、新認同――『四庫全書』與民国時期的文化政治」『中央研究院近代史研究所集刊』第七七期、二〇一二年九月、六一-九九頁。なお、林は、『四庫全書』の考察を始めるにあたって、清朝から民国への政治体制の変革を経て、文物は伝統的な「好古の思潮」を脱して、それまでとは異なる三つの発展をみせたことを提示している。それは第一に、文物の種類と所有について政府が法令によって境界を示し、文物の国有化を方向づけたことである。第二に、公共輿論を通じて何が文物かを検討し、保護と収蔵、研究に関する意見を集約したことである。第三に、収蔵問題を解決するための博物館あるいは鑑賞機構の設立である。そして、林によれば、これらの三つの側面は、いずれも近代ナショナリズム運動およびその風潮と深く関わっているという。本書が国家建設と文物の関係を考えるうえで重要な示唆を受けた。
(22) 馮明珠「国民政府時期的故宮博物院」『国父建党革命一百年学術討論集第三冊』台北：近代中国出版社、一九九五年、六五六-六八三頁、「挑戦與応変――談国立故宮博物院三十年来的変化」『故宮学術季刊』第三三巻第一期、二〇一五年、一-三六頁。
(23) 周密「国立故宮博物院的建制與沿革」台北：文化大学芸術研究所修士論文、一九八五年。
(24) 呉景周（呉景洲・呉瀛）『故宮博物院前後五年経過記二巻』李宗侗主編、中国学術名著第七輯『故宮博物院創始五年記』台北：世界書局、一九七一年。

(25) 那志良『故宮博物院三十年之経過』台北：中華叢書委員会、一九五七年、『故宮四十年』台北：台湾商務印書館、一九六六年、『典守故宮国宝七十年』北京：紫禁城出版、二〇〇四年。
(26) 荘厳著、筒井茂徳、松村茂樹訳『遺老が語る故宮博物院』二玄社、一九八五年。
(27) 蔣復璁『中華文化復興運動與国立故宮博物院』台北：台湾商務印書館、一九七七年。
(28) 松金公正「台北故宮における『中華』の内在化に関する一考察――国立故宮博物院組織法の制定を中心に」『台湾における〈植民地〉経験――日本認識の生成・変容・断絶』植野弘子、三尾裕子編、風響社、二〇一一年、五五–九八頁、「台北故宮と『中華』との距離――『建院70周年』と『建院80周年』との間の連続性と非連続性」『交錯する台湾』沼崎一郎、佐藤幸人編、アジア経済研究所、二〇一二年、二〇九–二五〇頁。
(29) 呉十洲『紫禁涅槃――従皇宮到故宮博物院』社会科学文献出版社、二〇一八年。なお、本書は一九九八年九月に出版された『紫禁城的黎明』文物出版社の増訂版であり、「第九章共産党接手故宮博物院」、「第十章飛去的黄鶴」、「第十一章故宮学与平安故宮工程」、「第十二章両岸故宮博物院比較」が書き加えられた。
(30) 家永真幸「故宮博物院をめぐる戦後の両岸対立」『日本台湾学会報』第九号、二〇〇七年、九三–一一四頁。
(31) 家永真幸『国宝の政治史――「中国」の故宮とパンダ』東京大学出版会、二〇一七年。
(32) 林伯欣「『国宝』之旅――災難記憶・帝国想像、與故宮博物院」『中外文学』第三〇巻第九期、二〇〇二年二月、二二七–二六四頁。
(33) 呉淑瑛「展覧中的『中国』――以一九六一年中国古芸術品赴美展覧為例」台北：国立政治大学修士論文、二〇〇二年。
(34) 杭立武編著『中華文物播遷記』台北：台湾商務印書館、一九八〇年。
(35) 宋兆霖「路漫漫其修遠兮――記抗戦時期故宮参加之蘇聯『中国芸術展覧会』及其文物帰運」『故宮文物月刊』第三四一期、二〇一一年八月、五九–六七頁、「歴史的能見度――再探抗戦時期中国文物赴蘇聯展覧之千回百折」『紫禁城』二〇一三年第三期、一四–三三頁。

第一章

近代文物事業の黎明

——清末民初の文物保護事業

一九一一年の辛亥革命を経て、一二年一月一日に孫文が南京で臨時大総統に就任し、中華民国が成立した。この時点では清朝政府はまだ北京に存続していたが、袁世凱の説得を受け宣統帝溥儀は同年二月にようやく退位に応じた。この功績により孫文から中華民国大総統の座を譲り受けた袁は、自己の勢力基盤を有する北京から離れるのをおそれたため、南京へ赴くことを拒否し中央政府の所在地を北京に据えた。

このような経緯で樹立された北京政府は、清末の諸制度と価値観を受け継ぎつつも、それを脱しようと模索した。しかし、財政、人材、政治などの諸条件が整っていなかったため、打ち出された多くの新制度には一定の形式は備わっていたものの、その多くが実効性のある事業展開に至らなかった。

北京政府は清末から問題となっていた文物に対する破壊・売却や海外への文物流出を防ぐために、文物保護を担当する組織や関連法規の整備を進めた。北京政府期の近代文物事業には、このほかに「清王朝文物」に対する処置の問題があるが、本章では前者を中心に検討し、「清王朝文物」処置問題は、関連法令や組織に関する最小限の言及に止め、詳しくは第三章に譲りたい。

なお、北京政府期の文物事業に関する先行研究には、まず、清末から民国期の中国近代文物事業の展開を制度の変遷からみた吉開将人の研究がある[1]。また、文物保護制度を法制面から考察し、文物保存法の制定過程およびその実施過程の問題点を詳細に論じたものとして、黄翔瑜の研究が挙げられる[2]。さらに、中国近代文物保護の法制化過程を通じて文物に主権意識が現れた経緯については、李建の研究がある[3]。本章はそれらの知見を参照しながら、北京政府期の近代文物事業について検討する。

さて、本章の第一節では、まず前近代の文物制度の概要を述べ、清末期の文物流出と近代文物事業との関係について論じる。そして、文物保護意識が高まる背景としてナショナリズムと知識人の言論を取り上げ、清末新政期に初めて整備された文物保護制度とその限界について考察する。第二節では、まず北京政府期の文物保護に関わる組織と法整備について整理する。そして、義和団事件の賠償金返還と近代文物事業との関係に言及し、北京政府期の文物事業の限界を関連組織間に生じた不調和の視点から検討する。第三節では、中国における考古学の受容過程について述べ、外国探検隊に対する規制と中国側の主導権の確立をナショナリズムとの関係から論じる。

第一節　清末の文物流出と文物保護

一　前近代の文物制度と文物概念

中国の近現代における「文物」という概念は、前近代では「古器物」、「古物」、「骨董」、「古玩」などの言葉で表されていた。秦から明清時代までは文物が礼楽典章制度を指していたことが確認でき、近現代における文物が有する

「物質性」を含意する概念ではなかった[4]。

漢・唐時代には礼楽典章に用いる器物にまで「文物」概念は拡張し、次第に前代の遺物を指すようになったが、「文物」という言葉はその後定着することはなかった[5]。宋代に入ると、文物にあたる「古器物」、「古物」、「古董」、「骨董」、「古玩」といった言葉がみられるようになり、民間人による文化的活動が興隆し、個人がこれらを盛んに収集するようになった。また、青銅器・石刻を主要な研究対象とする金石学が始まり、各種の古代器物に注意が払われるようになった。金石学ではこれらの器物を「古器物」あるいは「古物」と総称するようになった[6]。

明清時代に入ると古物の売買が盛んに行われ、「古董」、「骨董」という言葉が一般化した。明朝においては、知識人たる資格の一つとして古器物に対する鑑識能力が挙げられるようになった[7]。清朝乾隆帝期において、初めて文物を指す言葉として「古玩」が使われ始めた[8]。清朝では、『大清律例』に本書でいう文物保護に相当する条文が盛り込まれ、その保護範囲として、条文には帝王宗廟、陵寝、宮殿、地方廟宇、仏像、碑石、造像、私人墓塚、蔵物などが挙げられている[9]。民国期になると、公文書や文献では文物の集合的な概念として「古物」が多く用いられ、文化価値を有する古代遺物の総称となった[10]。

それでは、前近代におけるこれらの文物と王朝との関係性はいかなるものなのか。これらの文物は本来その多くが副葬品であり、盗掘や拾得などによって世に現れたと推定されているが、原則的には私物化されずに、官署に提出するものと定められていた。その結果、これらの文物は歴代王朝に蓄積され、皇帝の愛玩品や宮廷の調度品となり、皇帝のコレクションを形づくっていったのである[11]。

中国では歴代の王朝交代は「易姓革命」として意味づけられてきた。そして、その王権の移行には、しばしば文物は「宝器」、「宝物」として位置づけられ、権力の継承を表象するものとしてとらえられてきた。たとえば、青銅器の「鼎」は古代においてはその所有数が権威を表し、所在場所の移動が権力の移行を示した。特に中国最後の王朝、清朝は漢民族ではないが故に、歴代王朝の所有していた文物を継承することによって、自らその統治の正統性を図ろうとした[12]。

前近代中国においては、王朝における文物の管理や考え方は皇帝の私有財産の枠から逸脱することはなかった。そして、清朝の文物管理制度は漢民族を統治するうえでの秩序維持を狙いとしており、近代文物保護制度の概念とは異なるものであった。また、近代以降に問題となる文物と国民との関係性はそこでは認識されていなかった。

二　列強諸国の侵略による文物流出

清朝政府は一八七五年以降、海外に外交使節団を派遣し、西欧各国と正式の外交関係を結ぶとともに各地に在外公使館を設立した。これによって中国の外交人員が各国を盛んに視察したため、博物館や公的に保護された古蹟、博覧会などに関する多くの見聞報告が清朝にもたらされるようになった。しかし、実際に近代的文物保護制度や博物館制度が中国へ導入され、文物保護制度が整備され始めるのは清末新政期を待たなければならなかった[13]。清末からの絶え間ない戦乱のなかで数多くの文物が破壊され、列強による略奪、清朝皇室関係者や美術商、盗掘による売却、外国探検隊による海外への持ち出しが発生した。文物が大量に海外流出したのは一九世紀の後半から二〇世紀初頭の清末民国初期であったが、この時期に流出したのは主に列強諸国による略奪の対象となった「清王朝文物」と外国探検隊による発掘品であった。

「清王朝文物」は外国駐留軍による略奪によって海外に流出した。まず、アロー戦争時に北京円明園所蔵の文物が英仏連合軍による破壊と略奪を受けた。ここから中国文物の大量流出が始まることとなった。その際、文物以外にも数多くの典籍、たとえば、『四庫全書』、『古今図書集成』などが円明園に収蔵されていたが、これらも焼失もしくは流出することになった[14]。義和団事件の際にも北京を占領する八ヵ国連合軍によって文物が大量に略奪されている。連合軍は一九〇〇年八月に北京に入城し、その直後、西太后は光緒帝とともに北京を脱出し西安に逃れたために、北京は無政府状態となった。八ヵ国連合軍は北京を一年にわたって占領し、紫禁城、三海地区、頤和園などで大規模な略奪が発生した。

こうした列強諸国の軍事行動を介した流出には、美術商も大きく関わった。義和団事件で略奪された文物は、各国軍によって組織的に本国へ搬送されたほか、北京において売却されたことが確認できる。文物が取引されたのは、北京市内で開かれた市やイギリス大使館内に設けられた競売場においてであった[15]。北京には多くの美術商が集まり、購入された大量の略奪品が海外へ持ち出された。たとえば、日本の美術商山中商会や好古堂、繭山龍泉堂などが北京へ入り文物を大量に購入した記録が残っている[16]。これらの多くは清朝皇室や皇室関係者が所有する文物であり、美術品市場において高水準の美術品とみなされた。

のちに海外での中国美術に対する高い評価の基礎は、この時期に売買されたこれらの中国文物から形成されたといわれている。冨田昇の論考によれば、中国文物の海外流出により、欧米では歴代王朝の正統的文物から構成される本格的な中国文物コレクションが次第に形成されていった。このような状況を背景にして、中国こそ東亜文物の本源に位置するという認識が広まり、一方でそれまで欧米で評価の高かったジャポニズムが急速に凋落していったという[17]。また、一九世紀半ば以降、国際社会における日本美術への関心が高まるなか、日本では中国に先立ち文化財保護に対する意識が高まり、その制度化が進められていった。その結果、世界美術市場の目は、文化財保護法制度が遅れていた中国に向けられた[18]。

海外に文物が流失するルートとして、列強諸国の略奪とともに発掘品の持ち出しがあった。一九世紀末から二〇世紀初頭にかけて、中央アジアと隣接する中国西域地方は政治的に不安定な地域であったが、義和団事件以後、列強各国は口実を設けて多数の探検隊を中国奥地に派遣して情報収集にあたるとともに、考古学的研究を進めた。そうしたなかで一九〇〇年代初頭に数万点にものぼる経典いわゆる敦煌文書が発見されたが、その主要な部分は、一九〇七年から翌年にかけて、イギリスのスタイン（Marc Aurel Stein）[19]やフランスのペリオ（Paul Pelliot）[20]に買い取られ国外へ持ち去られた。なお、これに関しては第三節で述べる。

このように清末から民国初期にかけて中国各地では外国人研究者による発掘調査が行われ、出土品が大量に海外へ持ち去られるという事態が起きた。しかし一九一〇年代前半ごろまでは、発掘品の持ち出しを一部の識者が問題視することはあったが、同時に探検隊の活動に対して学術的に評価されることも多く、その発掘自体が大きな批判を浴びることはなかった。

三　文物保護に関する知識人とナショナリズム

近代中国ではいわゆる西洋の衝撃によって、中国ナショナリズムが喚起されたといわれている。前述のような列強による文物の略奪や破壊、探検隊による国外流出は、知識人の間に文物に対する保護意識を生み出し、文物を中華文化の結晶であるとみなすナショナリズム的な風潮を醸成した。

たとえば、康有為は一九〇四年から〇五年にかけて欧州を旅行したが、この時の各国の文物保護に関する見聞を論考として数多く発表している[21]。ローマでは、古宮殿などは中国の秦漢時代の宮殿に勝ることは決してないが、中国は古物を保存できず、ローマには及ばないことを嘆いている[22]。パリの博物館を訪れた際には、義和団事件で流出した「中国内府図器珍物」、特に「玉璽多数」をみて、戊戌変法の失敗が文物流出につながったとして、次のような文章を残している。「数千年来の至宝から祖宗伝授の玉璽に至るまで、全て保存できずに敵国に流出した。これらの物がここにあるのは、これ（戊戌変法の失敗）が故である。中国が滅びかかり、黄種が滅亡しそうになるのも、これが故である」[23]。

さらに、「古物の保存によって、その国家の文明は増進する。古物が継承されるならば民が賢人を敬っていたことが察せられ、古物があることで民に感性が生まれる。しかし、インド、エジプト、アテネ、ローマでは古物を保存することができたのに、中国ではそのほとんどを失ってしまった。吾民は甚だしく文明の名を汚している」[24]と書いている。康有為は、古代文明を有する諸外国が文物を保護していることに対して、中国がその破壊・流出を防ぐことができず、それが中国と黄色人種（中国人）の興亡につながると憂いている。

また、一九〇五年、鄧実[25]と黄節[26]らが上海において国学保存会を立ち上げた。その主旨は「国粋保存」であり、「国学を宣揚し、国粋を保存する」ことを掲げ、文物や史籍の収集・保存を盛んに行った。そして、『国粋学報』、『国学叢書』、『風雨楼叢書』などの出版を通じて、文物保護の重要性を説くとともに、文物保護には法制度の整備が欠かせないことを政府に呼びかけた[27]。特に『国粋学報』は書画だけではなく「古物」も「国粋」を構成するものとみなし、複製品を使って中国文化を理解し、その保護の重要性を喚起しようとした[28]。こうした清末における知識人たちの言論や活動はやがて一九一〇年代の新文化運動につながり、高揚するナショナリズムに結びついていったことが想像できる。

「国粋」という概念についてであるが、これは日本の国粋主義の影響を受けて形成された。一九〇一年に梁啓超は『中国史叙論』において西暦採用に対して「国粋」という言葉を用いて懸念を示しており[29]、さらに、一九〇二年四月康有為への書簡のなかで「日本も明治の初めに〔伝統を〕破壊したが、近年に至って国粋保存の議論が起きている」と述べている[30]。そして、日本の国粋主義を理念として紹介しただけではなく、その普及と啓蒙に努めたのは黄節であった。また、こうした「国粋」概念は清末の開明官僚である張之洞にも影響を与え、清朝の政治体制のなかで中国文化を保存することに力を注ぎ、「保存国粋」に尽力した。「国粋」概念は、知識人や政府関係者だけではなく、当時の中国社会にも広まりをみせ、ナショナリズム的な言動のなかでしばしば用いられた。特に、一九一〇年代から二〇年代にかけて公文書などにも散見されるようになり、「国粋発揚」といえば「古物保存」が引き合いに出されるようになった。(31)

四　文物保護制度の整備とその限界

清末新政期から文物保護に関する諸制度として博物館、文物の調査研究、関連法規の整備などが導入され始めた。これらの事業を管轄したのは新たに設置された学部と民政部であった。(32)

一九〇五年一二月に学部は、教育行政を管轄する中央機関として従来の礼部の業務を一部受け継ぐ形で設立された。学部の下には五司の部局が設けられ、その一つである専門司は大学専門学堂、各種の学会、図書館、博物館、天文台および留学などの業務を担当した。(33)この時期、奉天の「清王朝文物」を保全・公開する目的で「皇宮博物館」が構想されたが実現しなかった。(34)また、地方では、地方政府や宣教師などによる博物館開設の動きが盛んにみられ、辛亥革命の時点ですでに全国一五ヵ所に博物館が開設されていたとされる。さらに、この時期すでに博物館の運営に必要な人材の養成にも着手され、一九〇六年九月には、京師大学堂付属小学堂に博物館実習簡易班が設置されている。(35)

近代文物事業に関わる調査研究組織の整備およびそれに関連する法整備は、一九〇六年に設置された民政部の所管となった。民政部の下に置かれた営繕司に古蹟科が設けられ、全国の古蹟を調査したうえで保存にあたるとともに、神廟、仏寺、道観の保全を管轄した。また、営繕司は清朝皇室の私的施設の維持も前身組織の工部から受け継ぎ、さらにその保存、調査が任務に加わった。(36)

一九〇九年に古蹟などの調査・保存を目的とした「保存古蹟推広辦法」が民政部によって上奏され、認可を受けた。同辦法では保護すべき文化財は調査と保存の二つに分けられている。調査対象として挙げられたのは、「周秦以来の碑碣・石柱・石磐、塑像及び石刻・古画・摩崖字跡の類」、「石質古物」、「古廟名人画壁や彫刻塑像の精巧な作品、美術に関わる字跡」、「古代帝王の陵墓・先賢の祠墓」、「名人の祠廟[37]」、「古人の金石・書画並び陶磁器などの什器や、宋元の精巧に印刷された書籍・石拓・碑版」などの六類であり、その種類、製造年代、残欠状況などについて報告資料を作成することが定められた[38]。

一方、保存対象となった文化財については次の五類が挙げられ、それぞれに保存方法が付記されている。「碑碣・石柱・石磐、塑像などは室内への移動や柵などで守ること」、「古人の金石・書画並び陶磁器などの什器や、宋元の精巧に印刷された書籍・石拓・碑版などは、各省城で博物館を設置し随時収集すること」、「古代帝王の陵墓・先賢の祠墓はその標誌を立て、修復などについて各地方がその業務を負うこと」、「古廟名人画壁や彫刻塑像の精巧な作品、美術に関わる字跡は適切に保護し、不当な修復を避けること」、「陵墓に属さないが、古蹟であるものなら、植樹や石碑の建立などで明示し、消滅させないこと」。同辦法は一見、全ての古物を網羅しているようにもみえるが、定めた古物の範囲は広く、その選定基準も明確に示されていない[39]。

また、「保存古蹟推広辦法」の上奏文には以下のような趣旨が掲げられている。

諸外国の多くはどこでも博物館を設けて品物を収蔵し、文明の発揚とその保存を目的とするのが通例であり、戦時下でも他国は損傷してはならず、損傷した場合は賠償の責務を負うことが国際法となっている。それにもかかわらず、中国は調査に努めず、保存に力を入れず、そのため海外の外国商人が巨費を惜しまずに我が国の内地に赴いて古代の碑文・石刻・図画塑像の類を購入し本国に運び出す。そもそも我が方はもとよりこれを有していながら、これを宝物として大切にせず、瓦礫と同じように見なし、それが外に流れるに任せていた。国の体面として不名誉である。[40]

ここでは欧米諸国に比べて中国の文化財保護が後進的であり、そのために流失が起き、国としての体面が問われると危惧している。

さらに、民政部とは別に学部も文物の調査を行っていた。一九一〇年に学部は「通飭査報保存古蹟」を公布した。[41]これに先駆けて、学部は熱河行宮所蔵の『四庫全書』および避暑山荘各殿の書籍を移管するため、一九〇九年秋に京師図書館の設置に着手したが、同図書館への『四庫全書』の移管が実現するのは辛亥革命後であった。[42]同図書館はこのほかに義和団事件による散逸を免れた翰林院の『永楽大典』残部の移管や敦煌文書の収集を試みている。これらの活動は博物館として機能する中心的な機関が存在しない状況のなかで、文物の保全に大きな役割を果たした。[43]

このように、清末に近代文物事業が導入されたのは、主に清末新政期の短い期間であり、中央および地方ともに政情が不安定さを増す時期であった。そして、導入された組織や法制面も不完全であったために、ほとんど実効が上がらなかった。政府主導による西欧近代型の博物館を設立する具体的な計画は、辛亥革命を待たなければならず、[44]無論、「清王朝文物」の管理に近代文物制度が導入されたのも辛亥革命以後のことであった。

清末に発足した新政はしばしば革命風潮に抗う政権維持策と批判され、このような限界を有する清末新政における近代文物事業も単に秩序維持の一手段に過ぎず、中国近代文物事業を真に発展させる力は微弱であるといわれてきた。[45]近代文物事業が本格的に導入され、各種の制度や装置が発動するのは確かに中華民国の成立を待たねばならなかった。しかし、清末新政期の文物事業は政策的な実効性が弱かった点は否めないものの、文物事業が構想されたことについては評価されなければならない。そして、その後の北京政府期、南京国民政府期の文物事業はともに清末の文物事業を継承しながら成果を挙げたのであり、こうした点からも清末の文物事業には一定の歴史的な評価が与えられるべきであろう。

第二節　北京政府期の文物保護

一　文物保護に関する行政組織の変遷

辛亥革命を経て、中国の政治体制は清朝から中華民国へ移行したが、近代文物事業に関しては清末新政の延長線上にあり、清末期に構想された文物保護の政策方針はそのまま北京政府に継続された。すなわち、西欧列強の中国侵略に起因する文物の危機から文物を保護することが近代文物事業の目的とされ、具体的には文物の海外流出を止めるための法整備や組織づくりが行われることになったのである。さらに、北京政府期の近代文物事業において新たな課題となったのが、「清王朝文物」の存在であった。まず、奉天と熱河などに所蔵されていた文物の処置が問題となり、溥儀が紫禁城を退去したのちは紫禁城内廷にある文物が問題となった。

また、北京政府期における社会的な背景として重要なのは、中国社会に充満するナショナリズムである。五・四運動などの排外運動にともない、清末にも増して社会全体にナショナリズムの気運が沸き起こった。それが文物をナショナリズムに結びつけ、外国による文物の海外流出に対して社会の関心を集めた。こうしてみると北京政府期の近代文物事業を取り巻く状況は清末のそれと連続していることがわかる。北京政府の近代文物事業における重要課題は、清末から改善がみられない文物の破壊と流出問題への対応、および「清王朝文物」の管理問題の二点である。こうした事業課題に対して北京政府は法制度の整備とともに組織整備という方法によってその刷新を図ろうとした。

北京政府は成立直後の一九一二年に、それまで清朝学部が取り扱っていた事業を教育部に引き継がせ、教育部社会教育司が博物館・図書館に関する業務を担当した。一方、各地の古蹟、歴代陵墓、古建築などの移動できない文化財の管理やその徴収、鑑定、展示などの業務については、清末の民政部を引き継いだ内務部の礼俗司の担当となった。これらの移動できない文化財に関わる業務は清末期には建築物の修繕・維持にあたる民政部営繕司が担当したが、内務部礼俗司に移行することによって、単純な建築物の修繕・維持から文化財としてこれらを保護・管理する方針に転換したことがわかる[46]。このように北京政府期の文物事業は教育部と内務部との分掌体制から始まった。一方、一九一二年一二月内務部礼俗司を同部民治司に編入するのに従って、文物古蹟保護の担当業務も民治司に移転した。また、一九一四年教育部が組織改革を行い、専門司、普通司、社会司および総務司を設置した。社会司には美術調査処が設けられ、社会教育司に代わって美術館、博物館および古物の調査や研究などの作業にあたることになった[47]。

二　文物保護法令の制定過程

（一）　文物保護に関する法令

北京政府は文物を取り扱う政府組織を前記のように改変したが、文物事業の最も重要な課題が文物の保護にあることは清末と変わらず、北京政府の文物制度は清末新政期の文物制度構想の延長線上にあった。清末新政期に進まなかった文物保護に関する法制度の必要性が一層認識され、文物の保護や博物館の設立をめぐる法案や条例が相次いで定められた。

一九一三年康有為が『不忍雑誌』の政論欄に「保存中国古蹟古器説」という論説を書いている。その内容の多くは、前述の欧州旅行の際に書かれたものと重複しているが、新たに法整備に関して書かれた部分がある。

日本では都市・村落を問わず古寺旧刹は皆古蹟や古物を大切に保存している。……その［日本の］社寺保存会［古社寺保存会］は内務省に隷属しているが、古物保存会は士大夫［社会エリート］に任され公に保存されている。そのうち国宝と称されるものは国有とし、国外に流出することが禁じられている。……一方、我が国の状況をみれば、古来は礼儀文明を以て中国として自ら誇示してきた。しかし、万里の長城・邗溝を除けば、数百年の建築をみることは希である。遺器大宝といえば、ただ周の石鼓一〇基のみである。九鼎は泗水に沈み、雅楽は契丹により廃された。……張衡の地動儀に至っては日本の大学の博物館に保存される始末である。[48]

ここで注目したいのは、日本で一八九七年に「古社寺保存法」が制定され、内務省に古社寺保存会が設置されたことや、古物の保存が社会エリートに任されていることに言及している点である。そして、日本の状況を参照し、中国の古物は日本のような体制が整わないために散逸している現状を批判的に指摘している。欧州のみならず、日本も優れた法制度を整備していることを取り上げ、中国の古物保存に法整備が欠けている現状が対比的に述べられている。文末では中国の古物が日本の大学博物館に保管されていることに触れることで、古物流出を戒める一方、中国の無力さを嘆いている。

一九一四年二月二六日付内務部から河南民政長宛ての文書では、『字林西報（North China Daily News）』[49]の論説について評している。同紙論説では河南龍門の状況に対して文物保護の方法として破壊行為を厳しく禁止することが薦められており、内務部は文物保護に関する『字林西報』の助言を受け入れる意を示している。それを受けて文書では、近年、東西の人士が多数中国を訪れ、文物を収集することに対して官庁は保護を怠り、愛国人士はこれを憂慮し

ている。座して「国粋」の消失を待つのであれば、外邦に嘲笑され中華民国の恥となるといっている。(50)

この内務部文書から、当時の北京政府関係者が外国人や英字新聞の指摘に対して意を払っていたことがうかがわれる。また、政府関係者が文物を破壊から守ることを愛国と結びつけ、文物を「国粋」と表現していることから、北京政府内にも文物に関する諸課題にナショナリズムを投影する考え方が広まっていたことが想像される。また、文物の破壊、流出を無視することは中華民国の恥であり、文物保護が国家の責任であることを訴えている。北京政府は樹立間もないとはいえ、対外的には中華民国を代表しており、文物保護の遅れについて国際社会から批判されることを危惧していたことがわかる。

北京政府の文物保護に対する外国メディアの批判を受けて、北京政府は一九一四年六月一四日付で大総統令の「限制古物出口令」を通達した。以下はその令文である。

国家が継承してきた全てのもの、社会に珍重されている全てのものは考古学研究に提供されるだけではなく、国粋の保存にも切実に関係している。近年、中国の古物を採集したうえで出国させることが多発していると聞き、このような頻繁な売買にともなう持ち出しに対して全く調査をしていない。厳重な法令を設けなければ、どうやってこれらを後世へ受け伝えていけるのであろうか。以後、中国の古物の売買にともなう持ち出しに関して、種別、厳密な検査、懲罰規定について内務部と税務処が共同審議したうえで上奏を経て実施することを命じる。並びに税務処は古物輸出章程を制定して、各税関に通達する。古物保存については従来通り内務部の職務である。もし北京内外の商民が密売買を行った時には、厳重に取り締まるべきである。各地方長官にその禁止令を実行させ、それによって散逸を防ぐ。(51)

この法令には、対外的に中華民国が近代国家として自国の文物を自ら保護すべきであり、自国の歴史文物の海外流失を防ぐべきであるということが謳われ、そのために税務処や各地方長官が行うべき措置について述べられている。

一九一六年三月一一日には内務部が「切実保存前代文物古蹟致各省民政長訓令」を発した。この訓令の趣旨は、深刻な古物の破壊状況に対して厳しい法令を設けて、各王朝の古物の保存を図ることであった[52]。さらに、同年一〇月に「保存古物暫行辦法」が通達された。この辦法では保存すべき古物については、歴代帝王陵墓、先賢墓石、古代城郭・要塞、楼観、祠寺、歴代碑石、壁画、石窟、歴史的景観、名勝、名木、金石器物、陶磁、書画などの大まかな対象区分が示され、詳細な章程は追って定めるとされた[53]。この法令は民国以来、初めての文物保護専門法となった。先行研究はこの辦法によって古物に行政法上の効力および意義が与えられ、古物に関する定義およびその範囲が明確に定められたと評価しているが[54]、前述のように保護対象となる古物が詳細に規定されているわけではなく、あくまでも内務部が暫定的に文物保護の方針を示した法令であった。

（二）　文物の実態調査

内務部は「保存古物暫行辦法」に基づいて同辦法の通達と同時に古物調査を各地の長官などに命じている。調査の要請文書には、調査の主旨として次のように述べられている。

凡ての古代物品を後世に伝えることは、実に一国の文化において優先すべきである。……我が国は領土が広く物産が豊かであり、最も早く開化した。古代より継承した伝統は数え切れない。しかし、歴次戦乱に遭い、数多くが逸失してしまったため、……積極的にその保管を図らなければ、必ず消失するであろう。……これから順次、計画を立て、全国古物の保存を図るべく、その分類調査を優先して行うべきである[55]。

要請された調査対象は建築、遺跡、碑碣、金石、陶器、植物、文献、武装（古代武器）、服飾、彫刻、礼器、雑物の一二類に分けられ、名称、時代、所在地、保管方法の各項目が設けられていた[56]。ところで、この要請文書には、「清朝時代、前民政部がかつて各省に古蹟調査の要請を発したにもかかわらず、半ばにして事情の変化により、今なお報告の件数が少ない[57]」とあるが、文書中に言及されている清朝期の古蹟調査の要請はおそらく一九〇九年に通達した「保存古蹟推広辦法」と考えられ、北京政府は清末に遂行できなかった文物調査の実施を図ろうとした。こうした点からも清朝末期の文物事業と北京政府のそれとの間には連続した部分があることがわかる。

北京政府は「保存古物暫行辦法」に基づいて一九一〇年代後半から一九二〇年にかけて全国的な文物調査を実施しようとしたが、結局、北京政府が実効支配する地域に調査対象地が限定され、調査報告を提出したのは京兆、直隷、山東、山西、河南などの省のみであったため、中国全土の文物について、その実態を把握することはできなかった。

一九二〇年三月に当時の総統府顧問の葉恭綽[58]が大総統に、速やかに保存古物に関する法案を作成し国会審議を経たうえで公布することを求めた。その理由は、一九一六年に内務部が「保存古物暫行辦法」および古物調査表を各省に通達したにもかかわらず、その効果は少なく、依然として盗品の売買が頻繁に起きるためであった[59]。この葉の上申からも「保存古物暫行辦法」は文物保護を推進するうえで実効性が弱かったことがわかる。その後一九二四年に北京政府は「古籍古物暨古蹟保存法草案」を国務会議に提出した。同法には「凡ての古籍、古物、古蹟は誰も、任意に廃棄、破損してはならず、並びに販売、国外へ持ち出してはならない」という条項が盛り込まれた。しかし、この法令は時局の変更などで議決されなかった[60]。

王正華は、北京政府における古物の新たな位置づけについて次のように論じている。清末民初期にかけて古物は保存すべき文化の一類となり、国家行政が運営される過程のなかで、その範囲と類別が定められた。また、歴史に由来する古物が文化の代表とみなされることはナショナリズムの投影であり、これこそが近現代の中国において文物を重要視する最大の理由となる。古物はもはや個人が賞玩する対象ではなく、国家が保存すべき文化資産として位置づけられ、国家の枠組みにおいて古物の意義が付与されたとする。[61] 王の前述を言い換えれば、古物は中華を代表する文化として読み替えられ、この時点から中華民国の国家建設にとって、重要な構成要素となったということである。当然、古物を保護する有効な制度は近代国家を目指す中華民国にとって不可欠な存在となった。

北京政府は文物保護の必要性を充分に認識しており、文物保護にあたるための法令として「限制古物出口令」、「保存古物暫行辦法」などを制定したが、実際の施策として成果はあがらなかった。それは、法令自体になにか不備があったというよりも、保護行政を実際に実行しなければならない政府機構に問題があったからである。それについては本節三項で改めて述べる。

（三） 憲法における文物

これまで北京政府期の文物保護法令についてみてきたが、国家の基本法であり最高法規性を有する憲法では文物はどのように規定されているのであろうか。憲法における文物保護の位置づけについて言及する。

中華民国の樹立後、最初に制定された憲法に相当する法令は一九一二年三月一一日に南京臨時政府によって制定された「中華民国臨時約法」である。その後、袁世凱が北京において大総統の座に就くと、「中華民国臨時約法」を廃止し、一四年五月一日に新たな「中華民国約法」が公布された。同法は全一〇章六八条から成り、その第一〇章附則の第六五条に「中華民国元年二月一二日に公布した大清皇帝辞位後の優待条件、清皇族待遇条件、満蒙回蔵各族待遇条件はその効力を永遠に不変更とする[62]」という内容が明記されている。この時点で文物に関する条文はみられなかったが、この第六五条の記述はのちに、溥儀が紫禁城から退去させられ、「修正清室優待条件」を言い渡された時に、清室側がそれに対抗してこの約法の効力を主張することになる。[63]

前述のように、一九一六年一〇月に北京政府が「保存古物暫行辦法」を通達した。その後中華民国において、憲法に初めて文物保護に関する条文が明記されたのは、二三年一〇月一〇日に発足した曹錕政権の北京憲法会議によって公布された中華民国憲法においてであった。この「曹錕憲法」制定過程で、曹錕自身は選挙において買収などの不正な手段によって政権を手に入れたが、この点を除けば、「曹錕憲法」は民主的憲法として比較的評価されており、一九四七年施行の「中華民国憲法」にも深く影響を与えたといわれている。[64]

「曹錕憲法」第五章国権の第二四条に「左列事項は国家により立法並びに執行或いは地方執行を令す」と記載されており、第二四条の第一三款に「文化に関する古籍、古物、及び古蹟の保存」について、各省が国家の法律に抵触しない範囲内において法律を制定できる。本条の第一、第四、第一一、第一二、第一三各款には国家による立法に先だって、省はその立法権を行使できると明記されている。[65]

この条文は、法律を定める際に中央と地方との権限区分を定めたものであるが、中華民国成立後、初めて文物の管理に関する権限区分を憲法に盛り込んだということは、国家建設にあたって文物が不可欠な要素であることを明示しているといえよう。そして、民国政府が「清王朝文物」の処置にあたって、「清室優待条件」とともに「曹錕憲法」に依拠したことを示す記録が残されている。

一九二四年三月八日付で、当時の内務部から呉佩孚[66]へ「清王朝文物」に関する以下の上奏文が呈された。

古物保存は憲法に明記されており、清室私産は優待条件に従い、保護すべきである。本来この両者は矛盾していないが、以前、首座の指示により、清室内務府委員と保管について会談した。法令を定めたのちに人員を派遣し審査する。けだし、趙次珊先生に間に立っていただき、誤解が生まれないようにする。

これに対して呉佩孚は五月一二日付で以下のように回答した。

古物の処置方法は公平かつ妥当である。歴史を継承する国家の物品は民国によってその保管が計画されるべきである。清室私産は優待条件に照らし、斟酌したうえで適宜に保護するのがよいであろう。[67]

文中で言及した趙次珊とは趙爾巽[68]のことである。清朝の遺臣であり、辛亥革命当時は東三省都督であったが、北京政府によって奉天都督に任命された人物である。ここには、民国政府が「清王朝文物」の処置にあたって清室との仲介役を趙へ依頼していたことがわかる。この時点において、「清王朝文物」をどのように処置するかは辛亥革命直後と変わらずに曖昧なままであったが、国家による文物管理が強化されたことやその管理方法が憲法に盛り込まれたことは、徐々に国家の権限が文物にまで波及したことを示している。

南京国民政府期に入ると、文物の管理は一層中央集権的になるが、一方で一九三〇年代に入ると文物調査や発掘などに対する地方政府の権限も強まり、同時に中央と地方の間に文物に関する権限をめぐる争いが生じることになった。[69]

(四) 文物保護法令に対する王世杰の批判

一九二三年当時北京大学教授であり、のちにロンドンで開催される中国芸術国際展覧会の籌備委員会主任委員となる王世杰[70]は論説「法国新近保護美術物與古物之法律[71]」において、北京政府の近代文物事業の問題点を論じている。この論説では、フランス、イタリア、ギリシャなど古物や美術品を豊富に所有する国家の先進的な近代文物事業と比較しながら北京政府の文物事業の問題点を簡明に述べているので、その要点を紹介する。

王は論説のなかで、革命を経て文物の公共性が問われるようになった状況を、フランスにおける法制度を対照にして論じている。王によれば、フランスの文物保護基準や保護方法は参考にすべき点が多く、革命期間中にすでに美術品破壊禁止条例が制定され、この条例はその後も同国で文物保護の典拠となっているという。フランスの文物保護基準について、王が特に賞賛したのが当時中国においてはまだ公的な場所でほとんど言及されていなかった「鑑定」の手続きである。

さらに、王は文物管理の問題点として、まず戦乱による破壊と流出、日本やアメリカ諸国による発掘品の無断持ち出しに言及している。その根本的な原因は、中央と地方各省が公有と私有文物の保護にあたって依拠すべき適切な法令を未だに定めていないことであるとした。また、一九一六年内務部が公布した「保存古物暫行辦法」は内容に乏しく具体的な保護方法も提示していないため、効力を発揮できないただの条文に過ぎないと酷評している。以上の諸原因によって、中国には未だに博物館といえる文物陳列場がなく、これは大変遺憾なことであると王は述べている。

王世杰は中国の政府関係者であると同時に代表的な知識人でもあるが、王の論説にみられる西欧の近代文物事業を基準とした批判は、中国の諸事情を批判する清末以来の典型的な論法であり、ここからも一九二三年において清末以来の文物事業が抱える諸課題が全く克服できていないことが見て取れる。北京政府は絶えず文物保護法令の制定に腐心していたことは否定できず、清末新政期と比較すれば、国家体制における文物の重要性に対する認識は高まり、組織と法整備において一定の進展はあった。しかし、それが「効力を発揮できないただの条文」になってしまった原因は、文物保護にあたる北京政府統治機構内に問題があったと考えることができる。これについては次項で検討する。

三　文物保護事業にみられた統治機構内の争い

北京政府期に文物事業が進展しなかった原因の一つとして、統治機構内の組織間に意思の不統一や権限をめぐる争いがあったことが挙げられる。前述の通り、北京政府期の文物事業は、清朝学部を引き継いだ教育部と同民政部を引き継いだ内務部がそれぞれの業務を分担する形で発足したが、一九一三年一二月の国務院による官制改組に従って、教育部は「美術館及び美術展覧会事項」、「博物館、図書館事項」、「古物の収集及び古建築の保存」を担当することとなり、一方、内務部は「古物保存事項」(文物に関する法令の制定)を担当することが決定した。[72] しかし、改組にともなう新しい業務区分は明確とはいいがたかった。教育部によれば、内務部には文物の学術価値を判断することができないので、文物管理業務を担当するのは適当ではなく、文物に関する法令の制定にも教育部が関わるべきであると考えた。[73] これに加えて、一九一四年に制定された「限制古物出口令」に基づいて文物に対する輸出制限が実施されるようになると、この業務に関係する内務部と税務処との間に軋轢が生じるようになった。

一九一三年以降、内務部が文物事業を担当するようになると、文物研究の人材不足や、文物管理の不手際について、しばしば教育部および学術界から指摘を受けた。[74] 文物管理上の問題としては、文物が贈答品として外国へ流失したり、[75] 溥儀が文物を任意に持ち出したりすることが起きたが、内務部はこれを阻止できなかった。また一六年六月『申報』に北京政府が古物陳列所の文物を抵当に海外から運営資金を獲得したことが報道され、[76] 輿論は内務部の文物管理の杜撰さを非難した。こうした批判を受けて同年一〇月に内務部は緊急に「保存古物暫行辦法」を制定した。

一九二〇年三月に保存古物に関する法案の作成を促すべく、当時の総統府顧問の葉恭綽が行った前述の要請に対する教育部の返答文からも責務区分の不明瞭さがうかがえる。[77] 教育部からの返答文には、一九一四年に通達された「限制古物出口令」、内務部が一六年に制定した「保存古物暫行辦法」ならびに古物調査はほとんど効果が得られないため、速やかに内務部は有効な文物保存法規を制定すべきであることを求めている。また、国家の歴史に関わる文物の登記業務や発掘品の処置は、フランス、ドイツ、イタリア諸国では教育部にあたる省庁が主管していると付言している[78]。このように教育部は内務部の法整備などに関する処置の稚拙さを指摘し、文物保護事業の所管部署について先進諸国の事例を挙げることによって、文物事業を担当する機関としての教育部の妥当性を訴えていると考えられる。

さらに、一九二四年教育部と内務部が法整備について再び論争を起こし、学術界までを巻き込むこととなった。一九二三年一一月に湖北省教育会は内務部に対して清室による古物売却の阻止を請願したが[79]、二四年に入り、内務部は結局清室による文物の売却を止められなかったために、「清王朝文物」の公産化を求める輿論が高まった。これに対して衆議院議員李燮陽はこれらの文物は内務部が人員を派遣し慎重に保護するか、古物陳列所に移管して民衆に観覧させるべきであると主張した。これを受けて内務部は、「全国の古籍、古物、古蹟はその所有者を問わず、内務部の許可なしには、売却、移動させてはいけない」ことを通達したうえで、五四条からなる「古籍古物曁古蹟保存法草案」および説明書を国務院へ提出し議決を要請した[80]。

この一連の出来事の裏には教育部の動きが影響していた。教育部はこれより先にすでに「保存古籍古物条例草案」および「奨励保存古籍古物条例草案」を国務院に提出していたが、国務院は「この件は内務部現行官制に関わるため、両部が協議したうえで取り扱うべきである」として条例草案を差し戻した。その後、数回にわたる両部の協議は不調に終わり、結局、「清王朝文物」の公産化を求める輿論や内務部批判を背景に、内務部が独断で提出したものが「古籍古物曁古蹟保存法草案」であった。教育部は、内務部主導の同草案に対して、古籍、古物、古蹟の保存は本来教育部の所管であり、同部には図書館、博物館、美術館の管理にあたる部署があるため、文物を扱う業務は教育部が担うべきであるとして、内務部の草案提出を非難した[81]。

教育部の批判は学術界の支持を得て、北京大学研究所国学門考古学会[82]は意見書を出した。意見書には内務部には専門人材が欠如しており、文物保護にあたる能力が問われるため、文物保護の学術的な行政責任は教育部に担わせ、内務部がその協力業務にあたるべきであるとする文物保護に関する分掌体制が提案されていた。その後、内務部が提出した「古籍古物曁古蹟保存法草案」も公布までには至らなかった。文物保護を主管する権限をめぐる内務部と教育部の争いからは、教育部の立場を学術界が支持するという構図によって、文物保護は学術専門家の協力があってこそ遂行されうるという認識が示された[83]。

内務部と教育部のほかに、文物保護をめぐる行政組織間の争いは、内務部と税務処の間でも発生している。次に文物流出に関する内務部と税務処との文書のやり取りを通じて、海外への文物流出は実際にどのように発生し、それがどのような理由から阻止できなかったのかについて考えてみたい。

一九一三年一二月二七日付で税務処から内務部へ以下のような文書が送られた。

洋商の中国古物の輸出申告に対して、従来、税関には専門法令がないため、禁止できなかった。また各国公使は［これらの物品を］当該国の博物院に陳列するために運輸するので、免税を求めている。本処は従来の先例があるので、拒否しようがないため、近来古物の輸出が絶えず行われている。時によって十数箱にものぼる。この状況に対して阻止できないばかりか、徴税すらも行えない。こうしたことを長期にわたり制限できなければ、おそらく一、二年後には中国の金石書画、一切の古董品は全て外国の所有になりかねない[84]。

当時中国において、文物に対する出国管理法令などが整備されていないため、文物の海外への持ち出しを禁止できず、文物に対する課税も行えなかったことがわかる。また、ここで問題視されているのは、売買を目的に文物が持ち出されていることではなく、各国公使が博物館などに展示するために、学術的および美術的に相当な価値を有する文物を持ち出しているという現象である。そして、税務処が嘆くように課税さえできなかったということである。このような税務処と内務部との文物輸出法令の制定をめぐるやり取りは、その後も続けられた[85]。

一九一四年六月一四日に通達された「限制古物出口令」の令文には、文物管理は内務部と税務処が協同しつつ分掌してあたることが示されている。税務処は古物が海外へ流出することを防ぐため、「古物出口限制章程」を制定したうえで、各税関に対して通達し、一律にこれを遵守実行させる。古物保存は内務部が管掌するが、内務部は中央所在の機関であるので、地方で多発する商民の密売に対しては地方の各長官が厳重に取り締まるべきであるという方針[86]が令文には示されている。

しかし、一方で内務部と税務処との間で法令制定に関する調整は難航し、一九二七年八月内務部から税務処へ送られた以下の文書では、海外流出を阻止するために有効な法令がこの時点になってもまだ制定されていないことが確認できる。

ただし基本辧法及び古物品目が公布される以前には、一体どれを古物と認め、どれを古物と認めるべきでないかについて、税関職員が依拠する基準がない。……古物保存の基本法に関しては、民国五［一九一六］年に本部が「保存古物暫行辧法」を制定し、各省に通達したが、これはあくまでも暫定的な救済法である。基本法の制定公布が行われなければ、一切の保存手続きに障害が多発することが見込まれる。民国一三［一九二四］年秋に保存法草案は提出されたが、国務会議においては未だ公布実施の議決がなされていない。……基本法が制定されるまで、原議決に基づいて、貴処は民国五年本部が制定した「保存古物暫行辧法」各条を参照して制定した章程を各機関に通達することによって緊急の措置とする。その基本法は政局の安定を待って、本部が民国一三年の草案に依拠し、詳細ま

で制定した後、再び閣議に提出し、議決を求めてから公布実施する。(87)

一九一六年に公布された「保存古物暫行辦法」は暫定的なもので、古物の出国に規制をかける際の判断基準が定められていないために、税務処では運用上の障害が生じている。この事態は基本法を欠くために生じていることを内務部は認識しており、緊急の措置として各機関に基準となる章程を通達すると文書中にある。保存法が公布できない責任は国務会議にあるとしている。

そもそも、一九二七年の時点になって古物の定義を内務部が問題にしていることは、何を意味するのであろうか。なぜ既存の法令などの運用によって、古物の海外流出を防止しようとしなかったのか。すでに「限制古物出口令」、「保存古物暫行辦法」は一応ながら制定されており、「限制古物出口令」の令文や内務部の文書には、文物保護に関する崇高な理念が宣言されている。しかし、実効的な文物保護を行う体制は、その運用結果からみる限り整備されていなかったといわざるを得ない。この直接の責任は文物保護を実際に主管した内務部にあるといえるが、他方で、内務部と教育部が文物保護の法整備などをめぐって争ったことや、内務部と税務処との間の権限が不明確であったことによって文物の海外流出を許したのであり、こうした文物保護の混乱は単に内務部に責任があるというより、北京政府に行政機構を充分に統治・運営する力が備わっていなかったことに起因するといえる。文物事業に関わる諸機関を調整し文物事業を有効に展開していくためには、一定の権限を有する専門的な管轄機関が設置されなければならない。その前提としては強固な統治力を有する政府機構が必要であった。

第三節　北京政府期の文物流出の阻止と近代考古学の発展

一　外国探検隊の発掘調査への規制

清末から海外へ文物が流出する原因には、列強諸国による略奪と清朝関係者や美術商、盗掘などによる文物売却だけではなく、探検隊による発掘品の海外持ち出しも挙げられる。一九世紀後半から二〇世紀初頭にかけて、考古学的発見の重点が次第にユーラシア大陸の東へ移り、中央アジアと隣接する中国西北地域には、日本をはじめ欧米列強のアジア侵出にともない、多数の探検隊が派遣された。

たとえば、スウェーデンのスヴェン・アンダシュ・ヘディン（Sven Anders Hedin）は一八九五年から新疆で発掘調査を行い、発掘した大量の漢時代の文物を海外へ持ち去った。イギリス国籍のオーレル・スタインは一九〇〇年から三〇年にかけて、中国西部および中央アジアで四回にわたる発掘調査を行い、特に一九〇六年から〇八年にかけて行われた第二回の調査のなかで敦煌石窟の住職王道士を通じて大量の古写本を買い取った[88]。〇八年には、フランスのペリオも敦煌で古写本をスタインと同じ方法で買い取っている[89]。また、一三年からドイツのフォン・ル・コック（Albert von Le Coq）がトルファンの写本や仏教壁画を大量に持ち去った。

日本では大谷探検隊が一九〇二年から一四年まで三回にわたり、アジア各地で調査を行った。第一次探検隊は一九〇二年からインド、中央アジア、東南アジア、中国の雲南、四川、貴州などで調査した。第二次探検隊は〇八年からモンゴル、新疆、楼蘭方面を調査し、李柏文書はこの時に発見された。第三次探検隊は一九一〇年から一四年にかけて、トルファン・楼蘭などでの再調査を始め、ジュンガリアでも調査を行うほか、敦煌で古写本を収集した[90]。

黄翔瑜の論考によれば、各国の探検隊が中国西北地域に頻繁に入るのは一八五〇年から一九四〇年の期間であり、特に集中したのが一八七一年から一九二〇年までの間で、一一七次の探検隊が西北地域を訪れた。さらにそのなかで一九〇一年から一一年までの約一〇年間には四五次の探検隊が同地域に入っている。探検隊は中央政府の力が弱い時期、すなわち清末から北京政府期にかけて、特に清が倒れるまでの一〇年間により頻繁に訪れている。それは、弱体化した政府には探検隊の活動を抑えることができず、探検隊にとって中国での発掘調査は好都合であったからである[91]。

こうした発掘品の海外流出が続く状況下で、清朝政府は一九〇九年に古蹟などの調査・保存を目的とした「保存古蹟推広辦法」を制定した。また、北京政府も一四年に「限制古物出口令」を発令したが、文物の海外流出を阻止することはできなかった。その原因は前節で述べたように法制面の不備と各行政組織間の不調和にあった。二〇年代に入ると、外国探検隊が行う中国での発掘調査に対して中国国内で次第に批判が起きるようになった。しかし、発掘調査を直接規制する法制度が整備されていなかったために、探検隊が文物などを国外へ持ち出すことに対して、実効性のある対策は打ち出せなかった[92]。

探検隊の活動に対して知識人の間では海外への持ち出しとそれを政府が規制できないことを危惧する声が上がる一方で、学術的意義に対する評価も高かった。スタインの事例から、外国探検隊に対する中国側の意識の一端をみてみよう。一九〇六年から〇八年にかけて行われた第二回目の調査によって、中国後漢時代の遺跡から多くの古物が出土し、敦煌の古写本とともにその多くがスタインに買い取られ国外へ持ち去られた。スタインが発掘した古物と古写本などが海外へ持ち出されることを一部の識者は問題視していたが、他方でスタインの発掘の学術的意義は注目されることになる。

スタインによるこの時の調査について、『東方雑誌』に「中国西部及中亜細亜新出土古物」という記事が掲載された。[93]この記事には、スタインによる出土品目の一覧が掲載され、この調査が中央アジア、西域の当時の文明について新たな認識をもたらしたとして、その意義が高く評価された。さらに調査結果は、『契丹古物考』二巻として出版され、これも高い評価を受けた。海外持ち出しは直接的には制度の不備、間接的には中国学術界の未熟さから阻止できなかったが、そこには発掘に対する危惧と評価が交錯することになった。

このように発掘品の国外流出が一部で問題視されていたが、文物保護に関わる法制においては近代考古学がまだ充分に理解されておらず、その発掘品を保護の対象とする認識は低かった。前述のように、一九一六年に内務部が「保存古物暫行辦法」に基づく「文物」の調査対象を一二類に分けているが、[94]発掘品はこのなかには指定されていない。ところが、一九三〇年に制定される「古物保存法」第一条には「本法における古物とは考古学、歴史学、古生物学及び文化に関係する一切の古物を指す……」と明記されるようになり、学術分野として考古学に対する認識が確立し、古物の範囲に発掘品を含むことが示されている。

一九二〇年代半ばまでの中国における近代的な発掘調査はほぼ外国人の手によって行われた。なお、中国人による発掘調査が最も早かったのが、二六年清華大学の李済による山西省西陰村での調査であるとされている。[95]二〇年代の代表的な発掘調査を挙げると、二一年にスウェーデンから鉱政顧問として中国地質研究所へ招聘されたアンダーソン(Johan Gunnar Andersson)による河南省仰韶村での発掘が中国における近代フィールド考古学の誕生といわれている。[96]アンダーソンはさらに同年、オーストリアの古生物学者オットー・ズダンスキー(Otto Zdansky)とともに北京郊外の周口店で北京原人の化石を発見したことで世界的に注目された。中国に近代考古学が紹介されたのは清末だが、二〇年代に入っても中国では発掘調査を担う人材の育成はまだ充分ではなかった。このような状況が改善されるのは中央研究院歴史語言研究所が二八年に設立されてからであった。

二　近代考古学の受容と発掘調査の主権確立

中国では古器物に関する研究として、宋朝を起源とする古代の金属器・石刻の上に刻まれた銘文や画像を研究・収集する金石学という学問が存在していた。清朝中期には、金石学がさらに重視されるようになり、清末民初に入り、出土した甲骨、銅器、簡牘、石経、墓志などを利用し、「羅（振玉）王（国維）之学」を中心とする金石学は新たな発展を遂げた。殷商時代の甲骨文が読み解かれたのもその成果であり、青銅器銘文の研究も急速に進むことになった。五・四運動の前後までこれらの研究は続けられ、その研究方法に近代考古学の影響から科学的な刷新が羅らによって試みられたが、結局金石学から逸脱することはできず、やがて研究の中心は金石学から考古学へ移っていった。[97]

清末新政期になると、これまで教育機関で教えられることのなかった金石文字学や古生物学などの科目が高等教育課程に導入されている。しかし、この時期には近代考古学理論が中国に紹介されるに止まり、中国人自らがフィールドに出て近代的発掘調査を行うことはかなわなかった。この状況は民国期に入り、一九二〇年代の初めまで続いた。[98]桑兵の論考によれば、北京大学研究所国学門が成立した時期には、すでに実物や古蹟を文献と比較することが、上古史において重要だと認められるようになっていたという。発掘調査を実践に移すことが遅々として進まなかった理由は、まず、財政と技術の面で始終困難がともない、また専門家のなかにはまだ金石学研究を本職とする人々もいたためであった。[99]

中国では民国期に入り、五・四運動が起きると、過去に対してこれまでと異なる批判的な議論が盛んになった。古代史および古文献が批判的に研究され、通念的な「伝統」は懐疑の対象となり、近代考古学や新たな史学編纂によって過去の中国を実証的にとらえようとするようになった。さらに、一九二〇年代に入ると、地質学、古生物学、人類学などの専門知識を海外で学んだ留学生の帰国にともない、実践的な近代考古学が中国人によってようやく推進されるようになった。なお、これらの人材養成と考古学の関係については第二章で改めて詳述する。

北京政府期には考古学に関係する研究組織が設立され始めた。一九一六年に、一三年からその設置が構想された中国地質調査所が農商部に置かれた。同調査所は本来、鉱物脈探査が目的であったが、徐々に業務を古生物学と考古学にまで拡大した。そして、二二年北京大学研究所国学門にも考古学研究室が設けられ、主体的に考古学事業を推進する組織母体となった。

一方、一九二〇年代後半ごろから、外国と連携した共同調査組織が設立されるようになった。欧米の探検隊が独自に発掘を続けるなかで、二六年京都帝国大学の濱田耕作[100]と北京大学の蔣夢麟[101]らが東方考古学協会を立ち上げ、翌二七年四月に当時日本の租借地であった旅順貔子窩遺跡で発掘を行った。二八年一〇月に旅順牧羊城遺跡の発掘が行われると、中国側は日本側が中国の主権を無視し、協議がないままに一方的な発掘を行ったとして「文化侵略」であると批判した。その後は日本側の態度への不満から中国側の委員が退会し、協会の内部分裂などもあり、充分な事業を展開できないまま、発掘活動の停止を余儀なくされた。[102]

一九二〇年代後半から組織されるようになった共同調査のなかで画期となったのが、二七年にヘディンが率いるスウェーデン探検隊が行った第五次中央アジア調査であった。[103]当初、ヘディンは中国に考古学調査を申し入れ、スウェーデン王室の口添えが功を奏して一旦は難なく許可が下りた。しかし、北京各学術機関は近年、外国探検隊が中国各地で発掘調査を行い、無断に発掘品を持ち去ることに対して憂慮し、この事態を打開するためにヘディンとの交渉の窓口となる中国学術団体協会[104]を結成した。同協会に参加したのは、北京大学研究所国学門、北京大学考古学会、歴史博物館、古物陳列所、故宮博物院、清華学校研究院、中華図書館協会、北京図書館、京師図書館、中央観象台、天文学会、地質学会、中国画学会など北京の有力な研究機関のメンバーであった。[105]

最初の協議は北京大学で行われ、地質研究所のアンダーソンが折衝役を務めた。この時ヘディンは重複する発掘品についてはスウェーデンに引き渡すことを主張したが、協会側は容認できなかった。その後、数回の協議を経て、一九条の協定が締結された。以下はその概要である。[106]

（一）本協会は西北科学考査のため、ヘディン博士の協力を容認し、西北科学考査団を組織する。
（二）中国西北科学考査団理事会が団員を任命、中外団員から各々団長一名を選出する。外国団長にはヘディン博士を任ずる。
（三）出発日から調査完了までの諸経費及び団員全てにかかる費用はヘディン博士が負担する。
（四）直接或いは間接に中国国防国権に関わる事物は考査してはならない。
（五）いかなる口実でも歴史・美術の建造物を毀損してはならず、個人名義で古物を購買してはならない。
（六）考古採掘品のうち考古学に関係するものは全て中国学術団体協会に提出し保存する。地質学に関係する発掘品は複製が可能であれば、複製品を一部スウェーデン側に贈呈する。

その後、一九二七年五月に中国西北科学考査団は中央アジアに向けて北京を出発し、発掘調査活動はその後三五年まで続けられた。この時の協定内容は外国探検隊の行動を規制する前例となり、その後、外国探検隊との間で結ばれる協定の規範となった。この協定によって中国が国内の発掘調査に関して主権を持ちうる条件を獲得したといわれている。[107]しかし、中国国内の発掘調査において中国人が完全に主導権を握るようになるのは、二〇年代の南京国民政府期に入るまで待たなければならなかった。北京政府期には、五・四運動や五・三〇運動を契機として排外運動、ナショナリズムが高揚し、こうした社会風潮は外国探検隊に対する激しい批判や阻止行動を起こした。

一九二〇年代に入り、合同調査が進められ、これは中国側が主導権を獲得するための過渡期的な体制であるともいえる。外国との合同調査のなかで画期となったのはスウェーデンとの調査であり、これは外国探検隊を規制する前例となり、中国側が発掘調査において主導権を獲得するために大きく前進した。高嶋航の論考によれば、外国探検隊のめざましい活動は当然、中国人による探検隊を組織すべきであるとする気運を起こしたが、当時の中国の考古学界にはまだその実力がなかった。外国の探検隊がその踏査活動を正当化する根拠もまさに中国の学術界の未熟さにあったという。こうした状況下で、外国探検隊を抑え中国による発掘調査を実現するには、ひとまず外国と中国の合同調査という形態を足がかりにするしかなかった。それによって外国探検隊から実地で進んだ発掘技法を学び、発掘調査の経験を積むことによって、やがて中国による主体的な発掘調査を可能にしようとした(108)。

小結

清末に近代文物事業や博物館制度が西欧から導入されたのは、主に清末新政期の短い期間であった。ここでは、「近代的で優れた」西欧の文物制度を取り入れるという近代化を志向する考え方とともに、清末から問題化した文物の破壊や海外流出を阻止しようという目的があった。しかし、清末新政期は政情の不安定さが増す時期であり、導入された組織や法制面も不完全であったために、近代文物事業としてはほとんど成果を挙げられなかったといえる。

北京政府期は清朝による未完の近代文物事業を引き継ぎ、課題であった文物の破壊や海外への流出を防ぐために、組織整備や法整備にあたり、文物保護を図るために博物館の導入も検討された。しかし、北京政府は文物事業に対して強力な権限を有する専門的な機関を設置することができなかったことから、教育部と内務部あるいは内務部と税務処間での権限をめぐる争いや意思の不統一などが発生し、文物事業の成果に限界を呈した。そのために、北京政府期には「限制古物出口令」、「保存古物暫行辦法」が制定されたにもかかわらず、実際に有効な文物保護を行う体制は法令面でもその運用の面においても実現しなかった。

海外へ文物が流出する原因は、列強諸国による略奪と関係者による売却であったが、このほかに外国探検隊による発掘品の海外持ち出しがあった。清末から一九一〇年代ごろまでは、発掘による文物の流出は中国国内でそれほど問題視されなかったが、二〇年代になると発掘品の海外流出が批判されるようになる。二七年のスウェーデン探検隊の調査申請を機に外国探検隊に対する規制ルールがつくられ、以後中国国内の発掘調査において中国の主権が確立することにつながった。

清末から北京政府期にかけての近代文物事業は三つの観点から考えることができる。第一に、近代文物事業はまず文物保護を中心として構想され、これは列強諸国の中国侵出が引き起こした文物略奪や破壊、海外への文物流出が原因となっているという観点である。列強による文物収奪という清末から発生した事象は、統治者をして文物保護に関する組織や法令整備へ突き動かしただけではなく、つねに中華民国の近代文物事業のあり方を規定していくことなる。第六章で論じることになる第二次大戦後に中華民国が要求する文物返還は、まさしく収奪文物という過去の歴史が改めて表出したのである。

第二に、清末から北京政府期にかけて導入された近代文物事業は、法制面であれ組織面であれ、西欧のそれが参照されたということである。文物流出という西洋の衝撃に西欧から導入した制度や装置によってのみ対抗できるという、非西欧地域における近代化の特徴がここにも表れている。

第三に、こうした近代化と交錯する形でナショナリズムの問題が出てくる。清末には、文物の海外流出という現実と文物保護制度の遅れが、ナショナリズムの感情と結びつきながら知識人たちに文化的な危機意識を強く意識させた。西欧文明の無批判な摂取に対して、「国粋」という概念が対抗的かつ親和的に提示され、「国粋」の物証として文物に高い価値が投影された。文物とナショナリズムは強く結びつきながら、政府の文書や知識人の発言、輿論などに広範に認められることになる。

ここに示した西欧列強との対抗関係における文物保護、近代化、ナショナリズムの三つ観点は、南京国民政府期の近代文物事業を考察する際にも参照軸となるものである。

注

（1） 吉開将人「近代中国における文物事業の展開——制度的変遷を中心に」『歴史学研究』七八九号、二〇〇四年六月、五二–六二頁。
（2） 黄翔瑜「古物保存法的制定及其施行困境（一九三〇—一九四九）」『国史館館刊』第三二巻、二〇一二年六月、四一–八三頁、「民国以来古物保存法制之誕生背景試析（一九一一—一九三〇）」『国史館館刊』第三四巻、二〇一二年一二月、一–四四頁。
（3） 李建「我国近代文物保護法制化進程研究」済南：山東大学歴史文化学院専門史専攻博士論文、二〇一五年六月。
（4） 劉毅「『文物』的変遷」『東南文化』総第二四九期、二〇一六年第一期、六–七頁。
（5） 喬梁、王楽楽「相関指代『文物』概念詞彙的出現与変化試析」『文物春秋』二〇一一年二月、四頁。
（6） 小田部英勝「中国史における『文物』——その受容と展開」『仏教大学大学院紀要』第三六号、二〇〇八年三月、一六頁。
（7） 同前。
（8） 劉毅前掲論文「『文物』的変遷」、五頁。
（9） 楊林生「清律保護文物述評」『東南文化』総第一二九期、二〇〇〇年第一期、一一七–一二〇頁。
（10） 劉毅前掲論文「『文物』的変遷」、一〇–一一頁。

(11)吉開将人前掲論文「近代中国における文物事業の展開——制度的変遷を中心に」、五一頁。
(12)小田部英勝前掲論文「中国史における『文物』——その受容と展開」、一七頁。
(13)吉開将人前掲論文「近代中国における文物事業の展開——制度的変遷を中心に」、五一-五三頁。
(14)小田部英勝前掲論文「中国史における『文物』——その受容と展開」、一七-一八頁。
(15)冨田昇『流転　清朝秘宝』日本放送出版協会、二〇〇二年、八五-八八頁。
(16)小田部英勝前掲論文「中国史における『文物』——その受容と展開」、二〇頁。
(17)冨田昇前掲書『流転　清朝秘宝』、二五四-二七〇頁。
(18)家永真幸『国宝の政治史——「中国」の故宮とパンダ』東京大学出版会、二〇一七年、六八-六九頁。
(19)Marc Aurel Stein（一八六二～一九四三）はハンガリー出身の中央アジアの探検調査家。のちにイギリスに帰化する。一九〇〇年以降一九三〇年まで四回にわたって中央アジアと西域を踏査する。『岩波　世界人物大辞典』岩波書店、二〇一三年。
(20)Paul Pelliot（一八七八～一九四五）はパリに生まれる。東洋学を学び中国語に堪能。仏領インドシナのハノイにあるフランス極東学院に就職。学院の図書館に収蔵する漢籍を購入するために一九〇〇年に北京へ派遣される。一九〇六年六月探検のために中央アジアに向かい、中国領トルキスタンに入る。その後、敦煌莫高窟を守っていた王道士と交渉の結果、蔵経洞の文書数千点を選び出し購入する。前掲『岩波　世界人物大辞典』。
(21)一九〇五年から〇七年にかけて、広智書局より『意大利游記』、『法蘭西游記』が刊行された。
(22)康有為「欧州十一国游記二種：19羅馬宮室不如中国秦漢時、20中国不保存古物、不如羅馬」鐘叔河編『走向世界叢書』長沙：岳麓書社、二〇〇八年、一二一-一二二頁。
(23)同前「欧州十一国游記二種：54遊欹規味博物院、55又遊乾那花利博物館」、二二四-二二二頁。
(24)同前「欧州十一国游記二種：37古蹟雑述」、一五五-一五六頁。しかし、康有為は文物保存を主張しながらも、文末にはローマで絵画店、古董店をめぐり美術・骨董品をあさったが、財力が足りずに結局、金石像十数体しか手に入れられないことを残念がっている。
(25)鄧実（一八七七～不詳）は字秋牧、熏生、広東順徳出身。幼少期に上海で教育を受け、その後広東に戻り、経学家の簡竹居に師事する。一九〇二年に黄節と『政芸通報』を創刊。〇五年には国学保存会を立ち上げ、同年二月黄節らと『国粋学報』を創刊。晩年は上海で蔵書楼と国粋学堂を設立。『政芸通報』、『国粋学報』に数多く寄稿。張憲文、方慶秋、黄

美真主編『中華民国史大辞典』南京：江蘇古籍出版社、二〇〇二年。

(26) 黄節（一八七三〜一九三五）は、字晦聞、広東順徳出身。鄧実と一九〇二年に『政芸通報』を、〇五年には鄧実らと『国粋学報』を創刊する。辛亥革命後は公立広東高等師範監督、一九年に北京大学教授、二八年に広東省政府委員兼教育庁長および広東通志館長を歴任し、二九年に北京大学に教授として戻る。徐友春主編『民国人物大辞典（増訂版）』石家荘：河北人民出版社、二〇〇七年。

(27) 江琳「従文化建設角度看近代中国的文物保護」『歴史教学』第五八三期、二〇〇九年、二五頁。上記論文は筆者が本書のもととなる博士論文の提出後に発表された。本書執筆にあたってはおおいに参照させて頂いた。

(28) 王正華「清末民初『古物』的発見、展示文化與国族意識」『玩古・賞新——明清的賞玩文化』国際学術研討会、台北：国立故宮博物院、二〇〇四年、八頁。

(29) 梁啓超「中国史叙論」『飲氷室文集　第六冊』上海：中華書局、一九四一年、八頁。

(30) 丁文江、趙豊田編『梁啓超年譜長編』上海：上海人民出版社、一九八三年、二七八頁。鄭師渠『晩清国粋派』北京：北京師範大学出版社、一九九三年、四頁。

(31) 王正華前掲論文「清末民初『古物』的発見、展示文化與国族意識」、一三頁。

(32) 徐蘇斌『中国の都市・建築と日本——「主体的受容」の近代史』東京大学出版会、二〇〇九年、三〇七頁。

(33) 関暁紅『晩清学部研究』広州：広東教育出版社、二〇〇〇年。吉開将人前掲論文「近代中国における文物事業の展開——制度的変遷を中心に」、五三頁。史勇『中国近代文物事業簡史』蘭州：甘粛人民出版社、二〇〇九年、六五頁。

(34) 金梁『中国史学叢書続編二　光宣小紀』台北：台湾学生書局、一九七三年、一三二頁。

(35) 史勇前掲書『中国近代文物事業簡史』、六〇頁。

(36)「学部奏酌擬学部官制並帰併国子監事宜改定額缺摺」商務印書館編譯所編『大清光緒新法令』第五版第三冊、上海：商務印書館、一九一〇年、三八頁。家永真幸前掲書『国宝の政治史——「中国」の故宮とパンダ』、六四-六五頁。

(37) 吉開将人によれば、「廟」が調査対象となっているのは、当時各地で起きていた「廟産興学」の動きと無関係ではないという。仏寺などの宗教施設の破壊は、古代から太平天国まで繰り返し発生しているが、一九世紀末から二〇世紀初年にかけての「廟産興学」は、それらを没収して学校を設立することによって、地方における近代教育の振興を全国的に展開した。その背景には、現実の教育改革としての必要性に加え、西洋的価値観の流入や儒教の国教化運動などの社会的状況があった。こうしたなかで、破壊された寺観神廟は少なくない。吉開将人前掲論文「近代中国における文物事業の展開

——制度的変遷を中心に」、五三-五四頁。
(38)「民政部奏保存古蹟推広辦法另行酌擬章程摺:並清単」『大清法規大全』巻一五:民政部第二冊、北京:政学社、出版年不明。
(39)同前。なお、「保存古蹟推広辦法」に関する記述は主に家永真幸前掲書『国宝の政治史——「中国」の故宮とパンダ』、六四-六五頁、徐蘇斌前掲書『中国の都市・建築と日本——「主体的受容」の近代史』、三〇六-三〇八頁、吉開将人前掲論文「近代中国における文物事業の展開——制度的変遷を中心に」、五三頁を参照。
(40)前掲「民政部奏保存古蹟推広辦法另行酌擬章程摺:並清単」。なお、「保存古蹟推広辦法」制定の経緯および上奏文内容の翻訳に関しては主に家永真幸前掲書、六五頁を参照。また、家永によれば、上奏文中に書かれている「国際法」とは「万国公法」であり、一八九九年の第一回ハーグ平和会議で採択された条約の一つで、一九〇七年の第二回会議で改定された「ハーグ陸戦条約」を指すと考えられる。
(41)徐蘇斌前掲書『中国の都市・建築と日本——「主体的受容」の近代史』、三〇八頁。
(42)民国以降、『四庫全書』をめぐって、教育部と古物陳列所との争いおよびその他の動きに関しては、林志宏「旧文物、新認同——『四庫全書』與民国時期的文化政治」『中央研究院近代史研究所集刊』第七七期、二〇一二年九月、六一-九九頁に詳しい。
(43)吉開将人前掲論文「近代中国における文物事業の展開——制度的変遷を中心に」、五三頁。
(44)胡駿、鄭広栄、趙永芬編著『中国博物館概覧』北京:中国国家文物局博物館処編、一九九二年、三-四頁。
(45)史勇前掲書『中国近代文物事業簡史』、六六頁。
(46)江琳「民国時期文物保護事業的体制之争」『江蘇師範大学学報』(哲学社会科学版)第四〇巻第三期、二〇一四年、六一頁。
(47)史勇前掲書『中国近代文物事業簡史』、六七-六八頁。
(48)康有為「保存中国古蹟古器説」『不忍雑誌』第三期、一九一三年、一-一六頁。
(49)『字林西報』は一八五〇年八月三日に上海で創刊された週刊英字新聞『北華捷報(North China Herald)』を前身紙として、一八六四年七月一日に内容を拡充した際に『字林西報』に改称し日刊となった英字新聞である。上海共同租界工部局の公報・宣伝紙としての性格を有し、当時中国において最も重要な英字新聞の一つである。創設者のイギリス人ヘンリー・シャーマン(Henry Shearman)が初代の主筆、その社論は中国人と異なる立場をとるため、外字新聞に関心を持つ多くの中国人が読者となった。最高発行部数は七八一七部、一九五一年三月三一日停刊。戈公振『中国報学史』台北：台湾学生書局、一九七六年、一一七-一一八頁および張憲文、方慶秋、黄美真主編前掲書『中華民国史大辞典』を参照。

(50)「内務部為妥善保護龍門古蹟与河南省長公署往来文(一九一四年二月―一九一六年一〇月)」中国第二歴史檔案館編『中華民国史檔案資料彙編　第三輯　文化』南京：江蘇古籍出版社、一九九一年、一九〇-一九一頁。

(51)「大総統発布限制古物出口令(一九一四年六月一四日)」中国第二歴史檔案館編前掲『中華民国史檔案資料彙編　第三輯　文化』、一八五頁。

(52)「内務部為切実保存前代文物古蹟致各省民政長訓令(一九一六年三月一一日)」中国第二歴史檔案館編前掲『中華民国史檔案資料彙編　第三輯　文化』、一九七頁。

(53)「内務部擬定保存古物暫行辦法致各省長・都統飭属遵行咨(一九一六年一〇月)」中国第二歴史檔案館編前掲『中華民国史檔案資料彙編　第三輯　文化』、一九七-一九八頁。

(54)黄翔瑜前掲論文「民国以来古物保存法制之誕生背景試析(一九一一―一九三〇)」、一八頁。

(55)「内務部為調査古物列表報部致各省長・都統咨」中国第二歴史檔案館編前掲『中華民国史檔案資料彙編　第三輯　文化』、一九九-二〇〇頁。

(56)同前、二〇〇-二〇一頁。

(57)同前、二〇〇頁。

(58)葉恭綽(一八八一～一九六八)は、字は裕甫、誉虎、号は遐庵。清朝政府・北京政府・南京政府を通じての交通官僚、文化人。辛亥革命の際には南北調停にあたり、南京臨時政府組織準備委員に挙げられる。一九一三年から一四年四月まで、段祺瑞臨時内閣、熊希齢内閣、孫宝琦内閣で交通部次長代理を歴任。二八年以降、全国美術展覧会の審査委員や故宮博物院理事を務め、文化活動を中心に活動。なお、葉の文化活動に関しては、王樹槐「葉恭綽的文化活動」『近代中国歴史人物論文集』台北：中央研究院近代史研究所、一九九三年、六九九-七三七頁に詳しい。

(59)「葉恭綽呈請成立国家通儒院等文化学術機関的有関文献(一九二〇年三月)(1)総統府顧問葉恭綽致大総統条陳(抄件)」中国第二歴史檔案館編前掲『中華民国史檔案資料彙編　第三輯　文化』、五七六-五七九頁。

(60)「禁止古物流出国外的有関文件　(3)内務部致税務処復函(一九二五年一二月)」中国第二歴史檔案館編前掲『中華民国史檔案資料彙編　第三輯　文化』、一八七頁。なお、吉開将人の指摘によれば、本法案は国会で議決されていれば、中国初の文化保護法となる可能性があった。吉開将人「宣統十六年の清室古物問題(一)――故宮博物院成立史の再検討」

『北海道大学文学研究科紀要』第一四四号、二〇一四年一一月、五八頁。
(61) 王正華前掲論文「清末民初『古物』的発見、展示文化與国族意識」、二一-三頁。
(62) 中華民国史事紀要編輯委員会編『中華民国史事紀要(初稿)一九一四・一-六』台北：中華民国史料研究中心、一九八二年、七〇三-七一〇頁。原典：『政府公報』第七二二号、一九一四年五月一日。
(63)「清室優待条件」に関する法的位置づけについては、楊天宏「『清室優待条件』的法律性質与違約責任——基于北京政変後摂政内閣逼宮改約的分析」『近代史研究』二〇一五年第一期、三七-五七頁および村田雄二郎「清室優待条件から見た民国初期の憲政体制」中村元哉編『憲政から見た現代中国』東京大学出版会、二〇一八年、二三-五二頁がある。
(64) 雷震『中華民国制憲史』台北：稲郷出版社、二〇一〇年、六五頁。
(65) 以下は原文である。第五章国権、第二四条左列事項出国家立法並執行或令地方執行、一三、有関文化之古籍、古物、及古蹟之保存。
上列各款、省于不抵触国家法律範囲内、得制定単行法。

本条所列第一、第四、第一一、第一二、第一三各款、在国家未立法以前、省得行使其立法権。

荊知仁『中国立憲史』台北：聯経出版事業公司、二〇〇一年一〇月、五一〇-五一二頁。
(66) 呉佩孚は一九二二年に第一次奉直戦争に勝利したあと、陸軍参謀総長を経て直隷省・山東省・河南省三省の巡閲使となる。二四年には第二次奉直戦争で再び奉天派と戦うものの、部下の馮玉祥の裏切りに遭い敗北。
(67)「関于改建英武殿并将奉天故宮所蔵古物移京陳列等項有関文件」中国第二歴史檔案館蔵、全宗号一〇〇一、案巻号一五八。
(68) 趙爾巽(一八四四~一九二七)は、号は次珊、奉天鉄嶺の出身で漢軍正藍旗に属した。清末民国初期の官僚、政治家。一九一一年四月に東三省総督、一二年に奉天都督に任じられる。一四年袁世凱政権が「清史館」を設立すると、その館長に就任。一七年の張勲の復辟の際には枢密院顧問大臣に任じられる。二五年の段祺瑞の臨時執政期には善後会議議長、臨時参政院議長、安国軍政治最高顧問などを歴任。前掲『民国人物大辞典(増訂版)』。
(69) 吉開将人前掲論文「近代中国における文物事業の展開——制度的変遷を中心に」、五七-五八頁。
(70) 王世杰(一八九一~一九八一)は、字雪艇。湖北省崇陽人。憲法学者でのちに政界に入る。一九一三年にイギリスで政治経済学を学び、二〇年にパリ大学で法学博士号を取得。二〇年一二月から、北京大学校長蔡元培の勧めで、北京大学で教職に就き、『現代評論』を創刊。二七年南京国民政府法制局長に就任。三三年より三八年まで国民政府教育部長を務め、この間ロンドン中国芸術国際展覧会籌備委員兼主任委員となる。抗日戦争勃発後、国民党中央宣伝部長などを務める。台湾へ移動後、五三年六月故宮博物院、中央研究院の両院共同理事に就任。六〇年三月中国古芸術品訪米展覧委員会委員、六二年から七〇年まで中央研究院院長を務める。前掲『民国人物大辞典（増訂版）』および山田辰雄編『近代中国人名辞典』霞山会、一九九五年。

(71) 王世杰「法国新近保護美術物與古物之法律」『国立北京大学社会科学季刊』第一巻第二期、一九二三年、三七五-三八二頁。

(72) 「国務院修正教育部官制案」『申報』一九一三年一二月二九日、第七版。

(73) 同前。

(74) 江琳前掲論文「民国時期文物保護事業的体制之争」、六一-六二頁。

(75) 「国務院秘書庁為恵贈友人提取古物陳列所古物清単」中国第二歴史檔案館編前掲『中華民国史檔案資料彙編　第三輯　文化』、二二〇-二二二頁。

(76) 「西報紀古物押借外款之内幕」『申報』一九一六年六月六日、第六版。

(77) 前掲「葉恭綽呈請成立国家通儒院等文化学術機関的有関文献（一九二〇年三月）（1）総統府顧問葉恭綽致大総統条陳（抄件）」、五七六-五七九頁。

(78) 同前、五七九-五八二頁。

(79) 「湖北省教育会為制止清室出售古物致内務部代電（一九二三年一一月一二日）」中国第二歴史檔案館編前掲『中華民国史檔案資料彙編　第三輯　文化』、二二二-二二三頁。

(80) 江琳前掲論文「民国時期文物保護事業的体制之争」、六二頁。

(81) 同前。

(82) 一九二二年一月一七日に北京大学機構改革の一環として、将来大学院を設置することに備えて研究所が新たに設立されることになり、その一部門として国学門が設立され研究者養成機関として位置づけられた。創立当時の国学門委員会の委員長は校長代理の蒋夢麟が兼務し、委員は主任の沈兼士のほか、顧孟餘、李大釗、馬裕藻、朱希祖、胡適、銭玄同、周作人であった。胡適をはじめとして、委員の過半は新文化運動のメンバーが占めていた。当時、北京大学は反体制の拠点とみなされ、北京政府から予算を止められることもしばしばあった。そのため、大学の財政は極めて逼迫していたにもかかわらず、国学門は大学本部からかなり優遇され、二四年頃までにその陣容を整えていった。研究部門は、編集室、考古学研究室、歌謡研究会、整理檔案会、風俗調査会、方言研究会の六部門に分かれ、定期刊行物は『歌謡週刊』、『国学季刊』、『北京大学研究所国学門週栞』、『北京大学研究所国学門月刊』の四種であった。考古学研究室は馬衡が主宰し（三四年に故宮博物院院長に就任するまで在籍。その後は胡適が兼務した）、古物保護に力を尽くし、『四庫全書』や「清室宝物」の売却を阻止した。北京大学研究所国学門に関する研究は、陳以愛『中国現代学術研究機構的興起――以北京大学研究所国学門為中心的探討（一九二二―一九二七）』台北：台湾国立政治大学歴史学系、一九九九年に詳しい。

(83) 江琳前掲論文「民国時期文物保護事業的体制之争」、六二頁。

(84) 「禁止古物流出国外的有関文件（一九一三年一二月―一九一七年八月）」中国第二歴史檔案館編前掲『中華民国史檔案資料彙編　第三輯　文化』、一八五―一八六頁。

(85) 同前、一八六―一八八頁。

(86) 前掲「大総統発布限制古物出口令（一九一四年六月一四日）」中国第二歴史檔案館編前掲『中華民国史檔案資料彙編　第三輯　文化』、一八五頁。

(87) 「禁止古物流出国外的有関文件（五）内務部致税務処公函（一九二七年八月）」中国第二歴史檔案館編前掲『中華民国史檔案資料彙編　第三輯　文化』、一八八―一九〇頁。

(88) スタイン（Aurel Stein）著、向達訳『斯坦因西域考古記』台北：中華書局、二〇一七年三月、九五―九八頁。

(89) 一九〇九年ペリオは敦煌で得た古写本などを中国から持ち出す際に、北京で羅振玉ら中国人学者にみせている。この時、ペリオの見識を聞いた羅は感嘆し、「敦煌石室書目及発見之原始」を寄稿した（『東方雑誌』第六巻第一〇期）。以後、敦煌の古写本などが徐々に中国学術界に知れわたり、羅らの勧めにより、清朝政府は敦煌に残ったものを北京へ運び京師図書館に保存することになった。陳以愛前掲書『中国現代学術研究機構的興起――以北京大学研究所国学門為中心的探討（一九二二―一九二七）』、一八三頁。

(90) 大谷探検隊に関しては、白須淨眞『大谷探検隊研究の新たな地平――アジア広域調査活動と外務省外交記録』勉誠出版、二〇一二年。白須淨眞編『大谷光瑞と国際政治社会――チベット、探検隊、辛亥革命』勉誠出版、二〇一一年、同編『大谷光瑞とスヴェン・ヘディン――内陸アジア探検と国際政治社会』勉誠出版、二〇一四年に詳しい。

(91) 黄翔瑜前掲論文「民国以来古物保存法制之誕生背景試析（一九一一―一九三〇）」、一六―一八頁。

(92) 吉開将人の指摘によれば、外国から探検隊が積極的に調査と資料収集を進めていた実態に直面した清朝政府は、図書資料や文化遺産の散逸に歯止めをかけるべく、図書館の設立や文化財法制の試みにようやく着手したという。しかし、その後間もなく王朝体制は崩壊し、辛亥革命を経て成立した中華民国に課題として受け継がれて行くことになる。吉開将人「近代中国とアカデミー――政治史と文化史のあいだ」『人文科学年報』三二号、二〇〇二年、一一〇‐一一一頁。

(93) 銭智修「中国西部及中亜細亜新出土之古物」『東方雑誌』第九巻第五期、一九一二年、八‐一四頁。

(94) 前掲「内務部擬定保存古物暫行辦法致各省長都統飭属遵行咨（一九一六年一〇月）」、一九七‐一九九頁。

(95) 吉開将人前掲論文「近代中国における文物事業の展開――制度的変遷を中心に」、五八頁。

(96) 桑兵「東方考古協会について」『西洋近代文明と中華世界』京都大学学術出版会、二〇〇一年、二九五頁。

(97) 夏鼐「五四運動和中国近代考古学的興起」『考古』一九七九年第三期、一九四頁。

(98) 史勇前掲書『中国近代文物事業簡史』、五一‐五二頁。

(99) 桑兵前掲論文「東方考古協会について」、三二〇頁。

(100) 濱田耕作（一八八一～一九三八）は、号は青陵。一九〇二年東京帝国大学文科大学史学科を卒業後、大学院に入学。雑誌『国華』の編輯に就いたのち、〇九年京都帝国大学文科大学の講師。一二年から三年間ヨーロッパに留学し、新しい考古学研究の方法を日本にもたらす。一六年に日本最初の考古学講座が京都帝国大学文科大学に開設された際にその担任となる。東亜考古学会の創設など考古学研究に貢献。『日本美術年鑑』美術研究所、一九三九年、一〇九‐一一〇頁。

(101) 蔣夢麟（一八八六～一九六四）は、旧名は夢熊、字は兆賢。浙江省餘姚生まれ。中国近代の学者、教育行政専門家。一九〇七年日本に渡り、教育および産業実態を調査。〇八年アメリカ留学にともない教育研究へ進み、一二年コロンビア大学哲学博士号取得。帰国後は『教育雑誌』、『職業と教育』を編集。一九年中華新教育共進社を組織し、機関誌『新教育』を刊行。二〇年蔡元培に招かれて北京大学教授に就任。二七年南京国民政府の成立を契機に、浙江省政府委員および教育庁長に就任。その後中華民国大学院長、教育部長、国民政府秘書長、国民政府委員を歴任。前掲『民国人物大辞典（増訂版）』および『近代中国人名辞典』。

(102) 中国と東亜考古学会との提携関係などについての記述は、桑兵前掲論文「東方考古協会について」、二九三‐三一一頁および吉開将人「東亜考古学と近代中国」岸本美緒編『岩波講座「帝国」日本の学知　第三巻東洋学の磁場』岩波書店、二〇〇六年、一三五‐一七四頁に基づく。

(103) 以下、当時のヘディンと中国の学術団体との折衝に関する記述は、高嶋航「探検の客体から探検の主体へ――近代中国の学術とナショナリズム」石川禎浩編『現代中国文化の深層構造』京都大学人文科学研究所、二〇一五年、一三一‐一八二頁および渋谷誉一郎「スタイン第四次中央アジア踏査について――民国初期における文物保護への道程」山本英史編

『伝統中国の地域像』慶應義塾大学出版会、二〇〇〇年、二八九–三二六頁に基づく。

(104) 李文裿編『北平学術機関指南』北京：北平図書館協会、一九三三年、一–四頁。なお、協会の理事会メンバーは高魯、袁同礼、周肇祥、徐協貞、兪同奎、劉復、李四光、徐鴻宝、梅貽琦である。

(105) 一九二九年には新たに、古物保管委員会、古物保管委員会北平分会、農鉱部地質調査所、国立北平研究、天然博物院、世界学院、中法大学、巴斯徳学院、燕京大学研究所、中国地学会がメンバーに加わった。

(106) 羅桂環『中国西北科学考査団』北京：中国科学技術出版社、二〇〇九年、二五二–二五六頁。

(107) 渋谷誉一郎前掲論文「スタイン第四次中央アジア踏査について――民国初期における文物保護への道程」、二九九頁。

(108) 高嶋航前掲論文「探検の客体から探検の主体へ――近代中国の学術とナショナリズム」、一三二頁。なお、中国西北科学考査団に関しては、羅桂環前掲書『中国西北科学考査団』に詳しい。

第二章
中央集権的近代文物事業の成立
――南京国民政府期の文物保護事業

中国国民党は一九二五年七月に「中華民国国民政府」を樹立し、二六年蔣介石の率いる国民革命軍によって北伐が開始された。そして、二七年四月に首都を南京に置き、南京国民政府を発足させた。さらに、二八年六月国民革命軍は北京を占領し、北京を北平と改称した。同年一二月二九日に東北三省の易幟によって、これまで南北が対峙していた中国はようやく統一を果たした。

その後、一九二八年から四九年に国民党政権が台湾へ退去するまで、南京国民政府は北京政府を引き継いで中国における近代文物事業を推進する主体となった。特に、満洲事変から抗日戦争期において、文物政策の実施や文物に関わる組織の発足などを国家規模で推し進め、文物の管理と保護は中央集権的な形態へ向かっていった。これは近代文物事業が改めて国家的な事業として位置づけられ、それが中華民国の領域内にくまなく及ぶことを意味する。

国家レベルの統一的で強力な近代文物事業は、外国探検隊に対する統制を可能にし、清末からの懸案であった文物の海外流出を有効に防ぎ、かつ中国国内の発掘調査を国家の管理下に置くことに成功した。南京国民政府の文物事業はさらに、国民国家にとって必須とされる民族や歴史、伝統を表象する存在として文物を政策的に活用する段階に入っていく。南京国民政府は文物に国民国家に必須な歴史や伝統という価値を表象させることによって、ナショナリズムを発揚し国民国家建設につなげていった。そして、一九三〇年代に入ると、文物保護事業を国際関係のなかで位置づけ始める。北京政府期に続いて、近代文物事業の推進に欠かせない人材の養成が本格化し、留学経験者が近代文物事業を支えた。

そこでまず、本章第一節では南京国民政府の全国統一から抗日戦争開始までの期間における、近代文物事業をめぐる諸制度の制定およびそれに関わる諸機関の発足について整理する。また、近代文物事業の多くが留学経験者によって進められたことについて述べる。第二節では、まず、南京国民政府の考古事業について、中国独自の発掘調査と外国探検隊に対する統制について述べ、さらに、文物保護事業の国際関係的な展開について言及する。これらを通じて、北京政府から近代文物事業を引き継いだ南京国民政府が、中央集権的な近代文物事業をどのように構築し、それが国家構想のなかでどのような意味を持つのかを明らかにする。

なお、南京国民政府が進めた近代文物事業には満洲事変後の文物南遷が存在する。文物南遷は南京国民政府の近代文物事業を特徴づける特異な事業であり、本章ではあえて触れず、第四章において論じる。

第一節　近代文物事業に関する法令と組織

一　文物保護管理に関する法令の制定

（一）　文物調査と関連法令

南京国民政府は北京政府が完遂できなかった近代国家の形成という課題を背負っていた。南京国民政府は北京政府と比較して強力な中央集権体制に裏打ちされた統治形態を整えた。文物管理においても、基本的に北京政府期に未完であった部分を継承しながら、中央管理を強化していった。

まず、北京政府期以来その必要性が認識されながら、実施に至らなかった古物調査を行うため、一九二八年九月一三日に内政部が一一ヵ条からなる「名勝古蹟古物保存条例」を公布した(1)。その第一条には「全ての中華民国領土内で所有される名勝古蹟古物の保存は、他の法令による規定を除き、本条例によって行う」と記されている。保存する対象は名勝古蹟と古物とに二分され、さらに、名勝古蹟については湖山、建築類、遺跡類に、古物については碑碣類、金石類、陶器類、植物類、文玩類、武装類、服飾類、彫刻類、礼器類、雑物類に細分された。また、同条例の通達とともに、調査表も付されており、各省市に対して古物調査を要請した。調査表の項目は名称、時代、所在地、所有者、現状、保管方法などであるが、調査項目のなかに古物の所有者を回答する欄があり、記入方法は国有か公有かを記し、私有の場合はわかる限りで所有者名を回答するように指示されている。清末以来の文物保存に関連した法令において、初めて国有、公有、私有を分別することが明記された。

その調査結果は一九三六年に内政部が刊行した『内政年鑑』にその詳細がまとめられている。そこには古物の分布が省・県・市と時代別に整理されているが、貴州、吉林、黒竜江、甘粛、西康の五省および天津市、青島市が統計にはない。当初要請された文物の所有者に関する記載も同年鑑には見当たらない。同年鑑にはこれ以外の省・市から「漸次報告が上がり、内政部が省市を単位に統計をまとめた」とある。また「各省における名勝古蹟古物に関する事項は、おおむね機関を設け、専門的に処理する」とされ、具体的な専門機関として、江蘇省の革命歴史博物館、江西省の古物保存委員会、山東省の省立図書館、雲南省の古物保存所などが挙げられている[2]（表2-1、表2-2）。

この『内政年鑑』の編輯凡例には一九三五年六月現在の調査結果であることが明記されており、少なくとも三五年の半ばまでに大部分の省市が調査結果を報告していたことがわかる[3]。「名勝古蹟古物保存条例」に基づく調査がこのように成果を挙げた要因として、三四年一二月に「中央古物保管委員会各地辦事処暫行組織通則」が通達されたことが挙げられる。全一二条からなる通達の第三条には、辦事処の事務として、「古物古蹟の保管」、「古物発掘の監察」、「古物の紛糾事件に関する処理」、「古物に関するその他各種の事項」などとともに「古物古蹟の調査」が定められており、各地に設置された辦事処が各省市に対して調査報告を促した可能性は充分に考えられる[4]。なお、文物事業を担当する専門組織として三四年に設置された中央古物保管委員会については次項で詳述する。

一方、一九三五年九月一一日の中央古物保管委員会第三次全体委員会議で、各国の古物保管条例を基準として、国宝法を迅速に制定することが提案された。提案の説明文には「各国の古物保管条例を調べると、いずれも国宝の規定がある。日本では国宝法が発布されているのに対して、我が国ではまだ制定されていない。各国の現行古物保管条例及び日本の国宝法を参考にし、迅速に国宝法を制定し、依って古物保管基準とすることを提案する」とある。この提案に対する議決は、同会で提案された案件との併合処理とされ、国宝法は「先に古物保存法を修正し、その公布を俟ってから、再びその他章程を起草する」際に検討することになった[5]。

国宝の概念は中国言論界で一九一〇年代から確認できるが、国宝法制定への動きはこれが初めてである。結局、三

表 2-1　各省の名勝・古蹟数統計表

時代 省市	三代以前	秦漢	魏晋	五代	六朝	宋元明清	民国	不明	合計
江蘇	28	24	14	25	33	144	0	55	323
安徽	15	51	13	7	21	134	0	147	388
江西	2	24	21	7	33	168	2	142	399
湖北	54	50	61	18	92	336	13	137	761
湖南	25	38	30	16	86	451	3	421	1070
四川	0	15	7	2	9	139	1	54	227
山東	213	136	33	33	42	263	1	281	1002
山西	232	178	118	353	440	1875	0	2498	5694
河南	215	176	59	30	97	279	0	190	1046
河北	74	121	39	45	102	516	1	223	1121
陝西	69	105	14	32	171	188	0	191	770
浙江	32	59	67	63	160	814	6	525	1726
福建	0	4	0	10	17	74	0	75	180
広東	1	23	13	34	69	532	2	334	1008
広西	0	15	1	2	8	137	0	27	190
雲南	3	19	15	2	49	610	9	240	947
遼寧	1	6	2	2	34	233	0	45	323
新疆	0	17	1	1	25	21	0	23	88
寧夏	0	0	0	0	0	0	0	0	0
青海	0	3	2	2	4	31	0	20	62
熱河	0	2	0	1	5	42	0	30	80
察哈爾	2	3	2	2	5	57	0	35	106
綏遠	0	8	1	0	1	33	0	4	47
南京市	0	1	3	1	6	32	11	12	66
上海市	1	0	4	0	0	19	4	1	29
北平市	0	0	1	0	2	34	1	7	45

出典：『内政年鑑』をもとに著者作成。

五年の時点では国宝法の制定は実現せず、四八年になって改めて国宝鑑定法の制定に関する議論が起きている。(6) 中華民国で国宝が法令のなかで初めて規定されるのは、台湾退去後の八二年五月二六日に公布された「文化資産保存法」においてであった。(7)

一九二四年一一月一六日の中央古物保管委員会第四次常務会議では、フランスに流出した古物の徹底調査をフランス留学生会とイギリス留学生会、および外交部駐フランス総支部に対して要請することが決定した。古物の調査対象は中国国内だけではなく海外にも及んでいたのである。(8)

表 2-2　各省の古物数統計表

時代 / 省市	三代以前	秦漢	魏晋	五代	六朝	宋元明清	不明	合計
江　蘇	2	3	3	3	19	103	30	163
安　徽	2	2	0	2	0	44	13	63
江　西	1	2	3	1	13	88	29	137
湖　北	4	5	7	0	18	110	29	173
湖　南	1	4	1	2	21	103	60	192
四　川	2	5	0	2	3	71	6	89
山　東	31	97	27	34	90	310	107	696
山　西	38	66	40	254	451	2,454	401	3,704
河　南	11	29	36	15	94	203	107	495
河　北	6	15	10	31	57	245	67	431
陝　西	5	25	8	18	84	155	31	326
浙　江	0	9	10	8	44	330	81	482
福　建	0	3	1	4	11	141	15	175
広　東	0	8	4	8	29	218	29	296
広　西	0	5	3	2	5	53	13	81
雲　南	0	7	7	0	7	312	48	381
遼　寧	0	3	2	0	11	209	23	248
新　疆	0	2	3	0	4	6	26	41
寧　夏	0	0	0	0	0	1	1	2
青　海	0	0	0	0	0	33	2	35
熱　河	10	0	0	4	0	48	10	72
察哈爾	0	1	0	3	2	43	4	53
綏　遠	0	0	0	0	0	4	0	4
南京市	0	0	0	0	2	6	2	10
上海市	0	0	0	0	0	31	11	42
北平市	0	0	0	0	0	8	0	8

出典：『内政年鑑』をもとに著者作成。

古物の海外流出問題に対して古物を買い戻すという議論が起きた。まず、一九三六年四月一四日の中央古物保管委員会第一三次常務会議で、委員の葉恭綽が「近年古物は多くが海外へ流出しており、速やかに解消、制止すべきである」とする動議を提出した。それに対して、同会議では次のような対応を決定した。それは、現在把握している国内私有古物の散逸情況、古物保管委員会北平分会が行おうとしていた中伊、中比（ベルギー）義和団賠償金の転用方法、政府が私有古物を買い取ることの三点について、内政部と行政院に決定を仰ぐことであった。[9]

一九三六年六月一〇日の第一

四次常務会議で「行政院秘書処が義和団賠償金関係機構の中英庚款董事会に問い合わせたところ、義和団賠償金は先に中央図書館の建設経費にまわし、将来本会が剰余金を得られた場合、私有古物の買い取りに協力する」との報告があった。[10] 三六年六月一四日の中央古物保管委員会第四次全体委員会では、再び義和団賠償金を用いて、海外へ流出する危険性の高い私有古物を緊急に買い取る要請が議題に上がった。この時は中英庚款董事会に一〇万元の拠出を求めることが議決された。[11] さらに、委員の滕固と馬衡は次のように提案した。

一九三五年のロンドン中国芸術展覧会に各国から出展された古物は、中国から流出したもので、保存すべき基準に達しているものがほとんどであり、語ると実に心が痛む。民族復興を図るためには、国外へ流出した文物について、公有・私有、詐欺・窃盗或いは略奪を問わず、全てを交渉のうえで返還に至らしめ、或いは金銭で買い戻すべきである。古物を回復し、再び国家の宝とする。これは芸術科学の盛挙のみならず、民族光栄のために希求しなければならない。よって、まずは調査登記を行い、将来、古物を清算する際にこれに依拠することができる。これによって百年の奇恥を雪ぎ、最後に栄光を勝ち取る。

この提案は同委員会で決議され、さらに次の三つの実行辦法が建議された。第一に、内政部を通じて外交部に対して、各国駐在機関が駐在国の公私収蔵の中国古物を随時調査する命令を発することを要請する。第二に、中央古物保管委員会が直接国内学術機関及び各国に居留する留学生、古物に関する学術関心を有する者に委託し、国外へ流出した古物を調査する。第三に、中国古物に関係する出版物及びその目録を調査する。調査では、①流出の過程、②古物の価値、③保存状況に重点を置く。以上の提案は決議され、次回の常務会議で前記の辦法および三つの調査項目に基づき、詳細な辦法を立案する予定とされた。[12]

第四次全体委員会の決議を受けて第一五次常務会議で審議した結果、一九三六年一〇月一七日に中央古物保管委員会は内政部に「調査流出国外古物辦法」を上申し、各機関に通達したうえで施行された[13]。その第一条には「中央古物保管委員会は国外流出した古物の実状を明らかにするために、下記の各機関或いは人員に調査を委託する。それは、①在外公館、②各国に駐在する政府各機関特派人員、③外国学術界と関係を有するか外国に人員を派遣している国内著名学術機関或いは団体、④各国に居住遊歴する中国人士で考古学に興味を持つ者」と記載されている[14]。史料の制約から断定はできないが、この草案は内政部では備案として扱われ、本来ならば一定の法的効力を有したはずであるが、公布までには至らなかった可能性が高い。この時期には「採掘古物規則」、「古物出国護照規則」、「外国学術団体或私人参加採掘古物規則」などの古物の海外流出を防止する法令が相次いで制定されており、「調査流出国外古物辦法草案」もこうした文物保護を推進する法制化のなかに位置づけられる。ただし、ほかの法令とは異なり、すでに海外に流出した文物の実態を把握するための法案であったということができる。発掘調査の規制や税関における水際での輸出阻止といった直接的な方法のほかに、このように流出の危険がある文物を公費によって事前に買い取ることと、その前提となる流出した文物の把握が企図された。

（二）「古物保存法」と文物事業

一九三〇年六月七日に国民政府により「古物保存法」が公布され、六月一五日から施行された。同法は北京政府期よりその制定が懸案であった文物保護に関する基本法であった。さらに翌三一年七月三日に行政院が、「古物保存法」を施行する際のより詳細な規則となる、「古物保存法施行細則」を定めた。

「古物保存法」は全一四条からなり、その第一条には「本法における古物とは考古学、歴史学、古生物学及びその他の文化に関係する一切の古物を指す」とあり、中華民国として保存すべき文物の定義および範囲を示している。また、その第一三条には「古物の流通は国内に限るが、中央或いは地方政府直轄の学術機関が研究のため、人員を派遣し国外へ持ち出す必要がある場合には、その主旨を中央古物保管委員会に届け、教育部及び内政部の両部から出国護照の発行を仰ぐ」[15]とあり、文物の流通を極力国内に留め、海外流出を防止する姿勢が謳われている。実は、「古物保存法」は古物関連法規の基本法としての性格とともに、文物の流出を強力に阻止するために、外国探検隊に対する統制強化という性格を有している。これについては本章第二節において述べる。

また、「中華民国訓政期約法」にも文物に言及した条文がある。同約法は蔣介石による北伐軍が全国を統一したのち、一九三一年五月一二日に国民会議によって制定され、六月一日に公布された憲法としての性格を有する法律である。その第五章「国民教育」の第五八条には「歴史文化及び芸術に関係する古蹟、古物は国家が保護或いは保存すべきである」と記されている。[16]「古物保存法」は「中華民国訓政期約法」に先だって制定されたが、同約法第五八条は最高法規として「古物保存法」が依拠する関係にある。文物保護を推進するための法体系は、同約法の下に基本法としての「古物保存法」があり、さらに同法の下位に施行に際しての詳細を定めた「古物保存法施行細則」とその後制定される各種文物保護関連規則などがある。

一九三六年五月五日に国民政府が公布した「中華民国の憲法草案」(「五五憲草」)には古物に関する条文はなかったが、その後四六年に修正され、第一〇章「中央與地方之権限」第一一〇条の、中央が立法および執行あるいは省がそれを執行する事項の第八項には「文化に関する古籍及び古蹟の保存」という記載がある。[17]なお、四七年国民政府が公布した「中華民国憲法」[18]の第一三章「基本国策」第五節「教育文化」第一六六条に「国家は科学発明を奨励し、歴史、文化、芸術に関係する古蹟、古物を保護すべきである」と文物に関する保護事項が再び明記されている。

そのほかにも一九三六年四月に「古物保存法施行細則」の第一八条に基づき「古物奨励規則」が公布された。その第二条に奨励対象としては、(一)国有古物発見者、(二)私有古物を寄付し公に帰する者、(三)私有古物を中央或いは省市政府の直轄学術機関の研究及び長期陳列に預ける者とし、奨励金額は最高一万元とされた。

南京国民政府は文物保護政策の一貫として、文物の購入も行っている。一九三一年二月の第九回国民政府会議において、各地の古籍、書画、金石および古代美術品などを購入することが決定した。購入にあたって教育部の全国教育文化基金委員会から費用を支出し、購入された文物は中央歴史博物院および美術院の収蔵品の基礎とするというものであった。文物購入が提案されたのは次のような危惧から発している。「当時、多くの古籍が外国に売却されたことに鑑み、古籍等が売却されたことによって国粋を喪失するおそれがあり、流出が続くと学術教化も損なわれてしまう。また文化建設に関して、我が党の方針は総理遺訓に従い、これらの発揚に責任を負っているため、これらの古籍、古物を収集したうえで、将来国民に観覧させ、発揚に資する」とされた[19]。

ここには、文物を購入することによって積極的にその保護を図ろうとする南京国民政府の姿勢が表れている。文物の購入は実際に広範に行われており、実効性に乏しかった北京政府期とは対照的であった。ここには国家における文物の位置づけが明確に示されている。文物の海外への流出を防止し、政府が保護することによって「国粋」を発揚する。そして「国粋発揚」の具体的な方法として観覧が挙げられているのである。

さて、一九一六年北京政府が公布した「保存古物暫行辦法」と、三〇年南京国民政府によって公布された「古物保存法」では、それぞれ文物はどのように法的に定められているのか。両政府の間で法令上の文物概念がどのように変化したのかを比較してみよう。

「保存古物暫行辦法」が定めた保存対象は、(一)歴代帝王陵寝、先賢の古墓、(二)古代の城郭や楼観、高殿や廟宇、(三)歴代の石碑や石像等の石刻、(四)古木、(五)金石、陶磁器や錦繍、書画や古籍などの五分類である[20]。一方、「古物保存法」では「本法における古物とは考古学、歴史学、古生物学及び文化に関係する一切の古物を指す。古物の範囲及び種類は中央古物保管委員会によって定められる」と「古物」の定義が明記されている。

「保存古物暫行辦法」では伝統的かつ通念的な古物概念に基づいて文物を分類しているのに対して、「古物保存法」では文物を認識するために考古学、歴史学、古生物など科学的な基準が用いられている点に特徴がある。そして、具体的に範囲を定め分類する作業は専門機関である中央古物保管委員会に任されている。北京政府期から南京国民政府期を経て、近代文物事業にたずさわる専門人材が養成され、専門機関による近代文物事業の遂行が可能になった。ここで、最も重要なのは近代文物事業を統轄する最高機関として中央古物保管委員会が設置されたことである。文物保護などを所轄する専門機関が定められたことによって、北京政府期に問題であった管轄組織をめぐる混乱は解消され、より有効な近代文物事業が策定できるようになった。

中央古物保管委員会はさらなる法整備を進めるために、各国の文物保護に関する法令資料を収集し参考にした。歴史建造物に関する立法は、主にイタリア、フランス、ベルギー、イギリスの法規を参照し、古物保管に関する法規についてはフランス、日本、ソ連、エジプト、スイス、フィリピンなどから法令資料を取りよせて翻訳にあたった。こうした取り組みが「採掘古物規則」、「古物出国護照規則」、「外国学術団体或私人参加採掘古物規則」、「古物之範囲及種類大綱」などの制定につながった。古物関係法規が専門分化することによって、より高度な行政的対応を可能にした[21]。

それでは中央古物保管委員会は具体的にどのように文物の範囲を定め、文物を分類したのであろうか。一九三五年五月中央古物保管委員会が行政院に対して、「暫定古物之範囲及種類草案」および同草案の説明書を提出した[22]。草案にはまず、文物の範囲について、古物保存法第一条の「古物とは考古学、歴史、古生物及びその他の文化に関係する一切の古物を指す」に依拠するとされた。保存に値する古物の範囲を定める基準として、古物の年代が古い、古物の数が寡少、古物が科学的、歴史的或いは芸術的な価値を有することが挙げられている。さらに、草案の説明書には「保管」と「保存」との違いについて次のように記されている。

全ての古物は保存する必要があり、自然に生じる廃棄や勝手に廃棄されることを防ぐためには、政府と国民が共同で責任を負わなければならない。そのために保存の範囲は広く定める。保存と異なり、保管は政府が独自にその責任を負うことであり、権力による強制が必要になる。古物保管の範囲は全ての保存古物に適用する必要はなく、古物のなかで国宝的価値があるものに限定すべきである。国宝の基準として、二つの必須条件がある。一つは歴史上重要な証拠品となるもの、一つは芸術の代表となるものであり、その判断は専門家の品評によって下され、中央古物保管委員会が保管機関を決める。地下埋蔵の古物は国有に指定し、中外の人による任意の発掘を禁止するとともに、古物の海外流出を制限する。保管機関については、国宝の価値を有する古物は、それが官物の場合は、国立及び地方官立の博物館、美術館、図書館及び古物保存処を設け、保管する。もしそれが私物の場合は、いったん国宝と定めたのちに、上記の諸館に貸し出す義務を課す。かつ絶対に外国へ流出することを禁止する。[23]

ここでは、古物は広く保存すべきであるが、保管すべき文物は国宝的価値のあるものに限定すべきであり、それは政府が強権的に行うものとする。また、保管機関と保管文物の選定方法などについて示されているが、「国宝的価値」に関する明確な記述はない。

南京国民政府は、近代文物事業の実効性を高めるために事業の中央集権化を進めたが、そのためには法整備が必要であった。その基本になるのが「古物保存法」であり、同法のもとで専門機関として中央古物保管委員会が設置され、近代文物事業は大きく推進した。次に近代文物事業に関する組織面の整備をみていきたい。

二　中央集権的近代文物事業を支えた組織

（一）　大学院と古物保管委員会

一九二七年六月一三日に「中華民国大学院設立提案」が国民党中央政治会議第一〇五次会議で決議された。さらに、六月二七日の第一〇九次会議で「大学院組織法」が通過した。七月四日には「中華民国大学院組織法」を公布したが、[24]同法はその後幾度かの修正を経て、二八年六月一三日に「修正中華民国大学院組織法」として公布された。[25]一連の法制化によって大学院を最高教育行政機関として国民政府に直属させ、大学院の下部組織として高等教育処、普通教育処、社会教育処、文化事業処、総務処、秘書処などが設けられた。そのなかで、博物館事業および教育展覧会は社会教育処が担当することになった。[26]大学院の初代の院長は蔡元培である。

一九二八年三月、南京国民政府は上海において大学院専門委員会の下に古物保管委員会を設立した。同委員会は国民党関係者や学者など二三名から組織された。[27]「古物保管委員会組織条例」の第一条には「本会は中華民国大学院専門委員会の一つであり、専ら全国の古物・古蹟の保管、研究及び発掘等の業務の計画を管理する」と記され、[28]古物保管委員会は文物や古蹟の保護政策を立案、外国人による無認可の発掘調査およびその文物の持ち出しを阻止する最高級の国家機関とされた。同委員会は当初大学院の専門委員会の一つであったが、二八年一〇月大学院が廃止され教育部が設立されると、教育部に直属する組織となった。

古物保管委員会は一九三四年南京において行政院に直属する中央古物保管委員会が設立されるまで、文物に関する全ての保護業務を担っていた。後述するように、この間の最も顕著な実績としては、外国探検隊による中国国内での発掘調査を統制し、発掘に対する中国の主権を確立したことが挙げられる。

一九二八年六月北伐軍が北京に入り、古物保管委員会は北京において古物保管委員会北平分会を設立し、当時民間組織の北平文物臨時維護会を吸収した[29]。古物保管委員会北平分会の構成メンバーは、主任委員を馬衡が務め、その他の委員は沈兼士、陳垣、兪同奎、袁同礼、葉翰、羅庸、黄文弼、李宗侗であった[30]。その後、委員らの提案により、華北地域には文物、古蹟が多く、保存に関する業務も重要であることを理由に、古物保管委員会は北平分会の所在地へ移転し、名称は北平古物保管委員会となったが[31]、三四年一二月に中央古物保管委員会に吸収され、中央古物保管委員会北平辦事処となった[32]。

（二）　中央古物保管委員会の設立

一九三二年六月南京国民政府は、「古物保存法」の規定により、「中央古物保管委員会組織条例」を公布し、三三年一月に行政院第八二次会議において、中央古物保管委員会の設立が議題に上がったが、結局設立は見送られた。その理由は、三三年に南京国民政府が各機関に通達した次の文書からうかがえる。その文書には、国難に臨んでいることから中央・地方各機関および法人団体では節約に努め、緊急ではない事項は実施を延期し、無用の機関および冗員は廃止すべきであると述べられており[33]、戦費を蓄えるための経費予算緊縮によって、中央古物保管委員会の設置が見送られたことが推測される。すでに委員の人選は進んでおり、人員の半数は古物保管委員会からの留任であった[34]。

その後、一九三四年六月行政院第一六〇次会議において再び中央古物保管委員会を組織することが決議され、改めて委員が選定された。最終的には、李済、葉恭綽、黄文弼、傅斯年、朱希祖、蔣復璁の六名に加えて、内政部代表の傅汝霖と盧錫栄、教育部代表の滕固と舒楚石、中央研究院代表の董作賓、北平博物院代表の徐炳昶、北平故宮博物院代表の馬衡が招聘されることになった。これら一三名の委員には考古学を専門とする者が多く、李済、傅斯年、徐炳昶、馬衡は古物保管委員会からのメンバーである。三四年七月行政院第一七六次会議で委員の傅、滕、李、葉、蔣らが常務委員に任命され、傅が主席に任じられることになった[35]。

中央古物保管委員会は一九三四年七月一二日に首都の南京において正式に設立した。組織としては行政院に直属し、重要事項については教育部および内政部と協議すると定められた。さらに、文物が豊富と思われる省市、たとえば、北平、天津、西安などに分会あるいは辦事処が設けられた。そして、河南、山東、陜西各省と連携して古蹟研究会や考古会などを立ち上げて、地方で文物保護業務を推進する体制を整えた。その他の省市の近代文物事業は各省市教育部が担うこととなった[36]。

ここには中国全土の統一をほぼ果たした南京国民政府が、中央から地方の文物事業を統率しようとする姿勢が表れている。中央の近代文物事業に地方のそれが編入され、南京国民政府の近代文物事業に対する一元的な管理体制が浸透していく過程が確認できる。しかし、これに対して一九三〇年代には文物調査や発掘などに対して地方政府が独自に取り組むこともあり、地方政府には中央主導に対して反発が生じることもあった。地方を牽制し、中央による管理体制を確立するために、北平に基盤のある古物保管委員会に代わるものとして中央古物保管委員会が設立されたと考えることもできる。

ところで、中央古物保管委員会の業務は以下のように定められている[37]。これらの事項は、文物事業における清末以来の課題であり、北京政府期においても取り組まれてきたが、同委員会のような文物事業を一元的に処理する機関がなかったために、充分な成果があがらなかった。下記の業務一覧をみると、その設立の重要件が改めてわかる。

（一）　既に設立されている合法の文物保管機関に対し、文物保管方法の整備及びその改善を監督する。

（二）　未だに政府に保管されていない古蹟、古物に対し、地方政府と協同し、保護及びその修復を行う。

（三）　学術機関の発掘要請に対し、承諾・不承諾を表明したうえで充分な援助及びその取り締まりを行う。

（四）不法商人や不良分子等による私的発掘に対し、厳格に制裁する。
（五）個人収蔵品を保護したうえで、重要品に対し、精密な調査及び登記を行う。
（六）地方において新たに発見された古物は本委員会がその価値を鑑定してからその保管機関を決める。
（七）各地方の古蹟、古物は各地方政府がその保護責任を負う。
（八）学術文化に関係する古物は本委員会が審査のうえで中央各文化機関に移し、研究に供す。
（九）既に発見された古蹟、古物を全て登記し、妥当な保管方法を考案する。
（一〇）未出土古物の発掘を監督する。

一九三四年に中央古物保管委員会が設立されると、本拠地を北平に移した古物保管委員会（北平古物保管委員会）および「名勝古蹟古物保存条例」によって設立された組織などを一律に中央古物保管委員会が吸収することが通達された[38]。この通達に対する地方政府・組織からの反発[39]を先制するかのように、三四年一二月当時の行政院院長汪兆銘と軍事委員長蔣介石が連名で、声明文を発した。以下は同声明文の要旨である。

中国は博大な歴史を有する国であり、前人が我々に残した国家古物は全て彼らの精力が注がれたものである。しかし、それらが近年破壊されていることに対して、政府は民族精神上の大きな損失をみている。そこで総括的な保管を図るために、中央古物管理《ママ》委員会を設立した。同委員会は法に基づいて国家が古物を保管する唯一の最高機関となるので、これまでの中央及び地方の該当機関は整理統合し、組織として一本化する。各機関、軍、学術団体は同委員会に全面的に従い、古物保存法及びその施行細則を確実に執行する。[40]

このように中央古物保管委員会の文物事業における高い法的地位が強調されている。そのほかに、近代文物事業が国家建設にとって重要事項であることが明確に宣言されている。声明のなかには「民族」、「文化」、「歴史」といった近代国家において国民を創出するうえで重要とされる言葉がならんでおり、近代文物事業を通じて博大な民族の歴史を示し、固有文化を創出し、それによって民族を復興しようとする狙いが謳われている。

また、中央古物保管委員会の設立以降、前述の「名勝古蹟古物保存条例」に基づく全国調査とは別に、新たに全国の文物調査に関する動きが活発になった。たとえば首都南京の文物調査は一九三四年に開始された。調査を実施した委員会は調査事業の重要性を次のように述べた。「南京は六朝時代の勝地であり、歴代の古蹟、古物は文化に関係することから、南京の古物を保存することと文化の発揚は関わっている(41)」。

一九三五年に教育部が中央古物保管委員会の要請に応じて、古物、古蹟保護に関する内容を教科書に取り入れるように各教育機関に通達した。その要請事項は、全国各学校に古物、古蹟の保管への協力、また教科書にそれらの保存に関する内容を取り入れることであった。その後、教育部は南京、上海の各出版社に対しても文物に関する内容を教科書に取り入れ、三五年八月には国民政府直轄の各学校および教育庁局に協力するように通達した(42)。

中央古物保管委員会が教育部に対して影響力を発揮したという点から、同委員会の政府内における発言力は決して低くなかったことがわかる。そして、教科書に古物、古蹟保護に関する内容を取り入れた意図は、学校での教育を通じて文物と近代文物事業の重要性を国民各層に広く理解させることにあった。それはまた、国民教育において文物を動員して国民を創出することでもあった。

一九三五年一一月以降、中央古物保管委員会の所管は行政院から内政部に移った。しかし、三七年一〇月に抗日戦争が全面的に始まると、「国難時期各項支出緊縮辦法及実施条款」が実施されたため、同委員会の予算も緊縮された。その後、業務運営は暫定的に停止され、内政部礼俗司が兼務することになった(43)。

（三）　一九三四年の旧都文物整理委員会の設立について

南京国民政府は満洲事変後の一九三三年二月から五月にかけて北平にあった文物のなかから厳選し南遷させた。しかし、北平や各地には数多くの文物が残されており、南遷によって南京国民政府の文物事業が中断されたわけではない。またこの時期に、各省が文物調査を実施しており、地方政府が文物の実態を把握しようとする動きもみられた。

このような文物調査のなかで、最も重要な動きとしては、旧都北平における旧都文物整理委員会の設立が挙げられる。一九三四年に中央古物保管委員会が設立されて以来、中国の文物管理は法制度が整備されたこともあって、文物に関係する組織が相次いで設立された。旧都文物整理委員会もその一つである。北平には歴史建造物などが数多く存在していたが、老朽化も進んでいたため、その実態調査と修復のため、南京国民政府は三四年一二月二二日「旧都文物整理委員会組織規程」を公布し、三五年一月一一日に委員会が発足した[44]。

旧都文物整理委員会は行政院に属し、行政院駐北平政務整理委員会の付属機関で、同委員会委員長の黄郛が旧都文物整理委員会の委員長を兼任した。委員会の主な任務は文物調査およびその修復であった。同委員会の点検作業が実施されることによって、歴史建造物のみならず数多くの文物が改めて登録されるようになった[45]。

民国初期には内政部の管轄下に置かれていた北平の歴史建造物や文物などは、旧都文物整理委員会の設立によって次第に北平市政府が管轄することになった。それまで開放していた建造物は、老朽化のために閉鎖されたが、北平市は管理下に入った歴史建造物に対する修繕を行い、一九三五年から三七年の間、天壇、国子監など二〇ヵ所あまりが修復された。修復された孔子廟および国子監などの建造物は徐々に展覧のために開放された[46]。

旧都文物整理委員会によって行われた文物調査からみれば、南京国民政府が行った文物保護の範囲は、歴史建造物の修復にまで及んでいたことがわかる。また、序章で言及したように、これまで南京国民政府の文物政策は「故宮文物」に偏重しているというのが通説であったが、「故宮文物」はあくまで文物の一部であり、南京国民政府がその文

表 2-3　近代中国（清末〜1945 年）における文物事業関連法令および機関一覧表

公布年	関連法令	制定・執行機関
1909	保存古蹟推広辦法	民政部
1914	限制古物出口令	大総統
1916	保存古物暫行辦法	内務部
1928	寺廟登記条例 名勝古蹟古物保存条例 甘粛敦煌等諸石窟古蹟保護令	内政部 〃 〃
1929	北平壇廟管理所規則 監督寺廟条例	内政部 〃
1930	古物保存法 保存城垣辦法	行政院 〃
1931	古物保存法施行細則	行政院
1934	国立北平故宮博物院暫定組織条例 旧都文物整理委員会組織規程	行政院 旧都文物整理委員会
1935	採掘古物規則 古物出国護照規則 外国学術団体或私人参加採掘古物規則 暫定古物的範囲及種類大綱	中央古物保管委員会 〃 〃 〃
1936	古物奨励規則 非常時期保管古物辦法 調査流出国外古物辦法	行政院 内政部 中央古物保管委員会
1937	全国美術展覧会挙行辦法	教育部
1939	抗戦損失調査辦法	行政院
1945	収復区敵偽産業処理辦法	行政院

出典：『中華民国史檔安資料匯編　第五輯第一編　文化（二)』および『内政年鑑』をもとに著者作成。

物事業のなかで「故宮文物」を特別視していたという通説には再考の余地がある。南京国民政府は一部の文物を保管・展示することに近代文物事業を限定するのではなく、文物事業の範囲を広範に設定することによって、国民各層にナショナリズムを発揚させ、国民国家の建設に文物を積極的に利用したように思われる。旧都文物整理委員会と北平市の活動にそれをうかがうことができる（表2−3）。

三　近代文物事業の発展を支えた海外帰国留学生

一九世紀に入り西洋の外圧に直面した中国にとって、国家存立のために西洋の科学と制度を導入することはもはや不可避となった。そのために、一九世紀末から二〇世紀にかけて欧米や日本へ多くの中国人が留学し西洋近代の知識と技術を中国へ持ち帰った。一九二〇年代に入ると、海外において地質学、生物学、人類学、博物館学、考古学などを学んだ数多くの留学生の帰国によって、近代文物事業の発展に拍車がかけられた。これらの留学生は、文物保護に関する法整備や、各種の文物保護組織の設立、古蹟調査の推進、大学での関連学科の設置、専門人材の育成などにあたり、近代文物事業の導入と発展を大きく支えた(47)。

一九二八年に南京国民政府は、ドイツ・ハンブルグ大学への留学経験を持つ蔡元培を中国における最高教育行政機関である大学院の院長に任命した。大学院には古物保管委員会が設立され、二三名の委員によって組織されたが、そのなかで、朱家驊（ベルリン大学地質学博士）、翁文灝（ベルギー・ルーファン大学地質学博士）、胡適（コロンビア大学哲学博士）、袁復礼（コロンビア大学地質学修士）、李済（ハーバード大学人類学博士）、陳寅恪（ベルリン大学、チューリッヒ大学、パリ高等経済学校）、李四光（バーミンガム大学）、徐炳昶（パリ大学哲学）、傅斯年（エジンバラ大学、ロンドン大学、ベルリン大学）、徐悲鴻（日本、パリ、ベルリンなどの美術学校）、林風眠（ディジョン国立美術学院、パリ美術学院）、李宗侗（パリ大学）、高魯（ベルギー・ブリュッセル大学）、劉復（パリ大学言語学博士）、沈兼士（日本国内の各種教育機関）の一五名が留学経験を持つ者であった(48)。

彼らの専門は美術学、地質学、生物学、哲学など幅広い分野にわたった。地質学専門の袁復礼、人類学専門の李済、中央古物保管委員会メンバーで考古学が専門の滕固（日本東洋大学、ベルギー大学）は、それぞれ西欧の考古学に関する専門書を翻訳し中国に紹介している[49]。これは考古学知識の伝播のみならず、金石学に替わる中国近代考古学の形成にも大きく寄与した[50]。

一九三四年に古物保管委員会を継承した中央古物保管委員会は一三名のメンバーから構成されていたが、そのなかで留学経験を持つ委員は李済、傅斯年、徐炳昶、朱希祖（早稲田大学）、蔣復璁（ベルリン大学）、盧錫栄（コロンビア大学）、滕固、傅汝霖（パリ大学、ルーブル美術史学校）の八名であった[51]。委員らは前述のように文物事業に関する法制度の修正などを手がけ、各国の文物保護に関する法令資料の収集と翻訳などの作業に精力的にあたった。

辛亥革命直後から近代博物館はその設立に向けて取り組まれるようになったが、西欧から博物館を導入する際にも留学経験者は重要な役割を負った。たとえば、一九一二年に設立された歴史博物館籌備処、さらに二五年故宮博物院の設立、三三年中央博物院籌備処では留学経験を持つ人々が組織内の重要な管理職に就いた。博物館などの組織に関わった留学経験者には李済、傅斯年、李煜瀛、易培基、沈兼士、馬衡、李宗侗、蔣復璁などがおり、彼らは古物保管委員会委員のあと中央古物保管委員会委員にも就いた。

一九二三年フランス留学を終え、その後北京大学教授や故宮博物院秘書長を歴任した李宗侗は自伝のなかで、留学中にしばしばルーブル美術館を見学し、展示されているエジプト、バビロン、ギリシャ、ローマなどの古物に感動したと述べている。また、当時のフランスの文物芸術部次長を紹介され、同次長の閣議に出席するほどの高い地位に驚いている。これに啓発された李はその後留学生らと保存古物会章程を私的に起草したという[52]。李は帰国後に近代文物事業に足跡を残すが、その基底には留学中に経験したフランスの進んだ文物事業に対する感銘があったと思われる。文物事業に資する学識を留学によって培った多くの学徒が李と同様の経験をしたことは想像に難くない。

また、博物館や図書館のほかに帰国留学生は歴史建造物の保護にもあたった。一九三三年ペンシルベニア大学で建築学を学んだ梁思成[53]が河北にあった一八ヵ所の歴史建造物を調査し、中国古建築調査の先駆けとなった。ケンブリッジ大学で生物学や地質学を学んだ丁文江[54]および李四光、翁文灝らは地質調査所などに所属し、発掘調査の分野において大いに貢献した。特に中国がまだ独自に発掘調査を組織できない時期に、帰国留学生が外国探検隊に随伴し、発掘技術を学ぶだけではなく探検隊を監視した点が評価されている[55]。

北京大学研究所国学門の考古学研究室は文物の保護とともに人材育成の場ともなった。当初北京大学には考古学研究室が存在するだけで、主に古物の調査および発掘にのみ重点が置かれていた。一九二二年に組織が改組され、国学門が設置された。蔡元培、徐炳昶、沈兼士、李宗侗、劉復、朱希祖、李四光、胡適、袁同礼などの海外留学経験者が北京大学研究所国学門委員の大半を占めることになった。二三年国学門考古学研究室の下位組織として古蹟古物調査会が設立され、その後は考古学会と改称した。古蹟古物調査会は発掘調査にあたって、地質学、人類学、金石学、文字学、美術史、宗教史など多岐にわたる分野の専門家を集めることを重視し、近代文物事業には各分野の連携が必要であるという認識を広め、中国の近代文物事業をさらに発展させた。

そのほかに、南京国民政府は一九二八年から発掘調査に関する組織を数多く設立した。まず、二八年三月に広州において国立中央研究院歴史語言研究所を設立し、当時中断された北京大学研究所国学門の活動を引き継ぎつつ、言語学・歴史学・考古学・民俗学の分野における新たな研究組織として立ち上げられた[56]。中央研究院歴史語言研究所の所長には留学経験者の傅斯年が就き、同じく留学経験者の陳寅恪、梁思永（ハーバード大学考古人類学）などが所属しており、河南省安陽殷墟遺跡での発掘調査などを行った。また二九年に陳寅恪は清朝内閣大庫檔案を収集し、整理編輯したのち『史料叢刊』、『明清史料』として出版した[57]。

李喜所の指摘によれば、一九〇五年から二七年までの二〇年余りの間、中国では経学の終焉および大学教育の確立によって、伝統的な学術研究理念や研究方法ないし研究人員の本質が変化し、現代新科学が徐々にその正統的地位を確立することによって、近代的な学問領域が形成されたという[58]。さらに当然それは法整備や政策立案などの実学的な領域の近代化にも波及していく。中国における近代諸科学の導入とその実務的な展開に重要な役割を負ったのはいうまでもなく帰国留学生であり、それは近代文物制度の確立においても同様であった。

第二節　南京国民政府期の考古事業と国際関係

一　南京国民政府の考古事業の概要――独自の発掘調査体制の確立

中国では、外国探検隊による活動は一九一〇年代までは問題視されなかったが、二〇年代以降、文化ナショナリズムを背景として、外国探検隊が次第に批判の対象となった。ようやく二七年のスウェーデン探検隊に対する対応が外国探検隊に規制をかける先例となった。南京国民政府は海外の発掘調査に対する統制をさらに強めて制度化した。また、発掘調査を中国自らが行える人材を養成することも緊急の課題となった。

一九三〇年に制定された「古物保存法」は近代文物事業全般の基本法であるが、同時に外国探検隊に対する規制法という性格も有する。その第七条には「地下埋蔵及び地面に露出する古物は一切国有である」と記され、中国国内の発掘品は全て国家の所有物であることが規定された。これが初めて発掘品に対する国家文化主権を明記した法令となった。発掘調査の専門法令については、三五年に「採掘古物規則」、「外国学術団体或私人参加採掘古物規則」が制定されている。考古事業における国家文化主権の確立は内政問題であると同時に対外的問題でもあった。外国探検隊に規制をかけ、中国側が国内の発掘調査において主体性を獲得する過程には、欧米諸国との外交関係や国際関係に関わる部分も大きい。南京国民政府は近代文物事業によって達成した成果を国際関係のなかで位置づけ、対外的に国家文化主権を誇示しようとした。

第一章で述べたように、中国人による最も早期の発掘調査は一九二六年清華大学の李済によって山西省西陰村で行われたが、その後も数多くの発掘調査が中国人によって行われた。そのなかで最も規模が大きく中国自らが発掘を完遂したのが安陽の殷商遺跡の発掘であった。一九世紀末に中国古代文字が刻された甲骨が河南省安陽で発見された。直ちに金石学者の間でその価値が注目されると同時に、個人の収集が盛んになった。

一九世紀末から一九二〇年代にかけて個人の盗掘などによって甲骨が古董市に出回っている状況に鑑み、一九二八年中央研究院歴史語言研究所所長の傅斯年らが、安陽県での殷商遺跡調査を始めた。その後、三七年に抗日戦争が始まり発掘作業が中断されるまで一〇年にわたって、一五回の発掘調査が行われた。中国研究機関が独力で成し遂げた発掘調査としては、このような規模で長期にわたる活動は初めてであった。三五年第一一回目の発掘調査の際には、同年に公布された「採掘古物規則」に従って、中国初の発掘調査許可証の発行を受けて発掘が行われた。

また、この発掘調査は中国における近代考古学史および近代文物事業史にとって重要な出来事であった。殷王墓と推定される墓や宮殿、宗廟などの発掘成果がみられ、これらの殷商文物の出土によって、当時の文明の全体像を描くことができ、中国の歴史を大きく遡ることができた。中国にとってこれまで文献から想像するしかなかった歴史の舞台は、考古学的発掘によって、中華文明の起源として明らかにされた。こうした考古学調査は、中華民国にとって、国民国家に必須の伝統探しという意味も帯びるのである。特に殷商遺跡の調査は伝統のなかでも起源を示しうる点から特別な意味があった。この時に出土した文物の多くはのちに南京へ運び出されたが、抗日戦争が始まると西南地域へ疎開し、一九四九年台湾退去の時も他の文物とともに台湾へ運搬された。

二　外国探検隊に対する規制——対外的な国家文化主権の主張

一九二〇年以降、中国西域において、外国人による発掘が増えると中国側の対応も活発になった。こうした問題は北京政府期にスウェーデン探検隊への規制を通じて一定の成果をみせたが、南京政府期に入ると古蹟保護および発掘品の国外流出防止を目的とした協議書の作成義務や各種法令の草案施行など、外国探検隊を統制する制度がさらに整備されていく。その形成過程を次に挙げる代表的な二つの事例からたどり、外国の発掘調査に対する統制によって確立する国家文化主権について検討する。

（一）　アメリカのアンドリュース探検隊の場合

アメリカ自然史博物館モンゴル探検隊は一九二一年から二八年まで四回にわたって、内モンゴルにおいて動物化石の発掘や標本の採集調査を行っていた。三回目までの採集品はアメリカへ持ち去られたが、二八年古物保管委員会は四回目の採集品を北京において差し押さえた。しかしその後、古物保管委員会と地質研究所はアンドリュース（Roy Chapman Andrews）と協議したうえ、アメリカへの持ち出しを容認した[59]。この時の採集品はほとんどが動物の標本や化石であったが、中国ではまだこれらの研究分野には人材が乏しく、この機会を利用してアメリカ自然史博物館との共同研究を組織し、中国側の人材育成を図ろうとする思惑から妥協したといわれている[60]。

一九二九年にアメリカ自然史博物館は引き続き第五回の調査を中国に申し入れた。同年二月に同博物館と古物保管委員会は「中亜考査団組織辦法」[61]制定に向けて談話会を開き、双方は辦法案の内容を議定するまでに至った。しかし、この時期、外交部および内政部、教育部は合同で古物採掘に関する条例を作成中であったため、古物保管委員会に対して、協議書の調印を見合わせることを要請した[62]。また、アンドリュースも協議書の第四条甲項「採集した脊椎動物化石の標本で重複するもの、或いは以前採集した標本と同じものは、全て中国に留めること」に対して異議を唱えた。結局、両者の間に認識の違いが生じたため交渉は中断した。

その後、古物保管委員会は交渉の経過と中断の原因を行政院および外交部に報告し、その裁可を待っていたが、アンドリュースはモンゴル調査計画が中断された原因は、同委員会の妨害にあると国外に向けて公表した。アンドリュースは駐米公使館および外交部に働きかける一方で、教育部とも直接交渉した。これらの関係部門から古物保管委員会に対して、外交上の配慮から寛大な協議を求める要請があったが、同委員会はこの要請に応じなかった。同委員会は協議決裂の原因はアンドリュース側にあると指摘し、発掘品の国外持ち出しに関して妥協することは国家の主権を損なうおそれがあると主張した[63]。

一九二九年七月に入って、当時の国民政府主席蔣介石から外交部長王正廷を通じて、アンドリュースに対して寛大な処置を行うようにとの要望を伝える電文が古物保管委員会に送られた。しかし、同委員会は蔣介石に対して、協議を寛大にできない理由を説明する書簡を返した。書簡で同委員会は、外交部や駐米公使館の「不平等条約の廃止に支障が出る」という主張に対して、「もし王部長や伍公使のいう通りであれば、この案件自体が学術上の不平等条約となり、不平等条約を廃止する以前に、さらに不平等条約の事実を加えることになる[64]」と説き、国家文化主権を固持する立場を強く示した。

その後、古物保管委員会はさらに、国内外に対して、アンドリュースとの交渉結果を公表することにした[65]。同委員会の行動が功を奏し、アンドリュースは抗議を取り下げ、一九三〇年三月二三日に古物保管委員会北平分会主任委員馬衡とアンドリュースが協定草案に調印した[66]。五月二六日探検隊は出発し、同年一〇月までモンゴルにおいて採集などを行った。採集した九〇余箱の化石は全て協定に基づいて処理され、そのなかの七〇箱はアメリカへ運搬することになった。その際、財政部、外交部と調整し、三〇年六月に発効した「古物保存法」の規定に基づき文物の国外搬出に必要とされる護照を発行し免税措置を適用するなど、探検隊に対する特別措置を廃し、極めて公正な処理が行われた。このように中央政府の超法規的な要請を断固として退け、外国による発掘を統制するためのルールを厳格に運用することによって、文物保護における法治主義を貫いた。古物保管委員会は、続いてスタイン探検隊の西域調査に対しても同様の態度を取った。

(二) イギリス国籍のスタイン探検隊の場合

前述の通り、イギリス国籍のスタインは中国の西域において清末から四回にわたって発掘調査を行った。当時は、アロー戦争の際に清朝と英仏との間で結ばれた「天津条約」によって、外国人は旅券を取得することで中国内地での旅行が許されていた。そこで、スタインの第一回調査（一九〇〇―一九〇一）の際は清朝政府総理各国事務衙門から旅券を取得し、第二回調査（一九〇六―一九〇八）に際しては清朝政府外務部が旅券を発行した。第三回調査（一九一三―一九一五）では、辛亥革命直後の政局が混乱した時期であったので、カシュガルのイギリス領事館が発行した旅券に中華民国新疆政府が連署するという方法が取られた[67]。この三回の調査については中国政府からの干渉はなく調査が進められた。

その後、第四回目の調査は駐華イギリスおよびアメリカ公使館の協力を得て、スタインは一九三〇年三月南京国民政府の外交部長王正廷と面会し、五月七日に新疆遊歴旅券を取得することができた。しかし、その後、スタインの新疆行きの目的は発掘調査であるという情報を得た教育部は、直ちにこれを中央研究院および古物保管委員会に通達した。同委員会は外交部に対してスタインへの旅券を停止するように求めた[68]。また、中央研究院もスタインの発掘調査に制約を加えることを要請した。五月二一日に古物保管委員会はスタインの新疆、甘粛旅行に反対する声明を発した。五月二四日には前述の「古物保存法」が制定され、六月一五日より施行されることになった[69]。

前述のように「古物保存法」には外国探検隊の活動に対して、古物保管委員会の許可が必要であるとされているため、外交部長王正廷はイギリス公使に向けて、スタインに発行した旅券は旅行旅券であるため、発掘調査を行うには中央研究院に改めて申請する必要があることを通達した。またこの時、同委員会委員長の張継および中央研究院院長蔡元培は数度にわたって南京国民政府行政院に対して、スタインの調査活動の阻止に向けた措置を求めている。その主な理由は以下に挙げた三点に集約されている。第一に、文物は中国の国家至宝であり、民族の栄光である。第二に、スタインの行為によって敦煌の古写本、壁画が破壊され、重要な歴史記念物が消滅した。第三に、中国の文物を略奪し、国家主権が蔑視された[70]。

さらに、一九三〇年一二月二〇日に古物保管委員会は英文の声明文「サー・オーレル・スタインの中国新疆における考古探検活動に対する声明書」を作成し、イギリス外務省、アメリカ国務院、イギリス公使館、アメリカ公使館、ハーバード燕京学社[71]、ハーバード大学、大英博物館、インド考古局などの外国機関に送り、スタインの発掘調査の不当性を訴えた[72]。この声明文は国際的な反響を巻き起こし、スタインに対する旅券の取り消しに影響を与えた。しかし、すでにスタインは三〇年一〇月に新疆に入り発掘調査を始めていた。その後三一年一月に外交部はスタインの旅券取り消しを宣言し、南京国民政府は新疆省主席にスタインのインドへの退去と取得した文物の押収を命じた[73]。スタインは三一年三月にインド外務省に対して新疆での発掘調査を放棄しペルシャに変更することを伝え、同年四月にカシュガルに帰還した。

アンドリュースの事例では、古物保管委員会は関係機関の牽制や海外への巧みな広報によってアンドリュースとの協定にこぎ着け、海外探検隊の活動を統制することができた。一方でスタインの場合、アンドリュースとは異なり、古物保管委員会など中国の学術界と協調する姿勢は弱く、地方政府や本国外務関係の人脈を使い発掘を実現しようとした。こうした活動に対してアンドリュースの際に生じたような妥協を図ろうという動きが中国側に当初は存在し、それが旅券の発行につながったが、その背景には不平等条約撤廃に向けて、イギリスとの良好な外交関係を重視する外交部などの政府内の思惑もあった。しかし、スタインの第四次発掘調査に対しては文化ナショナリズムによる反発が強く、教育部、古物保管委員会、中央研究院は、それぞれにスタインの発掘を阻止する動きに出たのであった。

ところで、その後も、外国人の私的調査は後を絶たず、一九三五年二月七日中央古物保管委員会が外国人の私的発掘調査に対する厳禁令を各省に通達している。以下はその通達文である。

今後、外国人はいかなる名義をもってしても、中国国内における古物の発掘は許されない。学術団体及び個人を問わずこれを適用する。中国学術団体が古物発掘に経済上の協力を必要とする場合、該当学術機関から本委員会に報告したうえで、審査を経て許可される。「古物保存法施行細則」の規定は極めて厳密であり、本委員会は過去の失敗を教訓として、各省政府にこの規定を守ることを要請し、入国後遊覧する外国人士に厳重な注意を払うよう、その管轄機関に通達する。(74)

この厳禁令の通達後一九三五年六月にはイギリス人の探検家が北平を経由して敦煌に入り、中国側に無断で石窟内の文物を持ち去ろうとしたため、地方政府に身柄を拘束された事件があった。北平のイギリス大使館が身柄の解放を要求したが、中国政府の姿勢は強硬で探検家を北平まで連行した。(75)

発掘調査をめぐる南京国民政府の動きは、国家建設の一端として考えることができる。発掘品は中国文明の歴史や伝統を表象する存在であり、発掘という作業は歴史や伝統の証拠を科学的な方法によって探しあてることであった。このように発掘調査が国民の創出と国家建設に寄与するのであれば、こうした発掘調査を外国探検隊のみに任せるわけにはいかず、それに対する統制や合同調査の企図、中国独自に発掘調査を行うための人材養成が図られなければならなかった。こうした方途を通じて、発掘調査における国家文化主権が確立したのである。

三　近代文物事業と国際連盟知的協力国際委員会との関連性

一九二二年に国際連盟は知的協力国際委員会（International Committee on Intellectual Co-operation）を文化事業に関する理事会諮問機関として設立した。その後二五年パリにおいて知的協力国際協会（International Institute of Intellectual Co-operation）が知的協力国際委員会の執行組織として設置され、国際的な文化事業や文化交流を促進する連盟専門機関となった。知的協力国際委員会の委員には哲学、物理、医学、生物学、歴史、法学など各分野にわたる代表的知識人が選ばれた。当初、同委員会は知識人が抱える問題を扱うことから始まったが、その後は連盟諸国の知的・文化的活動に関わる問題を取り扱う機関に発展し、第二次世界大戦後は国際連合教育科学文化機関（ユネスコ）へと受け継がれた。

知的協力国際協会によって実施された諸文化事業のなかで博物館事業に関しては、連盟の国際博物館機関が各国内の博物館を統合する団体を統轄し、協力体制を築く方式によって進められた。一九三〇年代半ばに入っても文化や知識人の交流を目指す知的協力活動は、知的協力国際委員会を中心に継続された。さらに、戦争が近づくに連れて、文化財保護問題が取り上げられた。そこでは第一次世界大戦時に各国の貴重な文化財が破壊された経験から、各国の協力による保護の可能性について議論が行われた(76)。

北京政府は国際連盟に対して当初から積極的に関与しており、これは南京国民政府期に入っても基本的に継承された。北京政府は知的協力国際協会による諸活動には協力的であったが、結局、北京政府期において中国が知的協力国際委員会委員の席を確保することはできなかった[77]。一九二五年に入ると国際連盟は次第に国民政府の存在を重視するようになったが、二六年に中国が獲得した非常任理事国は二八年に任期が終了した。北伐により全国を統一した南京国民政府は引き続き非常任理事国の席を保持しようとしたにもかかわらず、再選を果たすことができなかった。国際連盟はこの落選によって、中国が国際連盟に対する関心を失うことを懸念した[78]。

そこで、国際連盟は事務次長のアヴノール（Joseph Avenol）を中国に派遣するとともに、知的協力国際委員会委員を中国から選出することを検討するようになる。一九二八年ごろには、国際連盟は国民党の指導力に期待し、国民党の関心を連盟につなぎ止めておくために、中国知識人を同委員会に加えることを提案した。三〇年二月南京国民政府教育部が呉稚暉を委員として推薦し、同年五月の第五九回連盟理事会で呉が委員として正式に承認されることになった[79]。

一九三一年に中国においても知的協力国際委員会の国内委員会設立の動きが李煜瀛を中心として起きた。李はヨーロッパ諸国の文化合作機構を視察し、三三年に帰国後間もなく教育部と協議のうえで、同年四月には準備会事務所を上海に設立した[80]。六月には第一回世界文化合作中国協会会合が開催される。こうした一連の動きの原因は呉稚暉が知的協力国際委員会の委員であるにもかかわらず、同委員会会議には一度も出席しておらず、国際文化活動には終始消極的姿勢を取っていたからである。そのため毎年、同会議には呉の代理が派遣された[81]。

世界文化合作中国協会の主な活動としては三つ挙げられる。第一に、協会の事業を中国国内に紹介し、議事録および出版物の翻訳を行うことである。第二に、国内の文化統一の観点から行われる国内学術組織の連携強化である。第三に、スイス・ジュネーブに設立された国際中国図書館の運営である[82]。一九三四年に設立された国際中国図書館では、同年七月に故宮博物院収蔵の絵画などを中心に展覧会を行い、九月には歴代王朝の名画や、仏像、磁器など一〇〇〇点あまりの文物に関する写真が展示された[83]。

また、「保護歴史美術宝物公約草案」（Draft International Convention for the Protection of National Historic or Artistic Treasures）の制定をめぐって、国際連盟と南京国民政府の間でやり取りがあった。一九三三年一一月に国際連盟は同草案を制定するにあたって中国側に意見を求め、中国側は「中国から不法な売買によって入手した中国文化宝物は中国政府が原価で買い戻す」という希望を申し入れた。国際連盟はこれに対して「本公約は今後の保護に向けたもので、各国が違法な手段で海外の美術品を取得することは珍しくないので、中国側の要望を受け入れるならば、紛糾を起こし各国の公約への署名が得られないおそれがある」という理由から中国側の要望は入れず、三五年に修正後の草案を中国に送り、再び意見を求めた[84]。

公約草案には中華民国側の主張が大きく後退したことが条文から確認できる。たとえば、公約草案第二三条第三節の規定には、文物の散失時期が公約調印後であることが返還の条件となっており、清末以降に略奪された文物は返還の対象にはならない。これについては、一九三六年六月ごろに開催された内政部第四次全体委員会でも中華民国にとって不利であるという指摘があった[85]。結局、本公約は成立しなかった。その理由は不明であるが、南京国民政府が本公約の成立を模索する姿勢には、清末以来の文物流出は国際的に不当であり、文物返還の正当性を国際法の手続きによって獲得しようとする強い意思が表れていた。

北京政府と南京国民政府はともに知的協力国際委員会委員席を確保することに努めてきたが、ここには次のようなことが読み取れる。まず、中国が文化面に関して対外的に強い自負を持っていたこと。そして、近代文物事業を通じて国際社会に参入すること。さらに南京国民政府期において中央集権化した近代文物事業を国際関係のなかで権威づけることである。また、この時期南京国民政府は近代文物事業のみならず、衛生事業などをはじめとする国際協力分野で緊密な関係を国際連盟との間で築いており、様々な内政分野と国際機関を関係づけることが進められていたのであった[86]。

小結

南京国民政府は中央集権的体制のもとで、近代文物事業に関連する諸法規の制定と推進組織の設置をさらに進めた。法制面では、近代文物事業の基本法となる「古物保存法」が一九三〇年に制定され、同法のもとで文物事業の実施に即して細分化された関連法規が公布された。また専門機関として中央古物保管委員会が三四年に設置され、中国全土の近代文物事業を中央から強力に束ねていく。同時期に同委員会は文物を国民教育に取り入れている。ここには、国民教育を通じて文物を動員し近代文物事業について啓蒙を図ることと、文物を活用して国民を創出するという二つの意図があった。

一九三五年中央古物管理委員会によって、文物の海外流出を阻止するために諸規則が制定され、中国で行われる発掘調査、特に外国探検隊の活動を中央政府が管理下に置こうという強い姿勢が示された。実際にはアンドリュース探検隊やスタイン探検隊に対する規制の実施を通じて、外国探検隊に対する統制が実現し、発掘事業において対外的に国家文化主権を示すことになった。また、南京国民政府は発掘事業における主権を獲得するために、発掘を中国人自らが行える体制づくりにも努めた。発掘調査をはじめ文物事業全般に留学経験者が積極的に投入されたのである。そうしたなかで、中華文明の起源探しである殷墟の発掘調査を中国が独自に行ったことは、南京国民政府期の考古事業におけるある到達点を示している。

近代文物事業は、列強諸国の中国侵出とそれによって引き起こされた文物流出という点に起源を求めるならば、本来的に対外的な性格を強く帯びていた。中央集権化した近代文物事業の体制が、国内における問題に一定の成果をみせた時に、南京国民政府は近代文物事業を国際関係のなかで位置づけようとした。南京国民政府は国際連盟知的国際協力委員会と関係し、国内的に近代文物事業を権威づけるとともに、対外的には国際連盟を通じて国家文化主権を主張し、近代文物事業によって国際地位の上昇を狙ったといえよう。

こうした一連の南京国民党政府が行った近代文物事業をみると、北京政府から近代文物事業を引き継いだ南京国民政府が、中央集権的な近代文物事業体制を構築することで、文物を国家建設に向けて最大限に活用しようという姿勢が見て取れる。清末新政期以降、近代国家を志向した中国であったが、近代文物事業を国家建設において明確に方向づけていったのは南京国民政府からであった。中国において近代文物事業が国家建設と結びつけられたのは次のような事情があった。

第一に、文物への注目が西洋の衝撃によって喚起されたということである。そこで、文物は列強諸国から保護すべき対象となり、新国家のアイデンティティ、つまりナショナリズムと関連づけられたのである。特に南京国民政府期には、日本の侵略によって高揚した民意があった。そして、中央集権的近代文物事業が推進されるなかで、文物に文化ナショナリズムが積極的に投影されていく。第二に、文物は「清王朝文物」であれ発掘品であれ、歴史や文化、伝統を強烈に表象する存在だということである。南京国民政府は積極的に文物にそれらを表象させていく。そこから、文物は中華民族に固有の「国粋」という観念が生まれ、文物保護意識やナショナリズムと結合して、国家建設に利用されていくのである。

注

（1）内政部年鑑編纂委員会編『内政年鑑』（四）上海：商務印書館、一九三六年、（F）三〇八–三〇九頁。

(2) 同前、(F)一八二―二四〇頁。

(3) なお、史勇『中国近代文物事業簡史』蘭州:甘粛人民出版社、二〇〇九年、一〇八―一〇九頁には一九三四年に国民政府中央統計処が刊行した『民国二十二之建設』に基づくとされる統計表が掲載されている。史の統計と前掲『内政年鑑』の統計を比べると、史には河南省、陝西省、広西省、福建省の統計が欠落しているが、一方で『内政年鑑』では欠落は天津市のみである。なお、史では天津市については名勝古蹟のみの数字が記載されている。これらからみれば、『内政年鑑』の統計は史が利用した『民国二十二之建設』記載の統計が集計されたのちに、三四年一二月の「中央古物保管委員会各地辦事処暫行組織通則」に基づく追加的な調査結果によって補足と修正を加えたものである可能性が考えられる。

(4)「中央古物保管委員会各地辦事処暫行組織通則」中国第二歴史檔案館編『中華民国史檔案資料彙編 第五輯第一編 文化(二)』南京:江蘇古籍出版社、一九九四年、五九〇頁。

(5) 中央古物保管委員会編『中央古物保管委員会議事録第二冊』、一九三六年、二―三頁。なお提案者は徐炳昶と馬衡である。

(6)「文化消息――故宮文物運回首都展覧」『文藻月刊』第一期、一九四八年、五一頁。

(7) 台湾『全国法規資料庫』https://law.moj.gov.tw-LawClass-LawHistory.aspx?PCode=H0170001、家永真幸『国宝の政治史――「中国」の故宮とパンダ』東京大学出版会、二〇一七年、六頁を参照。

(8) 中央古物保管委員会編『中央古物保管委員会議事録』、一九三五年、六頁。

(9) 前掲『中央古物保管委員会議事録第二冊』、二〇―二一頁。

(10) 同前、二一―二三頁。

(11) 同前、二五―二八頁。

(12) 同前、二九頁。

(13)「令飭調査流出国外古物」国立故宮博物院蔵、故宮博物院史檔案、檔案号:0025-400-00-06-015。同檔案は一九三六年一二月一一日に教育部から国立中央博物院籌備処への訓令であり、文中には本辦法の制定過程の説明および調査実行の要請が記載されている。

(14) 前掲『中央古物保管委員会議事録第二冊』、五五―五六頁。

(15)「古物保存法令」中国第二歴史檔案館編前掲『中華民国史檔案資料彙編 第五輯第一編 文化(二)』、六〇九―六一一頁。「古物保存法」に記載されている「中央古物委員会」はこの時点ではまだ存在していない。本法第九条にはこれから組織することが明記され、構成メンバーなどの詳細が示されている。

(16)『国民政府公報』第七八六号、六一一頁。荊和仁『中国立憲史』台北：聯経出版事業公司、二〇〇一年、五三〇頁。
(17)荊和仁前掲書『中国立憲史』、五七五-五九三頁。
(18)一九四七年一月一日公布、同年一二月二五日施行、全一四章からなる。
(19)文物購入は、胡漢明、于右任、邵元沖らによって提案された。「古物文献保護與蒐集（一九二九年一〇月二〇日―一九三一年七月二日）」、「古物文献保護與蒐集（一）」国史館蔵、国民政府檔案、檔案号：001-097140-0002。
(20)「内務部擬定保存古物暫行辦法致各省長・都統飭属遵行咨（一九一六年一〇月）」中国第二歴史檔案館編『中華民国史檔案資料彙編　第三輯　文化』南京：江蘇古籍出版社、一九九一年、一九七-一九九頁。
(21)内政部年鑑編纂委員会編前掲『内政年鑑』(四)、(F)一六五頁。
(22)「中央古物保管委員会検送『暫定古物範囲及種類草案』致行政院」中国第二歴史檔案館編前掲『中華民国史檔案資料彙編　第五輯第一編　文化（二）』、六三四-六三五頁。
(23)同前、六三六-六三八頁。なお、本草案は一九三五年六月一五日付で行政院より「暫定古物之範囲及種類大綱」という名称で公布された。
(24)殷夢霞、李強選編「大学院公報　一九二八年第一年第一期」『民国教育公報彙編六』北京：国家図書館出版社、一九二八年、六五-六六頁。なお、「中華民国大学院設立に関する提案」は蔡元培、李煜瀛、褚民誼らによる。
(25)殷夢霞、李強選編「大学院公報　一九二八年第一年第七期」『民国教育公報彙編七』北京：国家図書館出版社、一九二八年、三一七-三二二頁。
(26)「(二)教育行政、二、大学院与大学区的設立及裁撤」中国第二歴史檔案館編『中華民国史檔案資料彙編　第五輯第一編　教育（一）』南京：江蘇古籍出版社、一九九四年、三二二-三六頁。
(27)委員は張継（主任委員）、高魯、顧頡剛、蔡元培、徐炳昶、馬衡、張人傑、林風眠、劉復、易培基、易韋齊、袁復礼、胡適、傅斯年、翁文灝、李四光、沈兼士、徐悲鴻、李宗侗、陳寅恪、李煜瀛、朱家驊、李済の二三名。「文物古蹟（一）文物管理機構設置」中国第二歴史檔案館編前掲『中華民国史檔案資料彙編　第五輯第一編　文化（二）』、五八一頁には李済を除く二二名が挙げられているが、古物保管委員会編『古物保管委員会工作彙報』北平：大学出版社、一九三五年、一八三頁には李済が加えられ二三名となっている。
(28)「大学院古物保管委員会組織条例並委員名単」中国第二歴史檔案館編前掲『中華民国史檔案資料彙編　第五輯第一編　文化（二）』南京：江蘇古籍出版社、五八〇-五八一頁。

(29)前掲『古物保管委員会工作彙報』張継による序文、一―二頁。
(30)同前、一八三頁。
(31)同前、張継による序文、二頁。
(32)「中央古物保管委員会関于北平古物保管会改組為北平辦事処函（一九三四年一二月二〇日）」中国第二歴史檔案館編前掲『中華民国史檔案資料彙編　第五輯第一編　文化（二）』、五九三頁。
(33)「教育部訓令」国立故宮博物院蔵、故宮博物院史檔案、檔案号：022-400-00-00-001。
(34)この時中央古物保管委員会の委員として招聘が予定されていたのは、張継、戴伝賢、蔡元培、呉稚暉、李煜瀛、張人傑、陳寅恪、翁文灝、李済、袁同礼、馬衡で、戴と呉以外は古物保管委員会のメンバーである。このほかに、内政部および教育部から各二名、国立各研究院および博物館から各一名の計六名が委員に加わる予定であった。
(35)内政部年鑑編纂委員会編前掲『内政年鑑』（四）、（F）一六五頁。
(36)史勇前掲書『中国近代文物事業簡史』、一〇四―一〇五頁。
(37)「中央古物保管委員会工作綱要」中国第二歴史檔案館編前掲『中華民国史檔案資料彙編　第五輯第一編　文化（二）』、五九一―五九二頁。
(38)前掲「中央古物保管委員会関于北平古物保管会改組為北平辦事処函（一九三四年一二月二〇日）」、五九三頁。
(39)南京国民政府が全国を統一したとはいえ、地方の勢力、派閥は存在し続けたために、古物保管委員会による発掘調査にはしばしば地方政府との連携が必要となった。たとえば、中央研究院歴史語言研究所による河南省の殷商遺跡発掘は河南省政府の反発を招いたために、その解決法として河南省と共同で発掘組織を立ち上げることになった。
(40)「汪院長與蔣委員長連名通電保護古物」『内政消息』内務部総務司、一九三四年第五期、三六九―三七〇頁。
(41)前掲『中央古物保管委員会議事録』、一一四頁。
(42)同前、二八頁。
(43)「文物古蹟（一）文物管理機構設置」中国第二歴史檔案館編前掲『中華民国史檔案資料彙編　第五輯第一編　文化（二）』、六〇四―六〇五頁。
(44)「旧都文物整理委員会組織規程（一九三四年一二月二一日―一九三七年六月三〇日）」、「旧都文物整理委員会組織規程」国史館蔵、国民政府檔案、檔案号：001-012100-00025-000。
(45)同前。北平市政府秘書処編『旧都文物略』北平市政府第一科、一九三五年一二月。

(46) 同前。
(47) 本節の記述は主に江琳「留学生与近代中国的文物保護」『徐州師範大学学報（哲学社会科学版）』第三四巻第四期、二〇〇八年七月、八‐一三頁および徐玲「留学生与西方考古学知識在中国的伝播」『徐州師範大学学報（哲学社会科学版）』第三六巻四期、二〇一〇年七月、六‐九頁に基づく。
(48) 各委員の留学先などは徐友春主編『民国人物大辞典（増訂版）』石家荘：河北人民出版社、二〇〇七年および張憲文、方慶秋、黄美真主編『中華民国史大辞典』南京：江蘇古籍出版社、二〇〇二年を参照。
(49) 袁復礼はスウェーデンのアンダーソン（Johan Gunnar Andersson）の『奉天錦西県沙鍋屯石穴遺址』、李済はカナダのデヴィッドソン・ブラック（Davidson Black）の『奉天沙鍋屯與河南仰韶村古代人骨及華北人骨之比較』および『周口店儲積中一個荷謨型的下臼歯』、滕固は一九三七年にスウェーデンのオスカル・モンテリウス（Oscar Montelius）の『先史考古学方法論』をそれぞれ翻訳した。
(50) 徐玲前掲論文「留学生与西方考古学知識在中国的伝播」、八頁。
(51) 各委員の留学先などは徐友春主編前掲『民国人物大辞典（増訂版）』および張憲文、方慶秋、黄美真主編前掲『中華民国史大辞典』を参照。
(52) 李宗侗『李宗侗自伝』台北：中華書局、二〇一〇年、一六三頁。
(53) 梁思成（一九〇一～一九七二）は、広東新会出身、梁啓超の長男。一九一五年アメリカ留学、ペンシルバニア大学建築学専攻、二七年修士号取得。帰国後瀋陽東北大学建築学科主任、教授。三〇年に北京中国営造学社法式部主任に就く。三五年に故宮博物院文献館専門委員、四一年に国立中央研究院研究員となる。四四‐四五年国民政府教育部戦区文物保存委員会副主任。徐友春主編前掲『民国人物大辞典（増訂版）』。
(54) 丁文江（一八八七～一九三六）は、江蘇泰興出身。一九一一年グラスゴー大学卒業、専攻は動物学および地質学。一二年帰国し、その後、上海南洋公学で教鞭をとり、北京政府工商部僉事、工商部砿政司地質科長、工商部秘書を歴任。一六年農商部地質調査所が設立されると、初代所長に就任。二二年中国地質学会の立ち上げに参与し、三〇年北京大学地質学科研究教授に就く。徐友春主編前掲『民国人物大辞典（増訂版）』。
(55) 江琳前掲論文「留学生与近代中国的文物保護」、一一頁。
(56) 国立中央研究院歴史語言研究所とその前身とされる国立中山大学語言歴史学研究所との関係については、竹元規人「国立中山大学語言歴史学研究所から国立中央研究院歴史語言研究所へ——学術構想、研究活動と研究人員に関する分析」『福

岡教育大学紀要』第五九号、第一分冊、二〇一〇年、六五―一〇五頁に詳しい。

(57) 江琳前掲論文「留学生与近代中国的文物保護」、一二頁および張憲文、方慶秋、黄美真主編前掲『中華民国史大辞典』、二五四頁を参照。

(58) 李喜所「留学生与中国現代学科群的構建」『河北学刊』第二三巻第六期、二〇〇三年一一月、一六〇頁。

(59) アンドリュース調査探検隊に関する記述は、高嶋航「探検の客体から探検の主体へ――近代中国の学術とナショナリズム」石川禎浩編『現代中国文化の深層構造』京都大学人文科学研究所、二〇一五年、一三一―一八二頁および渋谷誉一郎「スタイン第四次中央アジア踏査について――民国初期における文物保護への道程」山本英史編『伝統中国の地域像』慶應義塾大学出版会、二〇〇〇年、二八九―三二六頁に基づき、その他前掲『古物保管委員会工作彙報』を参照。

(60) 渋谷誉一郎前掲論文「スタイン第四次中央アジア踏査について――民国初期における文物保護への道程」、三〇一頁。

(61) 「中亜考査団組織辦法」の条文は以下のようである。

第一条 中亜考査団は古物保管委員会の依託によってモンゴル調査を行う。

第二条 団員数は米中から各半数ずつ、その中から団長を一人ずつ任命する。

第三条 採集品は第四条の規定以外の脊椎動物化石を除き、その全ては中国に留めるべきである。

第四条 (甲) 採集した脊椎動物化石が標本と重複、或いは以前採集したのと同じものは全て中国に留める。

(乙) 以前採集したものと異なり、事実上研究のためにアメリカへ運搬する必要があるものは、酌量してアメリカへ運搬する。その条件を以下に挙げる。

1 中国から専門家をアメリカへ派遣し共同研究を行う。その一切の費用は自然史博物館が負担する。

2 アメリカ自然史博物館は該当専門家に独立研究体制を与える。

3 研究終了後、原物は中国へ戻す。参考のために暫定的にアメリカに残したものを陳列する際には「中国某機関による預託物」であることを示し、その模造品を二部中国へ送ること。

前掲『古物保管委員会工作彙報』、二一一―二一五頁。

(62) 前掲『古物保管委員会工作彙報』、二一五―二一六頁。

(63) 同前、二一九―二三一頁。

(64) 同前、二三二頁。

(65) 同前、二三二―二三三頁。

(66) この時の協定内容は前述の協議書とほぼ同じ内容であったが、「第五条 この協定は中国国民政府の許可を経たことで初めて有効となる。第六条 条文に対する解釈の相違が発生した場合、中国文を基準とする」の二箇条の条文が加えられた。前掲『古物保管委員会工作彙報』、三八–三九頁。

(67) 王冀青によれば、この時期の袁世凱政府はイギリスとの外交関係を重視しており、スタインへの旅券発給をすみやかに認めただけではなく、新疆省と甘粛省に対してスタインの調査旅行を保護するように命令した。王冀青「斯坦因第三次中亞考察所持中国護照析評」『西域研究』、一九九八年第四期、二九頁。

(68) 前掲『古物保管委員会工作彙報』、一七二頁。

(69) スタインの中国における第四回目の発掘調査に関する記述は、高嶋航前掲論文「探検の客体から探検の主体へ――近代中国の学術とナショナリズム」、一三一–一八二頁、渋谷誉一郎前掲論文「スタイン第四次中央アジア踏査について――民国初期における文物保護への道程」、二八九–三二六頁、王冀青「奥莱爾・斯坦因的第四次中央亜細亜考察」『敦煌学輯刊』総第二三期、一九九三年第一期、九八–一一〇頁に基づき、その他前掲『古物保管委員会工作彙報』を参照。

(70) 「文物古蹟（三）文物毀失情況」中国第二歴史檔案館編前掲『中華民国史檔案資料彙編 第五輯第一編 文化（二）』、六八二–六八九頁。

(71) ハーバード燕京学社（Harvard-Yenching Institute、哈佛燕京学社）は、一九二八年、チャールズ・マーティン・ホール（Charles Martin Hall）の生前寄付を受け、ハーバード大学と燕京大学が共同で設立した。本部はハーバード大学で、燕京大学には北平辦事処が置かれた。当初は漢学研究が中心であったが、その後は「東方学」、「亜洲学」にまで研究領域は拡大し、『哈佛亜洲学報』、『燕京学報』を刊行。一九四一年太平洋戦争勃発後は成都に移転、戦後は北平に帰還し、五一年に解消された。張憲文、方慶秋、黄美真主編前掲『中華中国史大辞典』を参照。

(72) 王冀青前掲論文「奥莱爾・斯坦因的第四次中央亜細亜考察」、一〇五頁および渋谷誉一郎前掲論文「スタイン第四次中央アジア踏査について――民国初期における文物保護への道程」、三二一八頁に基づく。

(73) 渋谷誉一郎前掲論文「スタイン第四次中央アジア踏査について――民国初期における文物保護への道程」、三二一八–三二三頁に基づく。

(74) 「古物保管会電各省厳禁外人私掘古物」『中央日報』（南京）一九三五年二月八日、第一張、第二版。

(75) 「英人旅行甘粛私取古物」『大公報』（天津）一九三五年六月一日、三面。

(76) 知的協力国際協会に関する記述は、斎川貴嗣「国際連盟知的協力国際委員会と中国――戦間期国際文化交流における

認識の転回」『早稲田政治公法研究』第八五号、二〇〇七年八月、二二一―二四五頁、篠原初枝『国際連盟』中央公論新社、二〇一〇年、張力『国際合作在中国――国際連盟角色的考察一九一九―一九四六』台北：中央研究院近代史研究所、一九九九年に基づく。

(77) 斎川貴嗣前掲論文「国際連盟知的協力国際委員会と中国――戦間期国際文化交流における認識の転回」、二二一―二四五頁。

(78) 張力前掲書『国際合作在中国――国際連盟角色的考察一九一九―一九四六』、四二―四三頁。

(79) 斎川貴嗣前掲論文「国際連盟知的協力国際委員会と中国――戦間期国際文化交流における認識の転回」、二三六―二三九頁。張力前掲書『国際合作在中国――国際連盟角色的考察一九一九―一九四六』、四二―四三頁。

(80) 会長には呉稚暉、常務委員は蔡元培、李煜瀛、張人傑、幹事は陳和銑、荘文亜が選ばれた。張力前掲書『国際合作在中国――国際連盟角色的考察一九一九―一九四六』、五六―五七頁。

(81) 呉稚暉の代わりに派遣された人員は林語堂（一九三二年）、陳和銑（一九三二年）、胡天石（一九三三～三五年）、程其保（一九三六年）、李煜瀛（一九三七～三九年）である。斎川貴嗣前掲論文「国際連盟知的協力国際委員会と中国――戦間期国際文化交流における認識の転回」、注65、二四二頁。

(82) 第一回世界文化合作中国協会の主な活動に関する記述は、斎川貴嗣前掲論文「国際連盟知的協力国際委員会と中国――戦間期国際文化交流における認識の転回」に基づく。

(83) 張力前掲書『国際合作在中国――国際連盟角色的考察一九一九―一九四六』、五八頁、「日内瓦挙行中国図書芸術展覧」『中央日報』（南京）一九三四年一〇月二四日、第二張、第四版、「中国図書館挙辦中国照片展覧」『中央日報』（南京）一九三五年一一月二七日、第二張、第四版などを参照。

(84) 「国連函送修改之保護歴史美術珍品公約草案請我国再行表示意見一案令仰簽注意見由」国立故宮博物院蔵、故宮博物院史檔案、檔案号：0025-400-00-00-004。

(85) 「保護歴史美術珍品公約草案（一九三六年五月二八日）」国史館蔵、内政部檔案、檔案号：026000015329A。

(86) 張力前掲書『国際合作在中国――国際連盟角色的考察一九一九―一九四六』に詳しい。

第三章
民国政治空間のなかの「清王朝文物」
——「清王朝文物」・故宮博物院をめぐる諸問題

辛亥革命を経て樹立した中華民国の近代文物事業には、清末から問題となっていた海外への文物流出の阻止とともに「清王朝文物」の処置という課題があった。辛亥革命によって清朝が打倒されると、中華民国という政治空間に「清王朝文物」が出現し、その取り扱いが問題になった。北京政府は文物の流出を阻止することに関しては必ずしも有効な方策を展開できなかったが、「清王朝文物」を接収し博物館などに保管、展示したという点で大きな成果があった。

民国政府側と清朝側との間では、辛亥革命によって出現した清朝所有の財産の取り扱いについて「清室優待条件」(一九一二年)が結ばれた。北京政府は「清室優待条件」を履行し、清朝財産の保護責任を果たすために、奉天と熱河などに保管されていた文物を北京に運搬し、新たに設立された古物陳列所に展示することになった。近年、中華民国樹立後の最初の「清王朝文物」を所蔵する博物館として、その意義に注目する研究がみられる(1)。

古物陳列所および奉天と熱河の文物には、その所有権に関する議論と文物に対する歴史・文化的価値の投影に関する議論が起きるが、これは溥儀が紫禁城を退去する際の「内廷文物」の処置において生じた同様の問題に先行しているといえる。こうしたことから、「清室優待条件」と古物陳列所の関係を検討することは極めて重要である。

一方で、紫禁城内廷の文物は辛亥革命後も北京政変によって溥儀が紫禁城から退去するまでの約一三年の間、溥儀とともに紫禁城内廷に留まっていた。一九二四年に北京政変によって溥儀が紫禁城を退去すると、残された「内廷文物」の処置がにわかに問題となり、黄郛内閣によって組織された清室善後委員会は、これらの清朝が所有していた文物を暫定的に接収し、それらを公産と私産に分別する作業に取りかかった。

「内廷文物」の公産化をめぐり、それを推進しようとする清室善後委員会と牽制しようとする北京政府内部や一部の軍事実力者（以下、「軍閥」）の守旧派との間で綱引きが展開されるが、同委員会は反対勢力を抑えながら一九二五年に故宮博物院を設立し、「内廷文物」を国民に対して初めて公開した。

これまで、「清王朝文物」に関する研究には、まず、吉開将人の一連の論考があるが、それは中国の近代文物事業の制度的変遷という枠組みから「清王朝文物」の位置づけをとらえようとする論考や、従来の故宮博物院「公定史」への再検討、清末に取り組まれた文物保護政策を評価的に取り上げる論考などが挙げられる。[2] また、近代国家建設において博物館が果たした役割に注目し、中国の博物館概念の受容およびその事業展開や「清王朝文物」が博物館への収蔵や戦乱による移動・海外展覧会への参加を通じて「国有」化、「国宝」化される過程について検討した研究には家永真幸[3]、石守謙[4]、呉淑瑛[5]、林伯欣[6]がある。季剣青は「清王朝文物」の所有権をめぐる多様な関係者の思惑を分析し[7]、また、呉十洲は戦後両岸に存在する故宮博物院の比較までを視野に入れ、故宮博物院設立の経緯から設立後の組織改組について通史的に論じている。[8] さらに、鄭欣淼は故宮博物院に設置された専門委員会の設置経緯や委員の研究活動の分析を通じて故宮博物院の学術活動を明らかにした。[9]

本章では、これらの知見を参照しながら、博物館の問題を中心に北京政府の近代文物事業を通じて、「清王朝文物」が国家建設にどのように組み込まれたかについて論じ、文物が歴史・文化的価値を表象し、ナショナルな観念や革命観念を再生産していく過程を検討する。

まず、第一節では、古物陳列所と故宮博物院に関する議論の前提として、西欧の近代的公共博物館の概念を整理し、清末に西欧から公共博物館が導入される背景やその後の発展などについて検討する。第二節では、「清室優待条件」における清朝財産問題について整理し、古物陳列所の設立経緯と近代文物事業に果たした役割について論じる。第三節では、「清室優待条件」と古物陳列所に関する検討を踏まえ、北京政変後の「内廷文物」をめぐる政治的な動きや言論活動について考察する。そして、第四節では、故宮博物院設立から一九二八年の南京国民政府による接収までの期間を対象に、数回にわたる組織変更に関して、北京政府と同院関係者との間に生じた対立関係を分析し、故宮博物院が国家機関として維持された意味を解明する。第五節では、一九二八年北伐完遂後に、南京国民政府による故宮博物院の接収、およびその直後に起こった廃院論を分析したうえで、この論争を通じて確定された南京国民政府の同院に対する認識を明らかにし、正式な国家機構として中華民国に組み込まれる過程について論じる。

第一節　中国における近代博物館の受容

一　中国における近代博物館制度の導入と発展

辛亥革命以降の「清王朝文物」に対する処置として、民国政府は紫禁城内に新たに設立した古物陳列所や故宮博物院などにそれらを収め、国民に公開する政策を取った。この時博物館を西欧から中国に導入する事情はかつて西欧で博物館が考案された時と同様であった。そこで西欧で近代博物館が生まれる経緯について簡単にみておきたい。王朝や特権階級が所有していた収蔵品を、国民全体あるいは国家に帰属させ、国民に展示するために設立された最初の近代博物館が、フランス革命によって誕生したルーブル美術館であったといわれている。西欧における近代国家の形成期に、前代の王朝から膨大な文化財を引き継いだフランス、ドイツ、ロシアなどの各国では、文物が国民統合のうえで大きな役割を果たした。それらが国家的財産として博物館という装置によって集積、展示され、博物館と文物を通じて国家的威信を示すものとなった[10]。

こうした近代博物館の機能には二つの側面がある。それは第一に、前近代的な権力機構が独占していた文物を新たに創出された国民に向けて開放するという側面である。第二に、国民国家という新たな権力を象徴する文化装置であり、収集から展示という一連のプロセスそのものが権力を体現するという側面である[11]。こうした近代博物館の特性はパリのルーブル美術館、イスタンブールのトプカプ博物館、マドリードのプラド美術館など王朝コレクションに由来する博物館に広くみられる。

近代博物館思想は清末において、西洋からの文献や海外視察を通じて中国に紹介された。特に視察を目的とした外交使節団が盛んに派遣されるとともに、各国に置いた在外公使館を通じて西欧の情報を収集した。その結果、西欧における博物館や古蹟の公的な保護状況、博覧会などに関する多くの見聞報告が清朝にもたらされるようになった[12]。西欧の近代博物館を初めて視察したのは、一八六〇年代半ばに、清朝の総理衙門によって派遣された斌椿らが西洋を訪れた時であるといわれている。その後も、数多くの官吏や文人が派遣されたが、こうした情報に基づいて中国自らが博物館を設立するまでには至らなかった。結局、西欧由来の近代博物館および文物に関する諸制度が中国社会に導入され始めたのは、政治制度の改革が進められた清末新政期以降であった[13]。

ところで、中国において、王室などによる文物の収集と保存が行われるようになったのは殷の時代からであり、周朝の時代には「玉府」あるいは「天府」と呼ばれる専門の収蔵室が設けられて多くの名器が保管され、専門の官吏が管理したといわれている。その後、文物管理部署の名称は変わったものの、文物の保存・保護は継承され、このようにして王朝に集積された文物が歴代皇帝の愛玩品や宮廷の調度品となり、皇帝の所蔵品として形づくられたのである[14]。また、清朝では内務府が皇室所有の貴重な器物などを管理しており、「広儲司」という専門組織が設けられ、器物の出し入れを管理していた。そのほかに「古董房」という「古玩」器物などを専門的に管理する組織も設置されていた[15]。しかし、これらの保存・保護事業は王朝内部で行われていたものであり、近代国家において博物館という装置を導入して行われる文物事業とはその理念も目的も全く異にしていることはいうまでもない。

新政期の前後から辛亥革命に至る期間に建設された博物館は、その設立主体としてキリスト教宣教師である外国人と中国人に大別される。宋伯胤の指摘によれば、外国人によってつくられた博物館は、たとえば、上海自然歴史博物院のように収蔵品は豊富であり、同館の収蔵品は当時東洋一を誇ったが、対外的には開放することなく、中国人との触れあいもほとんどなかったため、中国の博物館事業に与えた影響は少なかった。また、同館に加えて、格致書院や華北博物院などの収蔵品も多くは列強諸国がその力によって獲得した文物であり、その本質は略奪であった[16]。

一方、中国人の手によって初めて設立された近代博物館は、一九〇五年に張謇が江蘇省の南通において設立した南通博物苑である。張謇は一九〇三年に大阪で開催された第五回内国勧業博覧会を参観し、その際に博物館などの教育・文化施設を見学した。後述のように帰国後、張は清朝政府に対して日本で見学した東京帝室博物館をモデルとした博物館の建設計画を建議したが[17]、清朝政府に採用されず、一九〇五年に自ら南通博物苑を創立することとなった。張謇の博物館構想は、彼が立脚している「進化論」の思想に基づいており、同苑の展示は自然系、歴史系、美術系の三部門に分けられ、植物園、動物園、公園なども併設されたものである[18]。また、広範囲に中外の動植鉱物の標本、金石文物、先賢の遺物など計二万点あまりを収集したが、収蔵品の多くは同苑自らが購入あるいは採集したもので、地方権力者からの提供、団体あるいは個人からの寄贈物もあった[19]。同苑は教育機関としての機能を目指しており[20]、中国近代博物館の先駆けとして位置づけられている。[21]

さらに、一九二四年北京政変の直前、外交関係者や文化人[22]などが北京に集まり、「中華博物院」設立を目的に発起会が結成され、「中華博物院」の設立が提案された。[23]この提案は内務部が国務院に上奏するまでに至ったが、結局実現しなかった。設立の提案者は顧維鈞をはじめ、そのほとんどが留学経験のある外交関係者であった。この提案にみられる西欧諸国のように国家として博物館を必要とするという主張には必ずしも新しさはないが、「偉大な輝く中華の歴史を表象する博物館」という表現は国民国家における博物館の位置づけを想起させる。また、古物陳列所に関して文物の展示方法や規模の点で評価が低いことは興味深い。[24]西欧を基準とすると、満足できる博物館が中国には存在せず、それ故に「中華博物院」設立の提案が行われたのである。[25]

二　中国における「国家博物館」の設立

前述のように中国において、辛亥革命が起きるまでの博物館は主に外国人宣教師や外国の文化機構によって設立された。そして、そのほとんどが私立博物館であり、南通博物苑でさえ一地方博物館に過ぎなかった。こうした状況から張謇と金梁はそれぞれ中央政府に対して皇室の収蔵品の一部を保管・展示するための政府による国家規模の博物館（以下、「国家博物館」）の建設を提案した。

一九〇五年に張謇は清朝政府に「上南皮相国（張之洞）請京師建設帝国博物館議」、「上学部請設博覧館議」の提案書を提出した。そこには、清朝皇室収蔵の歴代宝物や古書善本は博物館にとって最も優れた収蔵品となるものであり、そのために首都北京に「帝室博覧館」を設立し、各省から府・州・県に至る地方には博覧施設を建設することが提案されている。[26]しかし、前述の通り、この提案は清朝政府によって採用されることはなかった。

一九一三年の中華民国樹立直後、張謇は再び民国政府に「国家博物院・図書館規画条議」を提出し、博物館と図書館を設立する必要性を訴えた。北海および紫禁城の建物を利用し、奉天と熱河の清朝旧蔵の文物をそこに収めることを提言したが[27]、この提案も採用されず、これらの文物が博物館に収められ、初めて国民の目に触れるのは、一九一四年まで待たなければならなかった。

一九〇八年に金梁は奉天旗務処総辦兼任盛京行宮の総管に就任後、文物の流出を防ぐため、文物の整理および点検を始めたが、その際に「国立博物館」の設立を思いついた。一〇年八月「盛京大内文溯閣前建設博覧館折」を作成し、当時の東三省総督の錫良を通じて、瀋陽故宮文溯閣において皇室の収蔵品を陳列し、観覧できるようにすることを清朝に建言したが、結局この計画も実現しなかった[28]。

一九二〇年代には、溥儀自らも博物館を設立する構想を持っていた。溥儀の自伝『わが半生』によれば、一九二四年ごろ、溥儀が内務府で発生していた文物の不正売却を防ぐために、金梁と栄源をともに内務府大臣に任命した。二四年一月に金梁が大臣として「皇室博覧館」を設置し、そこへ文物を収蔵することを計画した。それによって文物に対する管理を強めその売却を防ぐというものであった。同時に皇室の収蔵品を世に公開し、「公物」と位置づけ、文物を民国政府に渡すことを阻止する狙いが一部の清朝の遺臣たちにはあった[29]。しかし、その後の一九二四年一一月に馮玉祥が率いた国民革命軍により溥儀が紫禁城から追放され、金梁の「皇室博覧館」計画は実行できなかった。この計画はのちに、満洲国で実現されることになった[30]。

結局、清朝政府による「国家博物館」の建設は実現できず、中央政府主導による博物館の設立は辛亥革命を待たなければならなかった[31]。文物保護に関する清朝政府の方針をほぼ継承した北京政府は、一九一二年ごろから博物館設立に関していくつかの提案を行った。たとえば、一二年七月に教育部は歴史博物館の設立を立案し、同年一〇月内務部は古物陳列所の設立を提議した。政治状況が混乱するなかで結局、一九二四年の北京政変が起きるまで、紫禁城外朝に古物陳列所と歴史博物館が設立されるに止まったが[32]、収蔵という方法を通じて文物保護を推進する政策意図がこれらの博物館設立の模索にうかがうことができる。

辛亥革命後、最も早い博物館設立の動きは、教育部による歴史博物館であった。教育部は学部から引き継いだ国子監などの旧蔵文物を収蔵するために一九一二年七月に国立歴史博物館籌備処を設立し、一四年六月二八日に国務院により国立歴史博物館設立の認可を受けた。設立の趣旨について、教育部は以下のように述べている。

文廟及び国子監両処は、民国元年から本部が接管し、国子監の一処だけでも全ての辟雍［学校の建物］等の建築が前清の時、儒臣によって考証され、その規模は広大であり歴史学術に深く関わるので、歴史博物館の性格に相応しい。……歴史博物は愚者の智恵を開かせ、騒しき者を静まらせる。歴史博物は既に文明国では重視されており、とりわけ社会教育に資するものである[33]。

歴史博物館の設立趣旨をみると、清末における文物保護を中心にした近代文物事業の延長線上に同館が位置づけられていることがわかる。また、文物保護は文明国に必須であるという主張がみられるが、「国粋」やナショナリズムに関する言及は見当たらない。

また、一九三三年四月に南京国民政府は南京において、国立中央博物院を自然、人文、工芸の三館からなる総合的な博物館として構想し、設立の準備機関として中央博物院籌備処を設けた。同籌備処は文物の収集を進め、三三年一〇月五日の中央政治会議において、内政部管轄下にある古物陳列所の所蔵文物を同館に移管することが議決された[34]。その後、三六年四月に理事会[35]を立ち上げたが、中央博物院籌備処という組織が設置されるに止まり、正式な「国家博物館」として設立されるまでには至らなかった。なお、古物陳列所については次節で詳しく述べる。

第二節　「清室優待条件」と古物陳列所

一　「清室優待条件」における清朝財産の位置づけ

（一）「清室優待条件」における私産問題の回避

辛亥革命を経て、民国側と清朝との間では「清室優待条件」が結ばれた。同条件は退位後の溥儀が有する諸権限と、民国政府による制約事項を定めた民国政府と清朝間の取り決めである。民国政府代表の伍廷芳と清朝側代表の唐紹儀が五回にわたる南北和議で協議し、民国政府（南京臨時政府）参議院の議決を経て、一九一二年二月一二日付で公布され、溥儀が紫禁城から追放される二四年一一月五日まで施行された[36]。条文の末尾には「以上の条件は公式文書に於いて列記したうえ、両方の代表から各国駐北京公使に照会し、各国政府に伝達する」と示してあることから、宣統帝溥儀の退位と中華民国の成立について国際社会の承認を求める意図がうかがえる。

「清室優待条件」は「甲」の清朝皇帝辞位に関する優待条件、「乙」の皇族に対する待遇条件、「丙」の満、蒙、藏各族に対する待遇条件の三つの部分からなり、「甲」は八款の条文から構成されている[37]。その第七款に「大清皇帝辞位後も、その従来から所有していた私有財産は、中華民国が特別に保護する」とあり、清朝が所有していた私産を中華民国政府が特別に保護することが明文化されている。ここで問題となるのは、「清室優待条件」は清朝に私産の所有をどこまで認めているかという点である。しかし、私産の具体的な範囲や民国政府による特別保護の内容に関しては、南北和議の議事録においても伍、唐両代表の報告文書などにおいても全く触れられていない[38]。

辛亥革命直後、革命側は講和の基本条件として清朝打倒と共和制樹立を掲げてこれを譲らなかった。そこで民国政府としては、諸勢力による分裂を抑え各国政府からの承認を取り付けるために溥儀の退位が最優先事項となった。そのため、紛糾が必至である私産問題に関しては、踏み込んだ議論を避けたのではないかと考えられる。また、南北和議の時点において、すでに民国側は「清王朝文物」など一部私産の所有権が清朝にあることを当然視していたともいえる。こうした背景から、同優待条件第七款は「私有財産」という表現を残しながら、一方で「中華民国が特別に保護する」という私有財産の承認に関して曖昧で妥協的な条文となったと考えられ、南北和議の時点において「清王朝文物」の所有権への具体的な言及は回避されたように思われる。

「清室優待条件」が公布された三日後にあたる一九一二年二月一五日付で、孫文は袁世凱に電文を発し、清朝の奉天と熱河に保管されている文物に対する処置について次のような意見を述べている。「奉天・行宮所蔵の器物を個人が外国へ甚だ高価で売却していると耳にした。この種の器物は、民国の公産であり皇族の私有物ではない。個人による売却は禁止すべきである[39]」。このように孫文は奉天と熱河所蔵の文物は清朝の「私産」ではなく、「公産」であると明確に主張している。「清室優待条件」公布直後の電文であることから、同優待条件における清朝財産の所有権に関する規定に不満を持った孫文が、奉天と熱河の文物を例として袁世凱に訴えたのだと推測できる。

辛亥革命後、大総統に就任した袁世凱は一九一四年五月一日に「中華民国約法」を公布し、「中華民国元年二月一二日に公布された大清皇帝辞位後に関する優待条件、清皇族への優待条件、満蒙蔵各族への優待条件の効力は永遠に変更しない」という条文を盛り込んだ[40]。清朝側にとって「清室優待条件」が「中華民国約法」に編入されたことで、同優待条件の法的効力が再確認された。これによって同優待条件が民国の憲法（約法）体系のなかに位置づけを得たとも指摘されている[41]。

（二）「優待条件善後辦法」制定の背景

溥儀は退位したにもかかわらず皇帝の名で「上諭」を下し、民国官吏、清朝の遺臣たちに対し絶えず爵位・名号や諡を与え、「宣統」の年号を使い続けた。こうした溥儀の行動に対し、民国参政院の一部官吏から批判が出るようになった。これを受けて、北京政府と清朝が交渉した結果、一九一五年に北京政府によって「優待条件善後辦法」が制定された。同辦法第四条に清朝の私有財産について言及されている。そこには「民国政府は清室に対し、優待条件に照らして、宗廟陵寝及び原有の私有財産保護などの一切の事務は、専ら内務部を主管衙門とする[42]」と記されている。

この「優待条件善後辦法」では、「清室優待条件」が認めた清朝の私有財産に対する保護を再確認するとともに、保護を実際に執行する機関は北京政府内務部であることが明示された。同辦法に基づき、辛亥革命後も清朝内務府が管理し続けた宗廟陵寝および奉天と熱河などは北京政府内務部の管轄となった。これに対して、紫禁城内廷に清室が所有していた「内廷文物」はこれらの建物とは異なり接収されることなく、清室の完全な管理下に置かれた。

退位後の溥儀が有する諸権限と、民国政府による制約事項を定めた「清室優待条件」において、清朝の私有財産に関する言及は「中華民国が特別に保護する」という表現に止まり、私産の具体的な範囲や民国による特別保護の内容に関しては、南北和議に関する諸記録にも全く触れられていなかった。辛亥革命直後の中華民国にとって溥儀の退位が最優先事項であり、清朝財産の所有権についての議論は先延ばしにされた。他方、中華民国成立後も溥儀の恣意的な皇帝然とした行為に対して、「清室優待条件」の規制力を強めた「優待条件善後辦法」が制定され、私有財産のなかで不動産の一部が民国政府に接収されたものの、紫禁城内の「内廷文物」は溥儀のもとに留まり続け、その所有権については一九二四年まで北京政府内部では結論をみなかったのである。

（三）　溥儀と「内廷文物」

溥儀は一九二四年紫禁城から追放されるまで、「内廷文物」に対して支配権を行使することができた。これらが「公産」となるまで溥儀がほしいままにできたことから、溥儀の「内廷文物」に対する認識を確認しておく必要があるように思われる。

溥儀の自伝『わが半生』と当時の新聞記事の記述によれば、溥儀は終始皇帝という立場から「内廷文物」を認識し、しばしば文物を臣下へ下賜した。自伝には以下の記述がある。「ここに当時のことどもを思い出させた数枚の下賜品の表がある。それは「宣統八［一九一六］年一一月一四日」の記録である。……もう一枚「宣統九年三月一三日」に記した表もあり、……このようなこと、当時は非常に多かった。その総数はこれら数枚の表の記載をはるかに上回るに違いない(43)」。

この記述から、紫禁城の外朝は民国政府によって接収されたが、紫禁城の内廷において、溥儀は「内廷文物」を皇帝の私有物として恣意的に臣下へ与えていたことが改めて確認できる。

「清室優待条件」の第二款には溥儀に対して民国政府から年間四〇〇万元の予算を支給することが約束された。しかし、当時、紫禁城の年間支出はこれをはるかに超え、財政難のため民国政府からの支給も遅れがちであった。これを補うために、文物を抵当として銀行に借款した記録が残されている(44)。また、紫禁城内廷において、不定期に古美術商を招いて競売も行われ、毎回二〇〇から三〇〇点が出品されており、高品質の文物が外国へ流出した。日本古美術商の山中商会や繭山龍泉堂に対し清室内務府は競売の招待状を送っており、招待された美術商は神武門内に設けられた会場で下見をしたあと入札を行った(45)。

また、溥儀が対外的に自己の存在感を訴求する道具としても文物が利用された。一九二三年九月に発生した関東大震災に対して、見舞金用の現金を確保することが難しかった溥儀は三〇万米ドル相当の骨董、絵画などの文物を日本に贈っている。これに対し日本の芳澤謙吉公使が日本の国会代表団とともに溥儀に感謝の意を表明するために紫禁城を訪れたことが自伝にも記述されている(46)。

一九二二年ごろにイギリス留学を計画した溥儀は、留学資金を調達するために弟の溥傑と共謀し、「内廷文物」を溥傑に下賜するという名目で紫禁城外へ運び出し、天津のイギリス租界内の建物に隠匿していた。溥儀によるとこのようなことは一日の休みもなく半年以上続けられたという(47)。この時持ち出された文物に関しては、二四年に溥儀が紫禁城を追放されたのち、清室善後委員会が各宮殿にある文物を調査した際に、「溥傑下賜品目録」が発見され、これは後日清室善後委員会によって公表された。

溥儀は辛亥革命後も「内廷文物」を皇帝の立場から認識していた。「清王朝文物」を「私産」とみなすか「公産」とみなすかという議論が辛亥革命後に起こるが、溥儀の一連の行動から、溥儀の認識は「内廷文物」を「私産」とみなしていたことがわかる。また、溥儀のこうした態度を北京政府も容認していたといえる。

二　文物保護と古物陳列所

（一）　古物陳列所の設立

辛亥革命によって溥儀が退位し、民国政府側と清朝側との間で清朝所有の財産の取り扱いについて「清室優待条件」が結ばれた。北京政府は「清室優待条件」を履行し、清朝財産の保護責任を果たすために、奉天と熱河などにも保管されていた文物を北京に運搬し、古物陳列所に展示することになった。

「清室優待条件」のなかで「清王朝文物」に関する条文は同優待条件第四款および第七款である。同第四款には「大清皇帝が辞位後、その宗廟陵寝は永遠に奉祀され、中華民国が衛兵を配備し、適切かつ慎重に保護する」と規定されており、同第七款には「大清皇帝が辞位後、その本来の私産は中華民国が特別に保護する」とある。北京政府はその保護責任を果たすため、一九一二年六月に「保護皇室宗廟陵寝令」を公布した。そこには、従来通りに衛兵が清朝皇室陵寝の守衛にあたり、文物を保護することが明記されている[48]。

一九一四年三月に内政部は奉天と熱河の文物に対する保護責任を果たすために、それらを北京へ運搬し保管することとなった。運ばれた文物は同年一〇月に紫禁城外朝の武英殿および敬思殿、文華殿などを展示保管施設とする内務部古物陳列所に保管されるとともに一般公開され、「清王朝文物」は初めて民衆の目にするところとなった。

古物陳列所の構想は一九一二年一〇月当時の北京政府内務部が提案し、一三年一二月に内務部はその設立に向けて「古物陳列所章程」と「保存古物協進会章程令」を公布している。内務部によって提案された古物陳列所は、当初「国立博物院」設立に向けての初期的な施設として位置づけられていた。「古物陳列所章程」にその設立趣旨が示されている。以下は趣旨全文の要約である。「世界各国では専門の機関を設立して、文物を収集することによって、美術分野の水準を誇示し、とりわけ古物を重視している。一方で、わが国では自国の古物すら保護できず、海外から訪れた研究者によって古物が持ち去られている。これは研究者にとって、危惧すべきことであり、国家の責任に関わることである[49]。」

最初、古物陳列所は紫禁城武英殿の一部を事務所として使用した。一九一四年に入ると奉天と熱河から運搬してきた文物はまず文華殿に収蔵されたが、文物が大量であったために収容できなくなった。そこで、清室内務府と協議したうえで新たに昭徳門、体仁閣および太和殿の一部に収めることになった。そして、一四年三月から武英殿および敬思殿を陳列室に改修する工事をドイツの設計会社に依頼し、両殿は同年一〇月に正式に開放された[50]。

当初、古物陳列所の設立目的は文物の散逸を防ぐことであった。その方法として博物館のような場所が必要とされた。当時の北京政府は、欧米諸国の文物保護事情を参照することによって、文物保護は近代国家が行うべき事業であり、文物の散逸は看過できないという認識を持つようになった。そこには、歴史・文化的価値を有する文物を保護することが近代国家の必須政策であるとする論理があった[51]。北京政府は「清王朝文物」に対する保護責任を果たすために、奉天と熱河の文物を北京に運搬したのであったが、その直接的な引き金となったのは、これらの文物が盗難に遭い美術商に売却されるという事件であった。

一九一四年ごろ、熱河行宮に保管された清室所有の文物に対する盗難事件が多発したため、大総統が国務院にその実態調査を命じた。国務院総理熊希齢[52]が調査にあたり、政治会議[53]委員許世英[54]を派遣した。その派遣に関する文書には「北京商店天聚昌等が熱河避暑山荘前清古物を盗んで売却した案件については……前朝清皇室の財産に関わることであるので、徹底究明すべきである[55]」と書かれている。「前朝清皇室の財産に関わることである」という文言から、熱河行宮にあった文物は清朝の私産として位置づけられていたことがわかる。清室私産は民国政府がそれを保護するという「清室優待条件」第七款に則って、熱河行宮の文物を保護管理するために事実関係が調査された。結局、文物を盗売した一一名の古美術商が逮捕され、売却文物二百数十点が押収された。調査責任者であった熊希齢は事件が発生した当時、熱河の都統であった。調査の結果、一三年に熊が都統として熱河に赴任したのち、庭園、文物を陳列・管理するために人員を配置したことが盗難につながったと指摘された。また、逮捕された古美術商は熊自身も文物の横流しに加担したと供述した。これに対して熊は盗難に自身が関わっていたことは認めず、管理が不届きだったことが盗難の原因であると釈明した[56]。その真偽はどうであれ、文物の管理に対して有効な対策が取られておらず、そこに盗難事件が発生したことが文物を北京に搬送することを決定づけた。

奉天と熱河の文物は、清朝管理下を離れた文物に対する処置として、北京政変後の「内廷文物」問題に先行した存在だといえるが、「内廷文物」のように注目されることはなかった。

（二） 奉天と熱河の文物を北京に運搬するにあたっての文物とその所有権

奉天と熱河の文物を北京に運搬するにあたって、北京政府は初めてその所有権と取り扱いについて明言するようになった。一九一三年八月一九日付北京政府内務部職方司から礼俗司へ送付された文物の管理責任に関する文書では「上意によれば、避暑山荘の物品と清室との関係は絶たれておらず、未だ民国所有の古物とは断定できない。今後、清室内務府と交渉したうえで、……将来当該物品は民国の古物或いは民国の代理保存古物に定める」と述べられており、文物の所有権が未だ清朝にあるとしながら、同時に所有権が民国に帰属する可能性を示し、清朝と協議する余地があることを北京政府が認識していたことがわかる[57]。

一九一三年八月二八日付内務部職方司から礼俗司へ送付された文書によると「そのなかの多くの古物並び美術品は最も重要な国粋であるため、特別な経費を調達し、整理にあたる人員を派遣した。そして整理後に、北京に運んだうえで、招聘した中外商人に適切に見積もらせる。見積もりと同価の公債券を前清皇室に与えることがより有益であると政府に報告し、決済を待っている[58]」とある。ここでは、奉天と熱河の文物は国家にとって重要な存在であるが、一方的な接収ではなく、保護政策の一環として等価の債権を用いて清室から買い取るべきだとしている。文物の所有権が買収によって清室から北京政府に移行することは、ある意味で清室に文物の所有権を認めていることになる。

一九一四年三月三日付教育部から内務部秘書処に送付された奉天と熱河の「清王朝文物」を北京歴史博物館に陳列することを要請した文書に対して、内務部が次のような文書で要請を却下している。「この件については事情が変わったとはいえ、それでもなお皇室私産に関わることである。……既に運搬期間中に内殿への保存が決められた以上、教育部管轄の博物館に陳列するわけにはいかず、法に準拠して該当要請を却下する[59]」。この時奉天と熱河の文物はすでに古物陳列所に保管することが決まっており、それに対して教育部が異を唱えたが、その所有権はまだ清室にあることを根拠として内務部は教育部の要請を却下している。

古物陳列所設立後の一九一六年九月に初代所長の治格が北京政府に奉天と熱河の文物代金の支払いを催促する要請を行った。これに対して、国務院は「大総統の指令に従って、清朝古物への支払いを遅延させることに対して、国務院が確実に支払いを保証することが承諾された。……内務財政両部に通達し、並びに清室内務府に通知をすればよい」と回答し、内務部に対して支払延期の指示を下している[60]。

以上の史料から、北京政府は奉天と熱河の「清王朝文物」に対する処置の前提として、これらの文物の所有権が清室にあるという認識を有していたことがわかる。教育部が要請した歴史博物館への収蔵を内務部が却下した事例では、所有権問題が方便として使われた面があると思われるが、「清王朝文物」を返還せずに政府が買い取るという態度には、北京政府が清朝にその所有権を限定的に認めざるを得なかった事情をうかがわせる。

一九一二年から一六年までの北京政府は袁世凱に牛耳られており、宣統帝溥儀が退位した時点では袁は清朝の総理大臣として、「清室優待条件」の協議に賛同している。また、前述のように一九一三年に袁か「清室優待条件」を「中華民国約法」に編入したことによって、その法的効力が再確認された。このように袁世凱政権には清室側を利する動きがあった。そして、袁に限らず、北京政府内には清朝遺臣が多くの要職を占めており、北京政府に対して清室はまだ一定の影響力を有していた。こうした状況が北京政府に奉天と熱河の文物に対して守旧的な処置を取らせた理由と考えられる[61]。

北京政府が奉天と熱河の文物を北京に運搬し古物陳列所に展示した理由は、まず「清室優待条件」を履行し文物保護の責任を果たすためであった。北京政府も文物には歴史・文化的価値があり、それを保護することが近代国家の必須政策であるという考えを抱いていたと思われる。そして、これらの文物に対する一連の処置を通じて、北京政府は清朝管理下にあった文物の所有権について言及するようになった。北京政府はこれらの文物の所有権は清室にあるという認識を前提に、保護手段として政府による買収という方針を打ち出す。これは当時の北京政府に対して清室の影響力がまだ強く残存していたからである。

結局、北京政府は財政難を理由として、清室側に対する奉天と熱河の文物の支払いを実際には一度も行わなかった。これらの文物は、一九二五年紫禁城内廷に故宮博物院が設立されたのちも、三三年以降故宮博物院の文物とともに南遷するまで、古物陳列所に所蔵されていた[62]。古物陳列所設立の際には、のちの紫禁城内廷の文物を接収する時のように、文物は「革命」の成果であるという価値観が積極的に投影されることはなく、ナショナリズムと近代国家の必須条件である文物保護が強調されたのみであった。

第三節　「内廷文物」に対する政治的意味の付与と故宮博物院の設立

一　「修正清室優待条件」と公共財産としての「内廷文物」

一九二四年第二次奉直戦争に際し、直隷派軍の馮玉祥は配下の国民軍を差し向け北京を占領し、紫禁城内廷から溥儀を追放した。その直後、一一月一日に組織された黄郛内閣によって清室善後委員会が設立された。同委員会の主な任務は溥儀退去後の「内廷文物」を公産と私産に分別し、特に公産部分についてはその処置を決定することである。

奉天と熱河の「清王朝文物」とは異なり、紫禁城内廷にあった文物は一九一二年宣統帝溥儀が退位したのちも一九二四年紫禁城内廷から追放されるまでの間、溥儀の支配下に留まった。前述のように、溥儀は「内廷文物」を臣下へ下賜することがあり、また優待条件に規定された民国政府による経費支給は滞りがちだったため、「内廷文物」を抵当に入れて銀行から融資を受けていた。さらに、紫禁城内廷において古美術商を招いて競売も行っていた。これらの文物は完全に清朝の管理下にあり、民国政府のいかなる影響力も及ばなかった。

一九二〇年代に入ると、清室による紫禁城における公開競売に対して、批判の声が多くなった。たとえば、二三年に上海東方芸術会、各種美術学校などが各省教育会に対して清室の美術品競売に反対する旨の文書を提出した。江蘇省教育会が清室の美術品競売について、全国民および各団体宛てに通告文を発し、阻止に協力を呼びかけた[63]。第一章で述べたように、当時の内務部は文物保護に向けて、「古籍古物曁古蹟保存法草案」を立案した。この草案について、溥儀は「民国の内務部が突如「古籍古物曁古蹟保存法草案」を制定公布したが、これは専ら我が清宮が古物を売却、輸出することの阻止を狙っている」と嘆いた[64]。

「古籍古物曁古蹟保存法草案」に関する事情は、『申報』の一九二四年五月八日の記事によれば次のようであった。

内務部が清室内務府に文書を通達し、今後は清室が古物を売却する場合には、該部の許可を得なければ運搬は許されないことが伝えられた。これに対して清室は人員を洛陽へ派遣し呉佩孚に働きかけ、国務総理孫宝琦を通じて閣員に対して清室に便宜を図ることを了承させた。その後直ちに某機関から清室内務府には既に通達を取り消したとする通知があった。清室が今後も自由に文物を売却できることに満足していたところ、曹錕がこれに対して不興を示し、馮玉祥ら一〇名を保管清室古物専門員として派遣し、同時に清室側も一〇人を派遣して合同で古物の取り扱いについて協議することになった。その結果、管理の方法については定まらなかったが、古物の国有或いは私有を区別する基準については決定した。我が国に歴代伝わってきたものは全て国有とすべきであり、歴史に無関係な金銀宝石等の物品は私有と見なしてよいこととなった。国有に属するものは直ちに保管人員が保管条例「古籍古物曁古蹟保存法草案」を議定し保管する。私有のものは自由に売却することを許可する。この条例は現在起草中でおそらく明後日提出されたうえで議決後に公布される[65]。

第一章で述べたように「古籍古物曁古蹟保存法草案」は議決されていれば、中国初の文物保護法となったが、結局、公布には至らず、北京政変まで清室は「内廷文物」を完全に管理下に置き、自由に下賜や売却を行っていた。前記『申報』の記事から北京政府期には政権に対する清室の影響力が相当に残存していたことがわかる。こうした清室とそれを容認する現体制を排除するためには、北京政変を待たなければならなかった。

一九一六年六月袁世凱政権が倒れると、北京政府は「軍閥」の直隷派、安徽派、奉天派間の争いに陥った。二四年第二次奉直戦争によって馮玉祥は奉天派敗軍を吸収した。その兵力は戦争前の一七万人から三五万人に増大し、政局に大きな影響を与えうる人物とみなされるようになった[66]。溥儀は「清室優待条件」に基づく頤和園への移住を実行せず、退去を強いられるまで紫禁城の内廷に留まっていた。袁世凱や黎元洪など清朝旧臣らは臣下として退位した溥儀に謁見し、紫禁城内でなお「小朝廷」を保ち、引き続き清朝の体制を保持していた。さらに一九一七年に張勲が溥儀を擁立し復辟を謀ったが、段祺瑞によって討伐され、復辟は失敗に終わった。

のちに、馮玉祥はこうした守旧的状況に対し革命と相反するものだと批判し[67]、一九二四年一〇月二三日に自ら統帥する軍隊を「国民軍」と称し、北京政変を起した。馮は一一月四日黄郛内閣に国務会議を開かせ、そこで「清室優待条件」に代わる「修正清室優待条件」を提案し決議させた[68]。「修正清室優待条件」が一一月五日付で黄郛内閣により公布されると、京畿警衛司令鹿鐘麟、京師警察総監張璧、国民の代表として名紳李煜瀛の三名が紫禁城に派遣された。彼らは溥儀に対して、帝号廃止と即刻紫禁城から退去することを要求し、即日溥儀を追放した。内閣国務院は一一月七日、「修正清室優待条件」に則って清朝財産を処理するために清室善後委員会を組織した。

「清室優待条件」を「修正清室優待条件」に変更した際、清室内務府は各国公使に「清室内務府致各国公使函[69]」という抗議文を発した。その根拠が「中華民国約法」にある「永不変更其効力」条文である。また、一九二四年一二月三一日、孫文が北京政府の要請で北京に赴いた際に、清室側の旧臣、宝熙、紹英、耆齢、栄源らが「清室優待条件」

の法的効力の継続を主張した。しかし、孫文側は一九一七年の張勲による復辟事件などを取り上げ、清室側こそ「清室優待条件」を守らなかったとして、清室側の要請を退け「修正清室優待条件」の正当性を主張した。[70]

中華民国の成立後もなお紫禁城内に「皇帝」が存在している状況に対して、「清室優待条件」を廃除すべきという提案はそれまで皆無ではなかったが、北京政府はこれらの提案を採用しなかった。[71] 一九二四年馮玉祥の提案した「修正清室優待条件」は民国側と清室側双方が協議したうえで決議した条件ではなかったことから、「修正清室優待条件」の合法性について、当時の世論には辛亥革命の精神を完遂貫徹した点を賞賛するものと修正手続きに妥当性が欠如しているとする慎重派がみられた。

胡適が当時の外交部長王正廷宛てに発した書函には、「私は清室が皇帝の称号を保持し続けることには賛成しない。しかし、清室優待条件は一種の国際的信義であり、条約的な関係である。条約は修正或いは廃止できる。しかし、弱くなった人をいたぶり、喪中の人に付け込み、強暴な手段で推し進めた。これは全く民国史上最も不名誉なことである」[72]と書かれている。胡適は一知識人として「清室優待条件」の有効性を主張したうえで、協議を経て変更は可能であるとの意見を表明し、清室に対して同情的な姿勢をみせた。[73]

一方、当時清朝遺臣や、清朝との関わりが深い一部「軍閥」らの間では、溥儀の紫禁城追放と「内廷文物」の接収を阻止する動きもあった。たとえば、張作霖、段祺瑞は馮玉祥に「清室優待条件」は国際条約の性質を有し、一方的に修正はできない旨の電文を送り、清室側を援護している。[74] 一九二四年一一月二四日段祺瑞が中華民国臨時政府執政[75]に就任すると、清室善後委員会の接収作業を阻止しようとした。

しかし、これらの阻止行為に対して清室善後委員会はあくまで接収作業を進めようとした。同委員会の行動を強めたのは以下の出来事であった。一九二五年同委員会が紫禁城内廷で文物点検作業を行っている際に、康有為、升允、金梁らが二回目の復辟を企てた証拠書類が発見された。[76] 当時、同委員会は胡適のような溥儀に同情する知識人や清朝遺臣などの反対勢力を抑える必要があった。復辟の証拠書類が発見されたことによって、溥儀の紫禁城追放を復辟に対する糾弾に結びつけることができ、清室善後委員会にとって強硬な姿勢をとる根拠になった。

二 「内廷文物」の処置に関する新聞報道と学術界の見解

「修正清室優待条件」の第五条には「清室の私産は完全に清室の享有に帰し、中華民国政府は特別の保護を加えるものとする。公共財産は全て中華民国政府の所有に帰する」とある。ここでは、清室に対してその私産の承認と保護が明示される一方で、清朝が所有していた財産に対して公共財産という概念が提示されている。辛亥革命後、北京政府が清室の所有している財産に対して、初めて公共財産と私産とを明確に区別する見解を示したといえる。王朝時代の遺制を象徴する「内廷文物」に対する処置は、世人の注目を集めたと考えられる。当時の『東方雑誌』には「清王宮の接収に関して最も一般人の注目を引くのは、清王宮にある歴代の宝物である。これらの宝物は外国の見積もりによれば、一〇億元になる」と記されている。[77] さらに、『益世報』、『申報』、『晨報』、『順天時報』をはじめとした中国各地を代表する新聞紙上に「内廷文物」に関する報道が掲載された。

たとえば、一九二四年一一月六日の『晨報』には次のような記事があった。

清皇宮内の全ての文物は数千年来の歴史遺産であり、文化と密接な関係を有している。……そのため公産と私産をどのように区別をするか、区別後に誰が所有すべきか、誰が保存すべきか、その基準・方法についていずれ速やかに規定しなければならない。要するに国家の公産を処理するので、その手続きにおいて公開性が要求され、その関係者の選抜は広い見地に立たなければならない。そうでなければ、その動機がいかなるものであっても、疑われることになり兼ねない。当局は弁解できないだけではなく国民からも容易には諒解を得ることができない[78]。

『晨報』記事では「文物は数千年来の歴史遺産」と報じられ、また『順天時報』社説にも文物の処置にあたって金銭的な醜聞が発生すれば、「民族文化にとって公の敵」という表現がみられることから[79]、「内廷文物」にナショナリズムが投影されていることがわかる。こうした歴史・文化的な価値が、文物の公産化とその適正な処置を求める根拠とされ、公産と私産を区別する際の「公開性」や「基準・方法」、「管理方法」などが提案されている。さらに、『順天時報』社説には「処分は革命行為の一環」とあり、北京政変によって出現した「内廷文物」に対する処置自体が革命行為ととらえられ、これらの文物に対する処置の根拠とされている[80]。

また、「国民による諒解」といった表現もみられ、五・四運動から国民革命期に向かうこの時期、「内廷文物」問題が単に北京政府内の政争に止まらず、国民・民衆がそこに参画しうる可能性を示している。そして、新聞で展開されたこうした議論が民衆を巻き込む形で公論を形成し、北京政府もこうした輿論を無視できず、それらに配慮しながら「内廷文物」に対する処置を講じようとした。

一方、一九二四年一一月一九日に北京大学を中心とした北京の国立高等教育機関計八校が合同会議を開き、「清王朝文物」の公開保存について決議した。『順天時報』の報道によれば、その議決の内容は、「清室の古物宝物に関しては、必ず公開すること、完全保管の対策を講じること、並びに目録を作成すること、中外に公表することを要求する。合同会議から代表を派遣し、関係当局と交渉しながら、全国各界各団体の加入を呼びかけ、定期的に会議を召集する。また、会合を開き、あらゆる方法を研究し、迅速に進めることによって、当事者の負担を軽減するとともに国家の計り知れない宝物を完全に保存できることを望む。故に即日それぞれ各当局に赴き交渉する」となっている[81]。

北京の教育界は「内廷文物」を単に管理し保存するだけではなく、公開し公表することに重きを置いている。さらにこうした一連の文物事業の遂行に向けて全国の各界各団体に参加を呼びかけようとしている。ここには、国民各層からなる代表によって国家の宝を保管・管理する構想が示されている。八大学の主要メンバーはのちの故宮博物院設立に関わった者である。これらの活動は清朝の宮殿と文物を博物館、図書館に変える構想を支持するだけではなく、それらを監督し、促進する働きがあったといえる。[82]

三　清室善後委員会設立の経緯

溥儀の退去直後、黄郛内閣によって清室善後委員会が設立された。一九二四年一一月一三日には「清室善後委員会組織条例八条」を公布し、一一月二〇日に同委員会委員長に李煜瀛が就任すると、各機関にその設立を通達した。同委員会の主要な役割は清室が所有している財産、すなわち紫禁城内廷および「内廷文物」を暫定的に接収し、委員会の審査を経てから、公産と私産に分別することである。公産の部分を国が接収し、所定各機関が管理する。私産については溥儀に返還することが定められた。[83]

黄郛内閣が清室善後委員会の任務および公共財産の処置などについて以下のような通達を発した。以下はその内容である。清室優待条件の修正はすでに公布・施行され、国務院は善後委員会を組織した。清室側委員とともに、協力して公共財産を整理し一般に対して明示する。接収したあらゆる公共財産はしばらく当委員会が責任をもって周到かつ慎重に保管する。これら全てを整理したのち、皇居全域を開放し、国立図書館、博物館などの用途にあてる。それによって文化を顕彰し、後世に伝えることをここに命令する。[84]

黄郛内閣がこうした声明文を公布した背景には、「内廷文物」への処置によって北京政府の能力を判定しようとしている輿論に対して、疑念を払拭しようとする意図があったと思われる。また、清朝遺臣らの抗議活動や清室寄りの「軍閥」らによる阻止活動を牽制する狙いもあった。この声明文には、「内廷文物」のなかで公共財産とみなしうるものを、国民へ参観させることを意識した構想が謳われている。

これに続き、黄郛内閣は一九二四年一一月八日に全国に通電した。その背景は、清室側の働きかけによって段祺瑞、張作霖が溥儀の退去に対して異議を申し立てたことであった。黄郛が釈明するための通電文には、「共和体制になったとはいえ、なお、首都中心地では国旗を掲げることができず、従来の通り帝号を用いていることは、中外から笑いものになっている。今回は民国側と清室側の双方が同意したうえで清室優待条約を修正した」と述べられ、「修正清室優待条件」が民国側と清室側双方の同意のうえで締結されたことが強調されている。[85]

清室善後委員会は、委員長のほかに委員一四名、監察員六名、若干名の顧問、各機関（院部）からそれぞれ派遣された一、二名の補助員によって構成された。委員長は内閣国務院総理によって指名され、委員は委員長と国務総理が協議のうえで決定した。委員の指名に際して五名を清室が指名することができた。初代の委員長には李煜瀛が任命されたが、当時、李は官職には就いておらず、国民の代表（直隷紳士）という立場で招聘された。汪兆銘（易培基代理）、蔡元培（蔣夢麟代理）、鹿鐘麟、張璧、范源濂、陳垣、沈兼士、兪同奎、葛文濬、紹英、載潤、耆齢、宝熙、羅振玉の一四名が委員である。そのうち紹、載、耆、宝、羅の五名は清室指名の旧臣である。監察員は京師警察総監（張璧）、北京高等検察庁検察長（馬彝徳）、北京教育会会長（顧孟餘）、呉稚暉、張継、荘蘊寛の六名であった。[86]

清室側の委員を除けば、民国側の委員は委員長の李煜瀛をはじめ、ほとんどが日本や欧米諸国での活動や留学を経験しており、また、辛亥革命において活動した者が七名いる。[87] 溥儀を追放し、故宮博物院の設立と「革命」を結びつける考え方はこのようなメンバー構成と無関係ではない。その後、清室側の委員が委員会の出席を拒否したことにより、公産と私産を分別する作業は中断された。清室善後委員会は清室側委員に代わる新たな委員を選出し、実質的な

「内廷文物」の公産化を進めた。一九二五年一〇月一〇日に故宮博物院が設立されると「内廷文物」は全て故宮博物院の収蔵品になり、公共財産に帰したといえる。なお清室善後委員会の組織は故宮博物院の設立とともに同博物院に吸収された。

四 「革命」の成果としての故宮博物院

清室善後委員会は「清室善後委員会組織条例八条」に基づき、「内廷文物」を接収し点検に着手したが、同委員会と北京政府との間は、終始対立した状態にあった。清室善後委員会は一九二四年一二月二三日に文物点検を予定していたが、それを阻止するために、段祺瑞政権は一二月二一日付で「現在清室善後の件について、政府は辦法を協議している所であり、当該委員会による文物点検は時期尚早である」という趣旨の文書を発した。これに対して清室善後委員会は文物点検を強行した。その後、「内廷文物」を公産、私産に分別する作業に対して、清室側委員五名がこれを認めず欠席したのも、政権の座についた「軍閥」らの支持を得たからである(88)。

一九二五年七月三一日、清室善後委員会が「内廷文物」を点検する際に、一九二四年に清朝遺臣の金梁が溥儀に復辟を提案した文書が発見された。この文書には文物を復辟の資金捻出にあてることが記されており、復辟後に清室が「内廷文物」を管理下に置く方法として、三殿に設置する「皇室博覧館」に収めることにより公有の形態をとり、民国政府による干渉を排除することが説かれている(89)。清室善後委員会は復辟文書を発見すると直ちに、京師検察庁に提訴したが、受理されずに終わった。

また、一九二五年七月に段祺瑞内閣は清朝遺臣たちの働きかけを受けて、清室善後委員会が暫定的に接収した「内廷文物」を京師警察庁管下に移すことを閣議決定している。この決議に対抗して同委員会は同年八月に以下のような宣言文を発表した。

当時委員会が組織されたのは、まず専門機関に責任を任せるためであった。［溥儀の退去は］国民革命に由来する事業であるが、博物院、図書館、文献館等の設置は歴史文化におおいに関連しており、革命事業から社会事業へと漸進すべきである。それによって、政治が紛糾したとしてもその影響は少なくできる。……本委員会は今回の革命によって組織され、各機関からの共同組織である。今回の革命によって生まれた政府は対内的には臨時的な存在であることから、革命事業を変更したり覆したりする権利は有していない(90)。

清室善後委員会は北京政府に対して、清室の財産を接収する任務は革命事業である点を強調し、革命によって組織された同委員会が臨時的な政府に対して優位にあることを主張している。同委員会は、清室側が「内廷文物」を奪還しようとする一連の計画から文物を保護できる唯一の方策は、早急な博物院による文物の公開であることを北京政府に申し入れ、故宮博物院の設立に向けて積極的な動きを起した。

一九二五年九月二九日清室善後委員会により「博物院臨時組織大綱」が定められ、同年一〇月一〇日辛亥革命の記念日に、故宮博物院の名称で一般公開した。式典において黄郛は祝辞で「故宮を名称に入れたのはフランスとドイツの前例に由来する。……故宮博物院は革命を経て獲得したものなので、辛亥革命の記念日に公開することにこそ意味がある。故宮博物院を破壊しようとする行為は、革命によって誕生した民国を破壊する行為と同様である」と述べた(91)。黄郛の祝辞には、故宮博物院は「革命」の成果であることと、「民国」との一体感が強調されている。ここでいう「革命」とは辛亥革命を指し、辛亥革命を徹底しようとした北京政変ののちに、北京政府内閣首班となった黄郛の政治的立場から語られている。

従来の研究では、故宮博物院の成立は清朝皇室の私的コレクションを「革命の成就を示す政治的象徴」に転化した点に歴史的意義を認めている。[92] 一方、家永真幸によれば故宮博物院設立日の一〇月一〇日は中華民国の「国慶日」であることから、「北京政府期には「国慶日」は「共和」を記念する」[93]、「北京政府期の国家シンボルや儀式が「共和」という価値を中心に展開した」[94]という先行研究を踏まえ、故宮博物院の成立によって清朝皇室のコレクションは、「中華民国という共和国を構成する国民の共有財産」として再定義されたという。[95]

故宮博物院が一九二五年一〇月一〇日に設立されてから二八年六月南京国民政府に接収されるまで、故宮博物院の運営体制は絶えず動揺しており、組織は幾度も改編し、その度に院務は停滞した。その理由は北京の政局自体が常に不安定であり、清室善後委員会を吸収した故宮博物院と北京政府は良好な関係を保つことができなかったからである。こうした事情から故宮博物院は設立から南京国民政府に接収されるまで、一臨時法人団体に止まり、南京国民政府に接収されたのちにようやく、「故宮博物院組織辦法」により、民国政府直轄の正式な国家組織となった。

北京政変による溥儀追放後、紫禁城内廷に残された「内廷文物」の処置にあたるため、黄郛内閣は「修正清室優待条件」に基づいて、清室善後委員会を組織したが、この時旧王朝の財産が初めて公共財産として認知されることになった。しかし、「修正清室優待条件」の有効性や清室善後委員会による接収、「内廷文物」公産化をめぐって清室善後委員会と清朝遺臣、「軍閥」、北京政府の間で政争が展開され、こうした「内廷文物」問題は新聞報道などを通じて公論を形成していった。清室善後委員会は革命と歴史・文化的な価値を根拠に、北京政府内の反対勢力を牽制しながら、「内廷文物」を管理下に置き公開しようと図った。そのために設立されたのが故宮博物院であったが、北京政府内部の守旧勢力は故宮博物院を国家の正式機関としては認めず臨時機関に止めた。北京政変によって中華民国に出現した「内廷文物」は、「革命」とナショナリズムという価値を帯びながら、故宮博物院設立に至る。

第四節　故宮博物院設立から南京国民政府による接収まで

一　北京政府期の故宮博物院を取り巻く政治情勢

（一）　北京政府の政治情勢

一九二五年一〇月一〇日、故宮博物院は辛亥革命記念日に「革命の産物」を掲げて設立された。しかし、故宮博物院が正式な国家機関となったのは、蔣介石が率いる北伐軍によって北京が制圧されてからである。従来の研究では、故宮博物院が北京政府期には法人的な組織に過ぎなかった理由の一つを、「軍閥」支配による不安定な北京の政治状況に帰結させている(96)。しかし、視点を変えれば、政治混乱の状態下に置かれ、運営体制が不安定であったにもかかわらず、故宮博物院は文物の点検作業や国民に開放する事務を滞りなく進めていたといえる。

北京政変後の北京政府は安徽派の段祺瑞が臨時執政に就任し、自らの政権を革命政府と位置づけ、それまでの国会、約法、憲法を事実上廃止した。段は新しい体制を創出することによって革命政府としての正統性を確立しようとした。しかし、本来段祺瑞を支持していた馮玉祥と奉天派張作霖の対立が激しくなると、張作霖は直隷派呉佩孚と連携して馮玉祥を排除し、黎元洪を復職させ約法擁護を主張した。一方、呉佩孚は段祺瑞が廃止した国会と「中華民国憲法」回復を主張する。両者は必ずしも足並みがそろったわけではなかった。さらに、中央政界への復帰を謀る呉佩孚の北京進攻によって、一九二六年四月に段祺瑞政権は崩壊した。

しかし、呉佩孚も一九二六年七月北伐軍によって、勢力地盤である華中を占領されたことから同年末にはその影響力を失った。北伐軍による呉勢力の消滅後、二六年末から北京政府を掌握したのが奉天派張作霖である。二七年六月張作霖は北京に入り、中華民国軍政府大元帥の座に就いたが、二八年六月北伐軍が北京を掌握する直前に離京した。この政権は、二七年四月一二日の蔣介石による上海クーデターを受け、同年四月二八日に李大釗ら共産党員を処刑するなど蔣介石の掲げた反共に同調している。結局、北京政府は二八年北伐軍が北京に到達するまで混乱していた。

一九二六年七月一日、国民政府は「北伐宣言」を発表し、北伐が開始された。北伐軍は、統一を望む輿論を背景に北京政府や各地「軍閥」を圧倒し、翌二七年には南京と上海を制圧した。その後、上海クーデターによって一時停滞していた北伐が二八年四月に再開された。張作霖政権は同年六月三日張の離京によって崩壊し、同月一五日の北伐軍による北京占領後、北京政府は終焉した。

（二） 最初の組織異動

このような政局混乱下において、北京政府の首座が代わる度に故宮博物院の組織形態は変更を余儀なくされた。一九二六年三月「三・一八北京惨案」が起き、段祺瑞は理事長の李煜瀛と院長の易培基(97)を共産党員という理由で故宮博物院から追放した。呉瀛の回想録によれば、両者は北京の国民党重要幹部であるにもかかわらず、段が共産党員という罪名で指名手配したのは、北京政府内に国民党を敵視するものが多く、また、李と易の両者と段祺瑞政権は清室善後委員会から故宮博物院の設立に至るまで終始対立状態にあったことも原因であった(98)。李と易が故宮博物院から追放されたあと、理事会が理事の盧永祥(99)と荘蘊寛(100)を維持員に薦め、院務は継続された。

溥儀退去後、紫禁城に駐屯していたのが馮玉祥派の鹿鐘麟が率いる国民軍であった。一九二六年四月に張作霖は直隷派呉佩孚と連携し馮玉祥を排除したため、国民軍は北京から撤退することとなり、故宮博物院を警備していた国民軍も撤退することになった。そこで、故宮博物院理事会は内務部に警備隊の配置を要請した。

当時の内務総長屈映光(101)は警備隊の配置を口実に故宮博物院を内務部の管轄下に置こうとしたが、この計画は故宮博物院委員らに知られるところとなり、内務部の動きに対抗して委員らは新聞にキャンペーンを張った[102]。この時、故宮博物院を内務部に編入することになぜ委員らが抵抗したのか、管見の限りそれを説明できる充分な史料は残されていない。しかし、委員らは政権交替の不安定な時期に、同院を安易に特定の政府機関に編入することが、文物の流出につながりかねないことを懸念したとも考えられる。

呉瀛によれば、当時故宮博物院は運営費に困窮していたが、段祺瑞からの運営資金の提供を断って、荘蘊寛が個人名義で東方匯理銀行から三万元の融資を受けていた。一九二六年四月五日に新旧警備隊の交替が紫禁城内で予定されていたが、故宮博物院側の拒否で新しく警備につく内務部の警備隊は同院に進駐できなかった。旧警備隊の鹿鍾麟国民軍が警備を続けるなかで、常務理事の陳垣は交替儀式に参加した各界の代表、新聞記者らに故宮博物院の各宮殿を公開した[103]。これは鹿鍾麟国民軍の警備には不正がなかったことを示すとともに、内務部に対する強力な牽制となった。このように故宮博物院の関係者らは政権と距離を置くことで、同院の中立性を保とうとしていたことがわかる。

一九二六年四月六日北京『晨報』には故宮博物院常務理事陳垣の以下のような発言が掲載された。「政府もいわば国民の一員である。国民であるならば、文化機関に対して保護の義務が必ず問われる。……故宮博物院は政治の範疇から離脱すべきである[104]」。さらに、二六年四月一一日同紙に国民軍総司令鹿鍾麟は次のように発言した。「清宮内の古物は清室の私産ではなく、我が国の歴代文化芸術の結晶であり、中華民国国民である以上、文物を私有化するのは許されないことである。国民一人ひとりは文物保護の責任を負わなければならない[105]」。

陳と鹿との発言はともに、故宮博物院の文物は清室の私産ではなく、国民一人ひとりには文物を保護する責任があり、文物を私有することは許されないとしている。また、同院は政治の範疇から離脱すべきだと主張している。結局、段祺瑞政権が崩壊したため、故宮博物院の北京政府内の地位について結論は出なかった。ここで注目されるのは、陳と鹿の発言のどちらにも「国民」という言葉がある点で、これまで国民は文物を公開する対象として語られることが多かったが、ここでは文物保護の主体として国民をとらえている。この時期、文物と国民の関係について人々の間に認識的な変化が生じてきたといえよう。

二　政局に翻弄される故宮博物院

（一）　故宮博物院保管委員会

国民軍が北京を撤退したのち、一九二六年七月に北京政府は直隷派の呉佩孚が掌握することになった。当時の杜錫珪内閣が「故宮博物院保管辦法」を制定し、新たに故宮博物院保管委員会を組織しようとした。そのために、委員二一名、幹事二四名に加えて各院・部に対して一名を派遣するように要請した。しかし、新任委員長の趙爾巽や委員には清室旧臣の勢力が強く、旧理事は汪大燮と荘蘊寛の両名のみであったため、引き継ぎ作業に対して理事の荘は「院中の国宝重器から一木一草に至るまで、国民が終始共同して保護にあたることで、発揚することを願っている。衆人監視下、私個人が勝手にできることではなく、慎重に引き継ぐことが重要である」と故宮博物院の接収に対して公開性を訴えた。その後、故宮博物院側は委員長の趙爾巽に以下の三つの条件を申し入れた[106]。

（一）　故宮博物院の文物は溥儀に渡さず、売却せず、故宮博物院は廃されることはない。

（二）　故宮博物院側が引き渡し委員会を、保管委員会側は接収委員会をそれぞれ立ち上げることで、初めて引き継ぎ手続きが進められる。

（三）　引き継ぎ監視同志会を立ち上げ、引き継ぎ作業を監視する。

故宮博物院側がこのように杜内閣による一方的な接収を拒否した理由は、清室側の復辟がこの時画策され、杜内閣と清室の関係を懸念したことから、それを牽制するためであった。このころ、国民軍が撤退したため、清室側は溥儀の復位を認めることや「清室優待条件」に戻すことが可能ではないかと考え、内務部に溥儀の復位および清室内務府の復活を働きかけた。しかし、一九二六年七月一七日に、内務部はそれらを却下し、以下の事項を議定した。（一）溥儀の帝号を永遠に廃す、（二）優待は政府より自動的に救済する方式で行う、（三）皇室財産の返還を拒否し、歴史性を含まない小部分の公産のみを贈与する。[107]

一方、一九二六年に康有為は呉佩孚に復辟を支持する要請文を発した。康有為はアメリカ、中南米、ヨーロッパの政治状況を中国の現状と比較しながら、中国には共和制は混乱の原因となることから適しておらず、イギリス型の立憲君主制がふさわしいとする。復辟によってイギリスにならえば中国の政治は安定すると述べ、復辟を強く支持した。[108]これに対して、呉佩孚は「曲高和寡［理解者が得難いこと］」と比喩して同調しなかった。[109]結局、二六年八月末、呉佩孚軍は北伐軍に破れ、杜内閣の辞職と重なって、故宮博物院保管委員会案は実行されなかった。

（二）　故宮博物院維持会

杜内閣の故宮博物院保管委員会案を拒否した故宮博物院側は、一九二六年一〇月李煜瀛と易培基が学者、政府当局関係者、軍警関係者を集め、故宮博物院の継続を図る方法について話し合った。そこでは、まず故宮博物院維持会の設置を国務院へ要請することが方向性として決まり、保管委員会理事であった汪大燮がリーダーに推挙され、荘蘊寛、顔恵慶、熊希齢の四人で、故宮博物院維持会の設立について議論した。さらに汪、荘、顔、熊に江翰、范源濂、王寵恵がメンバーに加わり、国務院に設立要請文を上奏した。[110]

同維持会委員は新旧文武官員、各界名流から六〇名にのぼり、そのうち常任委員が一五名を占め、会長が江翰、副会長が王寵恵であった。しかし、国務院がこの要請を教育部、内政部に商議するように決定を下したにもかかわらず、結局許可が下りなかった。[111]この間にも故宮博物院保管委員会による接収が拒否されたことに対する不満から、趙爾巽が理事の荘蘊寛を逮捕させようとするなどの阻止行動を起こした。委員らはこのような情況をみて緊急会議を開き、一九二六年一二月九日に「故宮博物院維持会暫行簡章」を決議し維持会を発足させた[112]。しかし、呉佩孚の敗北によって北京政府は奉天派張作霖の勢力に入り、張作霖政権が故宮博物院管理委員会を設立したことによって、故宮博物院維持会は解散することになった。

（三）　故宮博物院管理委員会

一九二七年六月奉天派軍が北京に入り、安国軍政府が成立した。九月に張作霖が組織した国務院によって「故宮博物院管理委員会条例」が通過し、故宮博物院管理委員会の設立が決議された。同委員会は委員長として王士珍[113]を迎え、故宮博物院維持会委員の多くがそのまま同委員会の委員に任命された。二七年一〇月二一日に故宮博物院は張作霖政権に接収され、その影響下に入ったことから、これまでの諸勢力はもはや故宮博物院の活動に干渉することはできなくなった[114]。

故宮博物院は政権交代の度に運営組織の変更を余儀なくされた。清室側はその度に新しい政権の上層部に「修正清室優待条件」の無効化や溥儀の紫禁城への帰還を働きかけた。このような不安定な政治状況と清室側の復権活動によって、故宮博物院の運営体制は絶えず動揺したにもかかわらず、一九二六年三月故宮博物院理事長李煜瀛と常務理事易培基が段祺瑞執政に院を追われてから、二八年六月南京国民政府の接収によって故宮博物院管理委員会が解散するまでの二年三ヵ月の期間、所蔵文物の点検および目録編集を着実に継続していたのであった[115]。

（四）　故宮博物院の存続

北伐軍によって接収されるまで、故宮博物院をめぐって、北京政府、清室側、故宮博物院関係者間の争いは絶えなかった。当時、北京政府は頻繁な政権交替や清朝の旧臣がまだ多く活動していたため、故宮博物院は絶えず圧力や組織の解体の危機にさらされていた。さらに、故宮博物院に関わる各委員会の委員の多くが政府機関の要職を占めており、政府内においても故宮博物院擁護派と反対派が混在していることから、故宮博物院を取り巻く状況は錯綜していた。それに対して故宮博物院関係者は同院を守る姿勢をとった。

この時期に故宮博物院が正式な国家組織にならなかったことに対して、これまで故宮博物院関係者の回想録では、そのほとんどが北京政府に対して批判的な論調であった[116]。しかし結局、北京政府は、清室側の訴えに同調することはなく、また「軍閥」各派の権力交替にもかかわらず、故宮博物院は近代博物館の体裁を保ち続けた。これは中華民国において、個人の権限や私欲によって、文物に影響を与えることはもはや困難になったことを物語っている。

第五節　南京国民政府による故宮博物院の接収

一　一九二八年の接収をめぐる論争

（一）　経亨頤による廃院提案

南京国民政府が北伐により北京を掌握した直後、一九二八年六月二三日に開かれた中国国民党中央執行委員会第一四四次会議において、「故宮博物院接収案」が決議された[117]。委員の張人傑[118]、薛篤弼[119]は故宮博物院の接収にあたって易培基を派遣した[120]。その後、六月二五日同中央執行委員会第一四五次会議によって「故宮博物院組織法」が議決され、この組織法に基づいて、「中華民国故宮博物院は民国政府の直轄である」ことが法的に位置づけられた。

しかし、六月二五日の同中央執行委員会第一四九次会議に、委員の経亨頤[121]が故宮博物院の廃院を動議として提出し、六月二七日付で国民政府に対し文書として送付された。経亨頤が廃院を提案した根拠は以下のようなものであった。

故宮を博物院と称するのは妥当ではなく不条理である。……故宮内にある貴重とされる物品は骨董品に過ぎない。……何故前朝皇宮の物品を重視する必要があるのだろうか。我が所見では、前朝皇宮は逆産［反体制的財産］に過ぎない。……また、これらの逆産は皇帝の所有物であったため、必ず高値がつくはずであり、それらを売却して得た資金によって首都に中央博物院を建設すればよいのである[122]。

この提案を受け、中央執行委員会はすでに議決した「故宮博物院組織法」の公布を暫定的に停止させ、「政治会議における再審議」を要請する文書を国民政府に発したが[123]、この提案は最終的には退けられた。接収委員の一人である呉瀛はその回想録で、経亨頤の故宮博物院廃止論は、文化人としての自負が強かった経が接収メンバーから漏れたことへの反発に過ぎないと解釈している[124]。この説の真意はどうであれ、経の廃止案を受け、中央執行委員会が「故宮博物院組織法」の実施を遅らせたことは事実であり、当時国民政府内には故宮博物院に対する多様な考え方が存在し、少なくとも故宮博物院の存続が自明視されていなかったことは確かである。しかし、故宮博物院の廃院提案は、故宮博物院の存続擁護に向けて過剰とも思える反応を引き起こした。

（二）　存続派の主張

経亨頤の廃院提案に対して、当時の内政部長薛篤弼、大学院の古物保管委員会の主席張継[125]、北平政治分会[126]の委員李宗侗[127]などが中央執行委員会に対し、反対意見を述べた文書を提出した。その主な内容を、経亨頤の廃院提案に対比させると次のようになる。まず、争点になっている「故宮」という名称について、「故宮」という名称の不条理を廃止派が問題にしているのに対して、存続派は「故宮」というのは所在地に過ぎないとして、経の主張を退けている。次に「逆産」(以下、逆産)については、国に接収されたからには、すでに「国産」となっているはずであり、逆産と同一視してはならないと反論している。そして、故宮博物院の収蔵品は数千年来の歴史遺産であり、逆産と同視することはできず、これは国民政府が保護すべきであるとした。「故宮文物」は清朝を想起させる「骨董品」に過ぎず、これらを売却し、得た資金で新たに近代的な国家博物館を建設すべきであるという主張に対しては、存続側は、「軍閥」混戦の状況下でさえ文物を守ることができたのに、国民政府によって散逸させてはならないといった。また、文物を失うことになれば、「総理もきっと喜ばれないだろう」と孫文を担ぎ出した。廃院論に対してこうした反論が多くの委員から提出され、「故宮文物」の売却提案は完全に否定された[128]。

また、呉瀛の回想録によると、経亨頤の廃院提案に対して接収関係者が一九二八年七月九日に、蔣介石をはじめ、政界関係者、各軍総司令、および文化人[129]を故宮博物院に招き、故宮博物院存続の必要性を説いたとある。この機会に乗じて、接収委員らが以下のような声明文を発した。

故宮博物院は一三年[一九二四年]一一月摂政内閣が革命の目的を貫徹するため、溥儀に対して紫禁城から離れることを勧め、李煜瀛先生らにより清室善後委員会が組織され、故宮および頤和園、そして前清内務府所属の一切の財産を接収した。社会各界人士の協力を集め、一四年[一九二五年]一〇月に故宮博物院を設立し、数千年来の我が国文化精神の保存を期した。……今、国民政府委員経亨頤の提案を聞き、それは、故宮文物を逆産とみなし、故宮博物院を廃止し、院内の物品を競売にかけるべきであるとする。いうまでもなく故宮文物は我が国数千年にわたる歴史の遺産であり、決して逆産と同一視してはならない。万が一、この提案が実行されるならば、軍閥の横行によっても散逸しなかった我が国数千年来の文物は、我が国民政府が歴史文物を接収した後に喪失することになる。不幸にもそうなれば、反動分子や清室残党、当時異議を唱えていた者に口実を与えることになり兼ねない。同仁の名誉は惜しむに足りず。ただし、我が国民政府は天下後世に対し、いかなる解釈を得られるのであろうか。[130]

この声明文においても、薛や張の反論と軌を一にした廃院提案に対する反論が展開されている。特に、革命と「故宮文物」の関係が再確認され、これらは中国数千年来の文化精神を体現した文物であり、その喪失は国民政府の体制を脅かす反動勢力の口実となることが訴えられている。存続派の主張によって、公布が暫停されていた「故宮博物院組織法」は一九二八年九月中央政治執行委員会第一五五次政治会議において再議決され、同執行委員会は国民政府に対し、「故宮」という名称に関しては次のような文書で説明している。

北平故宮は既に数千年の歴史を有する文物を収蔵しているので、博物院を設立する必要がある。故宮博物院の名称は博物院の所在地を示すだけであり、故宮という名称は不適切ではない。……故宮博物院組織法を公布することを要請する。[131]

経の廃院提案と存続派の争いの結果、最終的に最初の議決が復活し、一九二八年一〇月五日に国民政府の命令文が発布され、「故宮博物院組織辦法」が公布された。これまで、所属部署が定められていなかった故宮博物院はこの組織法によって、正式に国家の枠組みに組み込まれた。

故宮博物院の存続に関する論争は表面的には故宮博物院の廃院を提案した経亨頤と存続派との争いであったが、辛亥革命後の中国を初めて統一した国民党政権が、この論争を通じて故宮博物院に収蔵されている「清王朝文物」（いわゆる「故宮文物」）の政権における位置づけを改めて確認する重要な契機となった。廃院と存続をめぐる論争は、南京国民政府に「故宮文物」の保護と政権の正統性との接点を想起させたのではないだろうか。こうした「故宮文物」に対する考え方は、その後の満洲事変の際の文物南遷、抗日戦争中の西南疎開、国共内戦末期における台湾への運搬などの決定に影響を与えたといえよう。

二　逆産判定の争い

経亨頤と古物保管委員会委員らとの故宮博物院をめぐる論争の中で、焦点の一つとなったのが「故宮文物」を逆産とみなすことの是非であった。そこで、改めて国民政府によって制定された逆産に関する条例の内容や、のちの条例改訂との因果関係などについて確認しておきたい。この検証を通じて、南京国民政府の逆産に対する認識およびその処置を明らかにする。また、戦後の文物接収の際にも逆産に対する処置問題が生じるが、これについては第六章において述べる。

国民政府は北伐初期の段階から逆産に対する接収や没収を行っている。逆産を没収することは革命手段の一種であり、一般犯罪の「財産刑」とは性質を異にするものと規定されていた。その目的とは、一切の反革命勢力の財産を没収することによって、反革命勢力の経済力を喪失させることが狙いであった。そのため、国民政府は国民革命の初期段階から没収を実施していた。北伐軍が武漢に到達すると、逆産に関する案件の処理は全てが財政部湖北逆産清理処によって行われていたが、この段階においては依拠できる法規などはまだ定められていなかった[132]。

一九二七年五月一〇日に武漢国民政府により「処分逆産条例」が公布され、これは逆産に関する初めての法規となった。その内容は、逆産判定基準、没収の手続き、処分の責任機関、没収した逆産の分配に関する四項目である。逆産の判定基準については、「凡て軍閥、貪官、汚吏、土豪、劣紳及び一切の反革命者、その財産を皆逆産とする」と定められた(133)。しかし、この条例には逆産の対象時期が明記されておらず、また用語の法的定義も明確ではない。国民政府が南京を首都として定めた当初は、武漢時代の「処分逆産条例」をそのまま採用し続けていたが、条例は緩く、流弊が起きやすいという理由で、一九二八年七月一七日に「処分逆産条例」を廃止し、新たに「処理逆産条例」を公布した(134)。

経亨頤による「故宮文物」が逆産であるという主張は、「逆産条例」からみれば、法令的には認められない。「故宮文物」を逆産と認定するためには新たな条例を制定する必要があった。もしこの時、「故宮文物」を逆産として認定するならば、それは北京政変以降、「故宮文物」に与えられてきた意味を否定することにもなる。最終的には、故宮博物院を国民政府に直属させた。つまり、「故宮文物」を逆産として認定するのは法的に困難であった。

その後、国民政府は一九二九年一一月二三日に「修正処理逆産条例」を公布し、逆産の判定基準は「一九二五年七月一日以降、反革命治罪を犯し、裁判を経て、死刑、無期懲役或いは一〇年以上の有期刑判決を受けた者、その個人所有の財産は逆産とみなす。一九二二年一月一日以降、民国に対して危害を加え、その罪が明白であり、国府によって指名手配される者の財産も同様視する」と規定されている(135)。さらに、三二年六月二〇日に「逆産処理法」が公布され、同法には「旧政権を根拠とし、或いは旧政権を後ろ立てとし、その勢力を利用し不当な利益を図ろうとする者、或いは国家の安寧秩序を妨害し人民が大損害を受け、及びその他の建国行為に危害を加え、その罪が明らかである者、その財産は逆産である」と規定されている(136)（表3−1）。さらに、後述のように、戦後の四六年には各省市に「敵偽産業処理局」が設立され、その処理にあたった。

表 3-1　逆産関連条例の制定と故宮博物院の接収に関わる動き

1927. 05. 10	武漢国民政府が「処分逆産条例」公布
1928. 05. 24	「処理逆産委員会」の設立を議決
----. 05. 26	法制局による「処理逆産条例」の起草を議決
----. 06. 23	故宮博物院の接収および「故宮博物院組織法」の公布を議決
----. 06. 25	経亨頤が故宮博物院廃院を提案
----. 06. 27	「故宮博物院組織法」公布の中止を議決
----. 07. 09	蔣介石らを故宮博物院に招く
----. 07. 17	「処理逆産条例」の公布を議決
----. 08. 12	内政部長薛篤弼が故宮博物院存続の要望文書を提出
	大学院古物保管委員会主席張継が故宮博物院存続の要望文書を提出
----. 10. 05	「故宮博物院組織辦法」公布
1929. 11. 23	「修正処理逆産条例」公布
1932. 06. 20	「逆産処理法」公布

出典：『内政年鑑』、「公逆産管理法令」、「故宮博物院組織法令案」をもとに著者作成。

三　「国家博物館」としての故宮博物院

一九二八年南京国民政府は南京を首都と定め、北京を北平特別市と改め、故宮博物院を「北平故宮博物院」と改称した。南京国民政府によって接収された故宮博物院の国家機関としての位置づけは、二八年接収直後から三四年南遷直後までは国民政府に直属し、三四年から台湾退去までは行政院に直属した。二八年から南遷までは、北平故宮博物院は安定期を迎え、博物館業務も順調に発展した。三〇年代に進められた近代文物事業の中央集権化と連動するように故宮博物院は国家体制に組み込まれた。

故宮博物院は、北京政変後に北京政府と清室善後委員会の「内廷文物」をめぐる一種の権力闘争の末に、暫定的に設立されたという側面がある。南京国民政府が辛亥革命後初の統一政権として故宮博物院を接収し、国家機関として宣言した。この時、その是非を問う廃院提案はそれに対する強硬な反論とともに、国家体制における「故宮文物」の意味を問い直す点で重要であった。

南京国民政府は北伐完遂を宣言したものの、国内における軍事的対抗勢力の完全な恭順を得られていないのが現実であった。こうした政治状況下で故宮博物院は国家体制に組み込まれたのであった。「故宮文物」は「故宮博物院組織法」によってその国家における法的な位置づけが確定され、中国の歴史、文化、伝統を公的に表象する存在になったと考えられる。この価値観は文物南遷、西南疎開、台湾への運搬、一九六五年台湾での国立故宮博物院の設立などにも引き継がれていく。

小結

辛亥革命によって中華民国の政治空間に「清王朝文物」が出現し、その処置が北京政府にとって課題となった。民国政府側と清室側との間で結ばれた「清室優待条件」において、清室の私有財産に関する言及は「中華民国が特別に保護する」という表現に止まり、私産の具体的な範囲や民国による特別保護の内容に関しては全く触れられていなかった。

清室所有の文物は紫禁城内廷のほかに、奉天と熱河などにも保管されており、これらの文物は北京に運搬され、古物陳列所に展示された。それは北京政府が「清室優待条件」を履行し、清室財産の保護責任を果たすためであった。文物には歴史・文化的価値があり、それを保護することが近代国家の必須政策とする考え方がそこには示されていたが、一方で北京政府は奉天と熱河の文物に対する処置の前提として、文物の所有権が清朝にあるという認識を有していた。古物陳列所の文物にはナショナリズムと「近代国家」の必須条件である文物保護が意識されていたが、「内廷文物」を接収する時のように、文物は「革命」の成果であるといった政治的価値が投影されることはなかった。

奉天と熱河の文物とは異なり、紫禁城内廷にあった文物は一九二四年に内廷から溥儀が追放されるまで完全に清室の管理下にあった。溥儀が追放されると、残された文物を処理するために、「修正清室優待条件」が公布され、清室善後委員会が組織された。この時、清朝の財産が初めて公共財産として認知されることになったが、「修正清室優待条件」の有効性や清室善後委員会による接収、「内廷文物」公産化をめぐって、同委員会と清朝遺臣、「軍閥」、北京政府の間で政争が展開された。

清室善後委員会は「革命」と歴史・文化的な価値を根拠に、北京政府内の反対勢力を牽制しながら、「内廷文物」を管理下に置き公開しようと図った。それが故宮博物院の設立につながった。しかし、北京政府内部の守旧勢力は故宮博物院を国家の正式機関としては認めず臨時機関に止めた。北京政府の頻繁な政権交替のために、政治情勢は不安定であり、故宮博物院は絶えず圧力や組織解体の危機にさらされた。

南京国民政府が北伐により北京を掌握すると、中央執行委員会において故宮博物院接収案と「故宮博物院組織法」が決議されたが、その直後、同執行委員会委員の経亨頤が廃院案を提案した。これに対して、故宮博物院関係者および中華民国大学院委員らが激しく反論し、故宮博物院の存続を主張した。最終的には、一九二八年一〇月五日に国民政府による「故宮博物院組織辦法」が公布され、故宮博物院は中華民国の正式な国家機関となった。

辛亥革命後、宣統帝溥儀と紫禁城内廷という遺制のなかに閉塞されていた文物は、北京政変によって王朝体制下とは全く相違する中華民国という政治空間のもとに出現した。それまで完全に清室の管理下にあった「内廷文物」は、清室善後委員会の暫定的な接収を受け、革命派である同委員会と北京政府内部の守旧派が政争を展開するなか、近代博物館としての故宮博物院設立に至る。これは政体による「故宮文物」の所有が中華民国という政治空間において再び構想されるようになったことを意味する。

「故宮文物」を中華民国が所有することの政治的な意味には、王朝と中華民国両体制下において連続性と断絶をそれぞれに見出すことができる。政体による清朝文物所有の構想自体は王朝期と連続する側面を持つが、その保護や所有に歴史、文化、伝統、あるいは「国粋」といった価値を見出す時に、そこでは文物がかつて王朝体制下にあったことは忘却され、新たな国民国家において文物にナショナリズムや「革命」といった価値が投影されるのである。紫禁城の「内廷文物」を国民国家・中華民国にふさわしい「故宮文物」に変換する装置が故宮博物院なのであった。そして、中国の歴史、文化、伝統を公的に表象する存在となった「故宮文物」が政体によって所有されるという価値観は文物南遷、西南疎開、台湾への運搬などに引き継がれていく。

注

（1）『古物陳列所百年紀念学術研討会論文集』北京：故宮博物院故宮学研究所、二〇一四年。宋兆霖『中国宮廷博物館之権輿——古物陳列所』台北：国立故宮博物院、二〇一〇年。段勇「古物陳列所的興衰及其歴史地位述評」『故宮博物院院刊』総第一一五期、二〇〇四年第五期、一四-三九頁（前掲『古物陳列所百年紀念学術研討会論文集』に再録）がある。

（2）吉開将人「関于清朝皇室『原有私産』的幾個問題——鮮為人知的故宮博物院『前史』」『回眸・検視・展望——変革時代中的故宮博物院学術研討会論文集』北京：故宮博物院故宮学研究所、二〇一七年一二月、一五一-一六三頁、「宣統十六年の清室古物問題（一）——故宮博物院成立史の再検討」『北海道大学文学研究科紀要』第一四四号、二〇一四年一一月、四七-七一頁、「史料考証与故宮以及古物陳列所史」前掲『古物陳列所百年紀念学術研討会論文集』、四七-五七頁、「近代中国における文物事業の展開——制度的変遷を中心に」『歴史学研究』七八九号、二〇〇四年六月、五二-六二頁。

（3）家永真幸「中国の『博物館』受容に関する初歩的検討」『東京医科歯科大学教養部研究紀要』四三号、二〇一三年、二七-四一頁、「清末中国における皇室コレクションの博物館化」同前紀要、四四号、二〇一四年、一三-三六頁、「中華民国における清朝皇室コレクションの国宝化」同前紀要、四五号、二〇一五年、一五-三〇頁、『国宝の政治史——「中国」の故宮とパンダ』東京大学出版会、二〇一七年。

（4）石守謙「皇帝コレクションから国宝へ——中国美術と国立故宮博物院の創設」『うごくモノ——時間・空間・コンテクスト』第二六回文化財の保存に関する国際研究集会報告書、東京文化財研究所、二〇〇四年、一一二頁、「清室収蔵現

代転換——兼論其與中国美術史研究発展之関係」『故宮学術季刊』第二三巻第一期、二〇〇五年秋、一四頁。
(5) 呉淑瑛「展覧中的『中国』——以一九六一年中国古芸術品赴美展覧為例」台北：国立政治大学修士論文、二〇〇二年。
(6) 林伯欣「『国宝』之旅——災難記憶・帝国想像、與故宮博物院」『中外文学』第三〇巻第九期、二〇〇二年二月、二三九—二六四頁。
(7) 季剣青「『私産』抑或『国産』——民国初年清室古物的処置与保護」『近代史研究』二〇一三年第六期、六二—八一頁。
(8) 呉十洲『紫禁涅槃——従皇宮到故宮博物院』北京：社会科学文献出版社、二〇一八年。
(9) 鄭欣淼「故宮博物院学術史的一条線索——以民国時期専門委員会為中心」『故宮博物院院刊』第一八〇期、二〇一五年第四期、二〇—四〇頁。また、鄭欣淼の故宮博物院に関する一連の論考は『故宮与故宮学』北京：紫禁城出版社、二〇〇九年に収録されている。
(10) 鈴木良、高木博志編『文化財と近代日本』山川出版社、二〇〇二年、三頁。
(11) 金子淳『博物館の政治学』青弓社、二〇〇一年、一〇頁。
(12) 宋伯胤「中国博物館の歴史足跡——八〇年の実践と理論」『名古屋市博物館研究紀要』第一〇巻、一九八六年、一九—一二二頁。
(13) 吉開将人前掲論文「近代中国における文物事業の展開——制度的変遷を中心に」、五二頁。
(14) 小松加奈「中国の博物館——文物保護の観点を中心に」『文化学研究』一四号、二〇〇五年、五九—六〇頁。
(15) 楊林生「清律保護文物述評」『東南文化』総第一二九期、二〇〇〇年第一期、一一七頁。
(16) 宋伯胤前掲論文「中国博物館の歴史足跡——八〇年の実践と理論」、二五頁。
(17) 家永真幸前掲書『国宝の政治史——「中国」の故宮とパンダ』、四〇—四一頁。
(18) 宋伯胤前掲論文「中国博物館の歴史足跡——八〇年の実践と理論」、二五頁。
(19) 孫渠「南通博物苑回憶録」『東南文化』一九八五年、九二頁。
(20) 王宏鈞『中国博物館学基礎』上海：上海古籍出版社、二〇〇一年、七六—七八頁。
(21) なお、家永真幸は先行研究を検証したうえで、南通博物苑は公開性の面では不徹底であり、創設に着手した一九〇〇年代中ごろの張謇の言論をみる限り、博物館によって国家権力が文化財を保護すべきという意識はまだそれほど強くなかったと指摘している。家永真幸前掲書『国宝の政治史——「中国」の故宮とパンダ』、四一—四二頁。
(22) この時北京に集まった外交関係者および文化人には、顧維鈞、顔恵慶、林長民、章士釗、金紹城、周詒春、瞿宣穎、福開森などが挙げられる。

(23)「顧維鈞等筹設中華博物館的有関文件」中国第二歴史檔案館編『中華民国史檔案資料彙編 第三輯 文化』南京：江蘇古籍出版社、一九九一年六月、二八四―二八五頁では「中華博物院」設立が提案された時期を一九一四年としているが、吉開将人が他の史料に基づいて検討したところ、一九二四年の誤記であることが明らかになった。また、書かれたままの一九一四年を無批判に引用した拙論に対する指摘もいただいた。吉開将人前掲論文「宣統十六年の清室古物問題（一）――故宮博物院成立史の再検討」、五四頁、六三頁。

(24)「顧維鈞等筹設中華博物館的有関文件」中国第二歴史檔案館編前掲『中華民国史檔案資料彙編 第三輯 文化』、二八五―二八六頁。

(25) 吉開将人は清室古物に各方面から関心が寄せられ、様々な主体による構想と実践がなされようとしていた曹錕時期の史料としてみるなら、その内容は極めて理解しやすく、それが新たに提起する問題も大きいと指摘する。吉開将人前掲論文「宣統十六年の清室古物問題（一）――故宮博物院成立史の再検討」、六三頁。

(26) 王宏鈞前掲書『中国博物館学基礎』、七五頁。

(27) 宋兆霖前掲書『中国宮廷博物館之権輿――古物陳列所』、一〇頁。

(28) 金梁『中国史学叢書続編二・光宣小紀』台北：台湾学生書局、一九七三年、一三二頁。

(29) 愛新覚羅・溥儀著、小野忍、野原四郎、新島淳良、丸山昇訳『わが半生（上）』筑摩書房、一九八八年、一五八―一五九頁。

(30) 満洲国の博物館事業に関する研究は、大出尚子『「満洲国」博物館事業の研究』汲古書院、二〇一四年に詳しい。

(31) 家永真幸前掲書『国宝の政治史――「中国」の故宮とパンダ』、四〇頁。

(32) 吉開将人前掲論文「宣統十六年の清室古物問題（一）――故宮博物院成立史の再検討」、五九頁。

(33)「教育部設立歴史博物館的有関文件（一）教育総長請撥国子監筹設歴史博物館呈并大総統批（一九一四年六月二八日）」中国第二歴史檔案館編前掲『中華民国史檔案資料彙編 第三輯 文化』二七四―二七五頁。

(34) 譚旦冏『中央博物院二十五年之経過』台北：中華叢書編審委員会、一九六〇年、三八頁。

(35) 委員会のメンバーは、教育部と中央研究院が協議したうえで、蔡元培、王世杰、胡適、黎照寰、李書華、秉志、朱家驊、張道藩、翁文灝、李済、羅家倫、顧孟餘を招いた。同前『中央博物院二十五年之経過』、六頁。

(36)「清室優待条件」に関する法的位置づけについては、楊天宏「『清室優待条件』的法律性質与違約責任――基于北京政変後摂政内閣逼宮改約的分析」『近代史研究』二〇一五年第一期、三七-五七頁および村田雄二郎「清室優待条件から見た民国初期の憲政体制」中村元哉編『憲政から見た現代中国』東京大学出版会、二〇一八年、二三-五二頁に詳しい。

(37) 蔡鴻源主編『民国法規集成 第六冊』合肥：黄山書社、一九九九年、五四-五七頁。なお、「甲」の清朝皇帝辞位に関する優待条件は下記となっている。

第一款：大清皇帝辞位後も、尊号はなお廃止せず、存続するものとする。中華民国は諸外国君主と遇する礼をもってこれを遇する。

第二款：大清皇帝は辞位後は、年間四百万両《テール》を使用する。新幣改鋳後は四百万元とする。これは中華民国が支給する。

第三款：大清皇帝は辞位後は、暫時宮中に居住し、後日頤和園に移住する。侍衛などは、従来通り留用する。

第四款：大清皇帝辞位後も、その宗廟・陵墓は永遠奉祀する。中華民国は必要に応じて衛兵を置き、慎重にこれを保護する。

第五款：徳宗陵墓の未完工事は、規定通りに行う。その奉安の儀式も旧制通りとする。全ての所要経費は、中華民国が支出する。

第六款：従来宮中で用いていた各種の職務に充たる人員は、従来通り留用して差し支えない。ただし今後太監を採用してはならない。

第七款：大清皇帝は辞位後も、その従来から所有していた私有財産は、中華民国が特別に保護する。

第八款：従来の禁衛軍は、中華民国陸軍の編制下に置かれ、定員、俸給は旧制通りとする。

上記日本語訳は愛新覚羅・溥儀前掲書『わが半生（上）』、四八頁を参照し、一部は改訳している。

(38)「清室優待条件」公布直後の二月一六日に、民国側代表の伍廷芳は清室との交渉過程と各条文に関する疑義を当時の大総統孫文と各省都督に報告している。この報告では交渉過程で論争になった「清帝名號」、「清帝居住」、「禁衛軍編制」、「王公世爵」については詳細な民国側と清室側の議論が述べられているが、第七款の「私産」については全く言及されていない。伍の報告文には「以上の条件は疑義が生じやすいため、解釈をしておくが、その他の各条は全てが清朝皇帝辞位後の一身上及び先祖家族に関する取るに足らないことなので、優待を与える」と述べられている。このように伍の報告文でも「私産」問題は「取るに足らないその他各条」として片付けられている。中華民国史事紀要編輯委員会編『中華民国史事紀要（初稿）一九一二・一—六』台北：中華民国史料研究中心、一九七一年、二五三-二五六頁。原典：観渡廬編『共和関鍵録』沈雲龍主編『近代中国史料叢刊 續編』台北：文海出版社、第八六輯（八五六）第一編、一九八一年、一四八-一五三頁。

(39) 中国社会科学院近代史研究所中華民国史研究室編『孫文全集』北京：中華書局、一九八一年、九八頁。原典：『臨時政府公報』第一七号、一九一二年二月二十日。
(40) 中華民国史事紀要編輯委員会編前掲『中華民国史事紀要(初稿)一九一四・一—六』、七〇三-七一〇頁。原典:『政府公報』第七一二号、一九一四年五月一日。
(41) 村田雄二郎前掲論文「清室優待条件から見た民国初期の憲政体制」、三四頁。
(42) 「参考資料:修正清室優待条件」『東方雑誌』第二一巻第二三号、一九二四年、一二三-一二五頁。
(43) 愛新覚羅・溥儀前掲書『わが半生(上)』、七二頁。
(44) 同前、一五五-一五六頁。
(45) 風見治子「日本への将来をめぐって——アロー号事件から山中定次郎・原田吾朗まで」『民国期美術へのまなざし アジア遊学一四六、勉誠出版、二〇一一年、五七頁。
(46) 愛新覚羅・溥儀前掲書『我が半生(上)』、一六七頁。
(47) 同前、一三八-一三九頁。
(48) 史勇『中国近代文物事業簡史』蘭州:甘粛人民出版社、二〇〇九年、六八頁。
(49) 「令本部制定古物陳列章程十七条古物協進会章程二十五条公布施行由」中国第二歴史檔案館蔵、全宗号 1001、案巻号 1648。
(50) 古物陳列所の位置に関する記述は、段勇前掲論文「古物陳列所的興衰及其歴史地位述評」、一二三-一二四頁に基づく。また、段勇の指摘によれば、開放当時の展示室は武英殿しかなかったため、しばしば武英殿は古物陳列所の代用名となる。
(51) 古物陳列所の設立に関して、通説では袁世凱政権が奉天、熱河の「清王朝文物」を接収することによって政権の正統性を主張しようとしたとされる。しかし、これらの皇室所蔵品をめぐる「私産」、「公産」、「支払い」などの袁世凱政権の行った処置からみると、この段階において文物保護の意思は認められるが、奉天と熱河の清朝皇室所蔵品を接収した目的が政権の正統性を主張するためとすることには議論の余地がある。
(52) 熊希齢(一八六九~一九三七)は、字は秉三。湖南省に生まれ、原籍は江西省豊城県。二五歳で進士に合格。一八九八年に維新運動に参加するも戊戌変法失敗により免職処分を受ける。一九〇〇年に日本へ赴き、〇三年に帰国。〇五年に五大臣洋行の随員に任命。一二年北京政府財政部総長、一三年に熱河都統、国務総理に就任。二九年に東北政務委員会委員、満洲事変後には北平政務委員会委員、国民救国会指導員、世界紅卍字会会長を歴任。徐友春主編『民国人物大辞典(増訂版)』石家荘:河北人民出版社、二〇〇七年および山田辰雄編『近代中国人名辞典』霞山会、一九九五年。

(53) 政治会議はもと行政会議である。一九一二年九月に袁世凱は省を廃止するという方法で、中央集権化を図ろうとした。そこで熊希齢内閣が各省に対して人員を北京に派遣し議論するよう通電したことから、行政会議と名付けられた。一二年一一月二六日袁世凱が行政会議の召集を命令し一二月一五日に開会した。議員は七六名。実際は国会を代替する御用の諮問機関である。その任務は民国建設に関わる案件を議決することであった。一九一四年六月二〇日に解散した。張憲文、方慶秋、黄美真主編『中華民国史大辞典』南京：江蘇古籍出版社、二〇〇二年。

(54) 許世英(一八七三〜一九六四)は、字は静仁、安徽秋浦出身。光緒年間の抜貢生、官僚、政治家。一九〇八年奉天高等審判庁長、一〇年欧米各国法律制度考察員として欧米に派遣、辛亥革命時は山西提法使。一四年一月政治会議議員、一六年から内務部総長、交通部総長を歴任、二五年一二月国務総理に就任。前掲『民国人物大辞典(増訂版)』。

(55) 「大総統令国務院査辦熱河行宮古物盗案有関文件(1)国務院委派許世英為査辦専員(一九一四年一月二〇日)」中国第二歴史檔案館編前掲『中華民国史檔案資料彙編 第三輯 文化』、二〇六頁。

(56) 「大総統令国務院査辦熱河行宮古物盗案有関文件(4)熊希齢関于案情出入殊異事致大総統呈(一九一五年一月一五日)」中国第二歴史檔案館編前掲『中華民国史檔案資料彙編 第三輯 文化』、二一九頁。

(57) 「奉天、熱河両処清室古物運京保存有関文書」中国第二歴史檔案館蔵、全宗号1001、案巻号5345。

(58) 同前。

(59) 「関于改建英武殿并将奉天故宮所蔵古物移京陳列等項有関文件」中国第二歴史檔案館蔵、全宗号1001、案巻号158。

(60) 前掲檔案「奉天、熱河両処清室古物運京保存有関文書」。

(61) 呉瀛『故宮塵夢録』北京：紫禁城出版社、二〇〇五年、二一三頁。

(62) 一九二七年六月に内務部は古物陳列所の所蔵品の中で陳列されていないものを奉天の旧殿に戻す命令を古物陳列所に通達した。これは奉天にある清室の旧殿に東三省博物館を設立するために、収蔵品を蒐集する必要があったからである。しかし、古物陳列所所長の周肇祥は内務部の通達に対して文物は首都に保管すべきであり、分散させるべきではないと反駁した。結局、内務部は古物陳列所の文物を奉天に戻す計画を取り下げた。前掲檔案「奉天、熱河両処清室古物運京保存有関文書」。

(63) 「芸術界反対清宮拍売美術品」『申報』一九二三年九月二七日、第一三版。「省教育会反対清室拍売古物――通電全国協力阻止」『申報』一九二三年九月三〇日、第一三版。

(64) 愛新覚羅・溥儀前掲書『わが半生(上)』、一六四頁。

(65)「清室古物仍難自由拍売」『申報』一九二四年五月八日、第七版。
(66) ジェローム・チェン著、北村稔など訳『軍紳政権——軍閥支配下の中国』岩波書店、一九八四年、七八頁。
(67) 馮玉祥が自伝に「中華民国の領土内、ひいては中華民国の首都所在地において、あろうことか廃位清朝皇帝の小朝廷が今更ながら存在している。これは中華民国の恥であるのみならず、中外野心家らが絶えずその利用を企てようとする禍根となる。民国六年復辟を討伐する際に、私は極力このような奇怪な現象を除去し、この禍根を根絶することを主張したが、願いは叶わなかった。今回は入京するにあたり、全力を挙げて貫徹する決心をした」と述べた。馮玉祥『我的生活』上海：上海書店、一九四七年、五〇九–五一〇頁。
(68) 第一条、大清宣統帝は即日より永遠に皇帝の尊称を解除し中華民国国民と法律上同等の一切の権利を享有す。第二条、本条件修正後民国政府は毎年清室の家用五十万元を補助し尚特に二百万元を支出して北京貧民工廠を創設して先つ旗籍貧民を収容すべし。第三条、清室は元優待条件第三条に按照して即日宮禁を出て以後自由に住居を選定することを得、但し民国政府は尚保護の責任を負う。第四条、清室の宗廟寝陵は永遠に奉祀し民国より衛兵を配置して保護すべし。第五条、清室の私産は完全なる享有に帰し民国政府は特別保護し其他一切の公産は民国政府の所有に帰すべし。中華民国史事紀要編輯委員会編前掲『中華民国史事紀要（初稿）（一九二四・七—一二）』中華民国史料研究中心、一九八三年一〇月、七七三頁。原典：「参考資料：修正優待清室条件」『東方雑誌』第二一巻第二三号、一二三–一二五頁。訳文は「清室優待条件支那古美術保存関係雑件」、外務省記録（外務省外交史料館 H-7-1-0-5）を参照し、一部改訳。
(69) 愛新覚羅・溥儀『我的前半生（全本）』北京：群衆出版社、二〇〇七年、付録一、四六〇頁。原典は国家檔案館収蔵。
(70) 呉景周（呉景洲・呉瀛）『故宮博物院前後五年経過記二巻』李宗侗主編、中国学術名著第七輯『故宮博物院創始五年記』台北：世界書局、一九七一年、五一–五四頁。
(71) 優待条件の廃止に関しては、「李燮陽再提取消優待条件」『申報』一九二四年三月一日、第一〇版を参照。また、「清帝出宮与優待条件的修改」『東方雑誌』第二一巻第二一期、一九二四年、五頁では「清室優待条件の廃除に関して、本年春夏頃議員李燮陽が国会で提議したが、国民の注目を集めることができなかった」という記述があった。
(72)「清室問題与各方面——張作霖将有所表示社会亦注意此問題」『晨報』一九二四年一一月九日、第二版。
(73) 胡適は溥儀からの連絡を受け、数回紫禁城に赴いたことがあった。愛新覚羅・溥儀前掲書『わが半生（上）』、一一九頁。呉十洲前掲書『紫禁涅槃——従皇宮到故宮博物院』、一五二頁。
(74) 前掲「清室問題与各方面——張作霖将有所表示社会亦注意此問題」。「清室善後委員会之行動——段祺瑞願維持清室」『益世報』一九二四年一一月九日、三面。
(75) 臨時執政府は臨時執政が軍民政務を総攬し、陸海軍を統帥する。臨時執政は国家の元首として、対外的には中華民国を代表し、その職権は総統に相当する。来新夏など『北洋軍閥史（下冊）』南開大学出版社、二〇〇〇年、八四三頁。
(76) 陳智超編注『陳垣来往書信集』上海：上海古籍出版社、一九九〇年、一五五―一五六頁。
(77) 前掲「清帝出宮与優待条件的修改」、五頁。
(78)「溥儀昨日遷出皇宮」『晨報』一九二四年一一月六日、第二版。
(79)「清室宝物公私産之分界及其保管方法」『順天時報』一九二四年一一月一一日、二面。
(80) 辛亥革命以降、『順天時報』に掲載された「清王朝文物」に関する社論・論説については本書の補論で論じる。
(81)「教育部主張公開清室古物」『順天時報』一九二四年一一月二一日、七面。「教育界与清室古物」『順天時報』一九二四年一一月二三日、七面。
(82) 呉十洲前掲書『紫禁涅槃――従皇宮到故宮博物院』、一七四頁。
(83)「清室善後委員会組織条例八条」第一条には次のようにある。「国務院依拠国務会議修止清室優待条件議決案、組織辦理清室善後委員会、分別清理清室公産私産及一切善後事宜」。中華民国史事紀要編輯委員会編前掲『中華民国史事紀要（初稿）一九二四・七―一二』、八五〇頁。原典：「参考資料：辦理清室善後委員会組織条例（十一月十二日摂政内閣公布）」『東方雑誌』第二二巻第一号、一九二五年、二〇二―二〇三頁。なお、溥儀に対して清室善後委員会が清室私産として返却したのは、紫禁城に残された一〇万一三三八両の馬蹄銀のみであった。『大公報』（天津）一九二四年一一月一八日、第一張。また、接収に際して民国政府が最も追及したのが清室の提出した玉璽の数であった。なお、故宮博物院設立後の一九二九年、故宮博物院が景山の寿皇殿に保管していた清室歴代皇帝の肖像画を陳列のために搬出しようとする際に、載涛らの旧皇族、遺臣が抗議文を故宮博物院に提出し、「仮に一平民でさえ、その先祖代々の肖像画は他人が勝手に動かせる道理がない」と訴えた。これに対して、故宮博物院は「景山は故宮博物院の分院であるため、その所蔵物品は本院の所有である。……清室が明朝に取って代わった時には明皇帝の遺影を朱氏に返還していない。……肖像画は既に国有となり、国家の公産である。いかなる人であれ、取り戻す権利を有しない」と返答した。「北平故宮博物院易培基出售金玉古物有違法令交付懲戒案」中国第二歴史檔案館蔵、全宗号 1001、案巻号 1314。
(84) 中華民国史事紀要編輯委員会編前掲『中華民国史事紀要（初稿）一九二四・七―一二』、七八六頁。原典：沈雲龍『黄膺白先生年譜長編』上冊、台北：聯経出版事業公司、一九七六年、一九六頁。

(85) 同前『中華民国史事紀要（初稿）（一九二四・七―一二）』、八〇〇頁。原典：同前『黄膺白先生年譜長編』上冊、一九七―一九九頁。

(86) 荘蘊寛（一八六六～一九三二）、江蘇省出身。一八八六年南菁書院を卒業。一九一〇年予備立憲公会に参加。一三年南京浦口商埠督弁に就任。一六年北京政府審計院院長、二四年一一月清室善後委員会監察員に就任。二八年北平故宮博物院理事会理事。前掲『民国人物大辞典（増訂版）』。

(87) 李煜瀛、汪精衛、鹿鐘麟、蔡元培、張璧、范源濂、沈兼士の七名である。

(88) 呉景周前掲書『故宮博物院前後五年経過記二巻』、三九―四〇頁。

(89) 愛新覚羅・溥儀前掲書『わが半生（上）』、一五八―一五九頁。

(90) 「中央政治会議北平臨時分会収函 故宮博物院接収委員函」中国第二歴史檔案館蔵、全宗号114、案巻号92。

(91) 「故宮博物院開幕紀盛――乾清門内見五色旗、演説者皆手舞足踏」『順天時報』、一九二五年一〇月一二日、七面。

(92) 林伯欣前掲論文「『国宝』之旅――災難記憶・帝国想像、與故宮博物院」、一二三四―一二三五頁。拙稿「中華民国における『故宮文物』の意味形成――北京政府期を中心に」『中国研究月報』第六三巻第一二号、二〇〇九年、一三―二五頁。

(93) 唐啓華著、平田康治訳「北洋派と辛亥革命」辛亥革命百周年記念論集編集委員会編『総合研究――辛亥革命』岩波書店、二〇一二年、五四四―五四五頁。

(94) 小野寺史郎『国旗・国家・国慶――ナショナリズムとシンボルの中国近代史』東京大学出版会、二〇一一年、二六六頁。

(95) 家永真幸前掲書『国宝の政治史――「中国」の故宮とパンダ』、四〇頁、七八―七九頁。

(96) 吉開将人前掲論文「近代中国における文物事業の展開――制度的変遷を中心に」、五六頁。

(97) 易培基（一八八〇～一九三七）、湖南長沙出身、字は寅村。武昌方言学堂に学び、日本留学。一九二四年国立広東大学教授。一一月李煜瀛の推薦で北京政府教育総長になったが、黄郛内閣の総辞職で辞任。その後、清室善後委員会委員、故宮博物院の理事を歴任。二六年三月北京で三・一八事件が発生すると、共産党員とみなされ、段祺瑞政権によって逮捕令が出され、上海に逃れる。二八年二月国民政府建設委員会委員。同年六月故宮博物院院長に任じられた。一九三三年「故宮盗玉案」によって起訴された。実際は国民党元老の張継と李煜瀛、呉稚暉の不和によって生じた政争の犠牲になったといわれている。三三年故宮博物院院長辞任。その後社会的地位を失う。前掲『民国人物大辞典（増訂版）』および『近代中国人名辞典』。

(98) 呉景周（呉景洲・呉瀛）前掲書『故宮博物院前後五年経過記二巻』、一一三頁。

(99) 盧永祥が理事会に薦められた理由は、盧が清室の復辟に同調せず、段祺瑞と良好な関係にあったため、故宮博物院院務の推進に適していると思われたからである。呉景周（呉景洲・呉瀛）前掲書『故宮博物院前後五年経過記二巻』、一一三頁。昌彼得主編『故宮七十星霜』国立故宮博物院七十星霜編輯委員会編撰、台北：台湾商務印書館、一九九六年、四〇頁。

(100) 荘蘊寛が理事会に薦められた理由は、まず、当時荘は長期にわたって北京政府の審計院長を務め、人望があり、故宮博物院を支持する姿勢をとっていたからである。昌彼得主編前掲書『故宮七十星霜』、四〇-四一頁。

(101) 屈映光（一八八三～一九七三）、一九〇七年杭州赤城公学を卒業し、光復会に属した。一一年の辛亥革命では、杭州の蜂起に参加し、一二年浙江都督府民政司長に就任する。一三年八月同省民政長、一四年同省巡按使に就任。一八年北京政府国務院顧問に任命され、賛威将軍の位を授与。二一年大総統府顧問となり、二六年三月には内務総長兼賑務督弁に任じられた。前掲『民国人物大辞典（増訂版）』。

(102) 昌彼得主編前掲書『故宮七十星霜』、四一頁。

(103) 呉景周（呉景洲・呉瀛）前掲書『故宮博物院前後五年経過記二巻』、一一三-一二〇頁。

(104)「清委会昨日歓迎荘蘊寛 国民軍退出故宮現由自編守衛接防」『晨報』一九二六年四月六日、第六版。

(105)「鹿鐘麟電述保管故宮経過」『晨報』一九二六年四月一一日、第六版。

(106) 保管委員会時期に関する記述は、昌彼得主編前掲書『故宮七十星霜』および呉景周（呉景洲・呉瀛）前掲書『故宮博物院前後五年経過記二巻』に基づく。

(107)「時事日誌」『東方雑誌』第二三巻第一七期、一九二六年、一三五頁。

(108) 愛新覚羅・溥儀前掲書『我的前半生（全本）』、付録一、四六四-四六八頁。

(109) 同前、付録一、四六八頁。

(110) 呉景周（呉景洲・呉瀛）前掲書『故宮博物院前後五年経過記二巻』、一三二-一三三頁。

(111) 同前、一三三-一三六頁。

(112) 同前、一四〇頁。

(113) 王士珍（一八六一～一九三〇）直隷省出身。段祺瑞・馮国璋とともに「北洋新軍三傑」と称された人物。一八八五年李鴻章の創設した天津武備学堂に入学。一九〇〇年義和団の乱に際して袁世凱を助けその鎮圧に活躍。清末に袁世凱内閣の陸軍大臣、一六年段祺瑞内閣の参謀総長に任ぜられる。一七年張勲の復辟に参加。二五年臨時執政となった段祺瑞に請われ軍事善後委員会委員長に就任。奉直連軍と国民軍の衝突に際し調停に奔走。晩年、軍事・政治の第一線からは退き、京師治安維持会会長として北方各派の調停や北京の治安確保に取り組む。前掲『民国人物大辞典（増訂版）』および『近代中国人名辞典』。

(114) 昌彼得主編前掲書『故宮七十星霜』、五二頁。

(115) 同前、五三頁。

(116) 那志良『故宮博物院三十年之経過』台北：中華叢書委員会、一九五七年。昌彼得主編前掲書『故宮七十星霜』。呉瀛前掲書『故宮塵夢録』。

(117) 委員の張人傑、薛篤弼らによって、故宮博物院を「国民政府故宮博物院」と改称し、国民政府に隷属することが提案された。この会議で接収の責任者には易培基を任命することが決議されたが、改称については内政部大学院と協議したうえで審議することになった。「故宮博物院組織法令案」国史館蔵、国民政府檔案、檔案号：001012071A244。

(118) 張人傑（一八七七～一九五〇）は、浙江呉興出身、字静江。一九〇〇年清朝の駐フランス公使・孫宝琦の随員として、友人の李煜瀛とともにパリに赴任、商務官として在勤。〇七年李煜瀛、呉稚暉と世界社を創立、『新世紀』を発刊、無政府主義思想を宣伝した。その後香港において中国同盟会に入党した。『新世紀』は革命思想の宣伝をするようになる。一一年辛亥革命後帰国。中国同盟会の財政部長に就き、二四年中国国民党第一回全国大会で中央執行委員に当選。二八年南京国民政府成立後、中華民国建設委員会委員長、中央監察委員、国民政府委員を歴任。三七年日本軍の侵入によってフランスに逃れ、三九年アメリカに渡る。前掲『民国人物大辞典（増訂版）』および『近代中国人名辞典』。

(119) 薛篤弼（一八九二～一九七三）は山西解県出身、字子良。一九一二年陸軍第一六混成旅団長馮玉祥に招かれ、同旅団秘書長兼軍法処長。二〇年陝西省督軍となった馮玉祥のもとで咸陽県長、長安県長に就任。二一年から国務院秘書長、国務院内務部次長、京兆尹を歴任。二八年二月国民政府内政部長に就く。三〇年八月反蔣各派が北平で開いた中国国民党中央党部拡大会議の宣伝部委員となる。その後は国民政府委員、中央執行委員、国民大会代表を歴任。前掲『民国人物大辞典（増訂版）』および『近代中国人名辞典』。

(120) 前掲檔案「故宮博物院組織法令案」。なお、呉瀛の回想録によれば、当時易培基は南京農鉱部の業務が多忙のため、北京の旧識に託して故宮博物院接収作業を行った。メンバーは馬衡、沈兼士、兪同奎、粛瑜、呉瀛の五名であった。当時馬と兪はすでに故宮博物院の古物館に在籍している。呉瀛前掲書『故宮塵夢録』、一四五－一四六頁。

(121) 経亨頤（一八七七～一九三八）は、浙江上虞出身、字子淵。一九〇八年浙江省両級師範学堂教務長、一二年浙江省第一師範学校校長。五・四運動の際に第一師範学校を中心に新文化運動を展開した。国民革命期には広州で国民党左派として活動。二八年二期四中全会では、国民政府委員・常務委員・民衆訓練常務委員に推され、七月には処理逆産委員会主席に就く。三七年重慶で国民政府の政府委員となった。前掲『民国人物大辞典（増訂版）』および『近代中国人名辞典』。

(122) 前掲檔案「故宮博物院組織法令案」。

(123) 同前。

(124) 呉瀛前掲書『故宮塵夢録』、一四八頁。

(125) 張継（一八八二〜一九四七）、河北北滄出身、字は溥泉。一九〇〇年早稲田大学留学、留学中に革命思想を抱き始めた。一九〇四年蔡元培らと上海で軍国民教育会の結成に携わる。〇五年八月に中国同盟会が成立すると司法部判事兼『民報』発行人となる。中華民国成立後、参議院に当選、同議院議長となる。第二次革命敗北後に日本に渡り中華革命党に加入。二四年国民党中央監察委員に選出され、その後党内右派の中心人物となる。二八年大学院古物保管委員会主席委員に任命。四七年国史館館長に任命。前掲『民国人物大辞典（増訂版）』および『近代中国人名辞典』。

(126) 北伐後、中国は蔣介石の率いる国民党によって統一されたが、政権内には派閥的な確執が存在し続けた。北京政府の首都であった北平は利権をめぐる確執が最も顕著な場所であった。そのため接収後、国民党が直ちに北平において国民党の政治分会を設置した。同会委員には李煜瀛、張継などの党有力者が就任。

(127) 李宗侗（一八九五〜一九七四）は、河北高陽出身、字玄伯。パリ大学卒業。一九二一年北京大学教授に就任、二二年北京政府を批判したため指名手配される。二八年国民党北平政治分会委員に任じられ、三一年五月故宮博物院秘書長に就任、三三年七月離任。前掲『民国人物大辞典（増訂版）』。

(128) 前掲檔案「故宮博物院組織法令案」。

(129) この時招かれた文化人は呉稚暉、邵力子、張群、何雪竹であった。

(130) 呉景周（呉景洲・呉瀛）前掲書『故宮博物院前後五年経過記二巻』、一七一―一七九頁。

(131) 前掲檔案「故宮博物院組織法令案」。

(132) 内政部年鑑編纂委員会編『内政年鑑』（二）上海：商務印書館、一九三六年、（G）一三〇五頁。

(133) 同前。

(134) 同前および「公逆産管理法令（一九二七年一二月八日―一九四二年三月二〇日）」国史館蔵、国民政府檔案、檔案号：001012480A00。

(135) 前掲檔案「公逆産管理法令」。

(136) 馮兵「政治需給与公平正義的交鋒——民国時期的『逆産』問題研究」『深圳大学学報(人文社会科学版)』第二七巻第六期、二〇一〇年一一月、一三九頁。

第四章

文物南遷
——抗日戦争期の文物保護事業

一九三一年九月満洲事変が発生すると、中国東北部は翌三二年二月には日本軍によって大半が占領され、同年三月一日に満洲国建国が宣言された。この満洲事変を契機に南京国民政府内では日本の侵略から「北平文物」を保護するために、文物を南遷させる計画が検討されるようになった[1]。その南遷先としては開封、洛陽、西安、上海、南京などが挙げられた[2]。

しかし、文物の南遷に関して南京国民政府内部では責任の所在が定まらず、南遷が不可避となったあとも、南遷先は容易に定まらなかった。そして、政府外部の動きとして、市民団体による反対運動が新聞や輿論、知識人を巻き込んで、北平で広範に展開されてゆく。一方で日本軍はさらに華北方面への侵略をうかがい、一九三三年一月には山海関を越えた。このような状況下で、国民政府内では危機感が高まり、南遷を決断させた。南京国民政府は反対運動を鎮静化させながら、三三年二月から五月にかけて五回にわたって「北平文物」を北平から運び出した。

ところで、これまで「北平文物」の南遷は満洲事変後に初めて南京国民政府内で議論されたとされてきた。しかし、一九三〇年代の檔案をひも解いてみると、古物陳列所所蔵文物の一部を首都南京へ移動させる計画が、中原大戦直後の一九三〇年一〇月に行政院の会議ですでに議決されていたことがわかる。この計画に対して北平の市民団体は反対運動を起こし、結果としてこの時の南遷計画は実現しなかった。これまで、三〇年の文物南遷計画は看過されてきたが、満洲事変後の「北平文物」南遷に対する反対運動は、この時の反対運動の再現であり、両者の間には密接な関係が存在する。

清末から北京政府期を経て、南京国民政府期に入った一九三〇年代には、法整備によって文物管理は中央集権機構に組み込まれつつあり、他方で市民の文物保護に対する意識も高まっていた。このような状況下で南京国民政府が文物に対して取った保護処置は、その後の文物の西南疎開、台湾退去といった一連の処置の原点として位置づけることができる。

本章の第一節では、一九三〇年の中原大戦後に起きた古物陳列所所蔵文物の南京移転問題を論じる。この問題によって引き起こされた北平の市民団体の反対運動を通じて、文物に対する市民意識について検証する。第二節では、満洲事変後の南遷問題について検討し、南遷をめぐる南京国民政府内部の問題と、南遷に対する反対運動を分析する。また南遷文物の内訳から南遷における「故宮文物」の位置づけを考える。第三節では、文物の西南疎開と重慶移転後の国民政府の文物事業について論じる。

第一節　古物陳列所文物の南京移転問題

一　文物の南京移転と市民団体

一九三〇年の中原大戦後、「北平文物」の一部を南京へ移動する計画が行政院会議で議決されたが、この計画は北平の市民意識を刺激し、市民団体による反対運動を引き起こした。南京国民政府に接収され、国民政府直属の正式機関となった故宮博物院は、内政部の管轄にある古物陳列所を故宮博物院の管轄下に置きたいと考えていた。故宮博物院理事会の要請に応じて行政院は内政部に発令し、三〇年一〇月二一日の行政院第九一回会議において、故宮外朝保管・管理権および付設の古物陳列所を故宮博物院に帰属させることを決定した。さらに、古物陳列所の文物は瀋陽に由来する部分は瀋陽へ戻し、それ以外の部分は暫定的に古物陳列所と故宮博物院とに分けて保存するが、将来的には首都南京へ運搬し、新たな博物館を設立することが計画された。

古物陳列所の文物を南京に移す計画は最終的には実施されなかったが、この計画が公になると、北平や天津の市民団体は反対運動を起こした。この時反対運動の中心となったのは、北平各自治区公所(3)および北平総商会(4)であった。これらの市民団体と政府関係機関との間では、文物の南京移動の是非をめぐって、文書の応酬が繰り返された。この時市民団体に生じた文物移出を阻止する運動は、満洲事変後の文物南遷に対する反対運動と主体はほぼ同様であり、運動を支えた論理も共通しており、満洲事変後の反対運動に先行する。そこで、市民団体と政府関係機関との間で交わされた文書にみる双方の主張を分析し、一九三〇年の文物の南京移動計画とそれに対する市民団体の反対運動について検討する。

二　市民団体と政府間の文書の応酬

一九三〇年一〇月一六日付で北平各自治区公所が政府に請願した文書は、以下のような内容であった。

按ずるに、世界各国の大都市は悉く市立博物館を有し、天下の宝物名品を集め、人民に供している。ここに古物陳列所を北京市自治機関に遷し、博物院に改組することを請願する。……英、伊、日各国から返還された庚子賠償金を、文化保存に用いることを声明することを請う。財務当局は、賠償金費目を援用して、［文化保存の］拡充改良に用い、以て政治に翻弄されることを防がんことに努めるべきである。(5)

この文書には古物陳列所を北平市博物院として北平市に移譲することが主張されており、北平に新たな博物館を建設することによって、古物陳列所の文物を北平から流出させることを阻止しようという狙いがうかがえる。

この要請に対して、行政院は一九三〇年一二月一日付で、国民政府文官処に発した文書のなかで次のように回答している。

本件は既に故宮博物院理事会の要請に応じて内政部に発令済みである。故宮外朝の保管・管理権及び付設の古物陳列所を故宮博物院に帰属させる諸案件は、既に第九一回行政院会議において議決されている。(6)

行政院は古物陳列所の帰属が合法的な手続きによってすでに故宮博物院に決定したことを明示し、北平自治区公所の提案を却下した。その発端は故宮博物院理事会の内政部に対する要請に遡る。この要請を行政院会議で議決したことが、北平自治区公所の要請を却下する根拠とされた。故宮博物院理事会による要請は以下の内容であった。

故宮を完全に保護管理するために、［故宮を］文化古蹟に変更し、これまでの誤った見方を改める。これにより、一連の処置は円滑に進むであろう。清朝は既に転覆し、封建体制は終焉を迎えた。元来は中華門から景山に至る紫禁城或いは皇宮と称される全区域を廃置したうえで博物院を設置すべきである。……民国一三年までは溥儀がなお内宮を占拠しており、外朝部分を暫定的に内政部の管轄とし、各宮殿の名称は旧来のままにしていたので、宮殿全体が博物館になったわけではなかった。……一般人には、未だにここは皇居だと思われている。袁世凱のような反逆者でさえも太和殿を修繕し、皇帝の座を妄想していた。このようなことは例外とはいえ、管理する責任を負う者がその名を正さないと、終始人々を混乱させることになる。(7)

この要請文では、次のような主張が確認できる。つまり、故宮（紫禁城）全域を古跡とみなし、故宮が持つ政治性やそれによる誤解を取り除く必要があり、そのために全域を博物館にしたいが、管理体制が一元化されていないので難航している、という主張である。前述の通り、故宮博物院のこの要請は行政院第九一回会議で議決された。紫禁城の内廷と外朝全体が故宮博物院の管轄に編入され、古物陳列所も故宮博物院のもとに編成されることになった。

三　市民団体の反対理由と市民の意識

北平の市民団体はどのような理由で、文物が南京に移動することに反対したのか。一九三〇年一一月一三日付で、北平総商会は行政院に対して故宮古物を旧例に従い、北平にて保存・陳列し、文物の南京移動の議決を取り消して、当市の繁栄を維持するようにと請願した。この文書が発せられたのは、一〇月一六日の北平自治区公所の請願から一二月一日の行政院の却下決議が通達されるまでの間である。その主な内容は以下の通りである。

政府組織が南遷する際に、政府が打ち出した北平に対する繁栄策と民政救済策に関して、一般人士の口にのぼるようになって、早二年間も過ぎ去ったが、今なおそれは実施されていない。……このような時期に古物を南方へ動かすことは、民怨を叢生させることにつながる。北平において古物は歴史的に相当な価値を有するが、貴重なのは古都ではなく古物である。……今や、歴史的な特性と北平との深遠な関係を有する古物を南遷させ、新たな博物院を設立しようとしている。故宮の建物のみが残されても、遊覧考察の価値はもう残されていないのではないだろうか。こうなると財政は益々枯渇し、繁栄の主旨とは益々かけ離れてしまう。同じ国民であり、同じ中華の領土であるにもかかわらず、南北地域の違いがあるだけでこれほど不当な差別がなされてよいのであろうか。……瀋陽に由来する文物は瀋陽に移し返し、その他の物は絶対に南京へ運搬しないようにすべきである。(8)

一九三〇年一〇月一六日付の北平各自治区公所の請願書では、北平市立博物館設立による古物陳列所文物の北平からの移動の阻止が請願の中心であった。一方、一一月一三日付の北平総商会の請願では、文物が南京に移転することは北平の地位低下につながるとして抗議している。北伐完遂後の首都移転には北平市民の間には動揺があったはずであり、それに加えて、文物を南京へ移動させることによって、北平の歴史的、文化的な価値が大きく減ずることを市民たちは危惧していた。また「瀋陽に由来の物は瀋陽に移し返し、その他の物は絶対に南京へ運搬しないように」という文言があるが、これは、瀋陽由来の文物が北平にあることを許せば、「北平文物」の南京運搬を認めさせることになりかねないからであろう。また、北方領域内で文物移動は否めないとしながら、南方への移動は絶対反対であるという姿勢には南京に対する強い対抗意識と南北格差に対する危機感が確認できる。つまり、北平を中心とした北方全体の地位低下を防ぐため、古物陳列所文物の移動は注目を集め、問題にされたとも考えられる[9]。

その後も数回にわたり、政府と市民団体との間で文書の応酬があったが、南京国民政府の姿勢は変わらず、文物の首都南京への運搬はあくまでも議決通りに実行するとされた。北平の市民団体は、台頭しつつある商工業者を主要な構成員としていた。国家に組み込まれた「北平文物」はもはや国家機構の専有物ではなく、いわば公共の財産となった。市民としての意識の高まりとともに勃興する市民社会にとって、その去就は大きな関心となった。文物は政府と市民団体との間に形成された公的な空間に出現したのである。

結局、この時「北平文物」の南京移動は実現しなかったが[10]、のちに満洲事変が発生すると、南京国民政府は日本の侵略から文物を守るために南遷を計画する。これに対して、北平市民団体は再び反対運動を展開し、さらにそれに新聞や輿論、知識人も参加するのである。

第二節　文物南遷をめぐる様々な動き

一　南遷問題における責任の所在

満洲事変が起き、日本軍が華北へ接近すると南京国民政府内では再び「北平文物」の南遷が議論されるようになったが、その実施は難航した。その理由の一つには紫禁城全域を管理していた故宮博物院の国民政府内における位置づけにあった。当初、故宮博物院は国民政府に直属していたため、文物南遷の決議に関係する機関は、中央においては中央政治委員会、軍事委員会、国民党中央党部、行政院に及んだ。

満洲国建国から三ヵ月を経た一九三二年六月時点における蔣介石の文物南遷に対する意思を確認してみたい。三二年六月一九日付で、蔣介石は蔣伯誠[11]へ文物南遷問題に関する電文を発した。その電文は「いかなる方法を用いても、必ず古宮［故宮］文物および『四庫全書』を開封もしくは西安へ運搬するように[12]」とあり、蔣介石が文物南遷の実行を強く望んでいることがわかる。

この蔣介石の指示に対して、張継[13]は六月二六日付の電文に以下のように答えている。

今夜西安へ赴き、尊意については林主席と商議する。公務上必要なので『四庫全書』及び檔案を引き出す旨の電文を漢卿［張学良］に発してもらうように国府から要請すれば、より円滑に進むであろう。小生の考えでは国家の貴重な図書は古物よりも重要である[14]。

張継のこの要請に対して、蔣介石は「この件についての処置は、やはり貴殿から中央政府に提案し、責任ある人物を派遣してもらうように」と指示している。この指示通り一九三二年八月九日、当時南京国民政府の最高政治決定機関である中央政治委員会第三二三回会議において、「北平文物・文化保護に関する件は行政院、軍事委員会がその決定事項に責任を持って執行する[15]」ことが決定された。これによって南遷の責任機関は行政院、軍事委員会ということがいったんは明示された[16]。

ところで、故宮博物院所蔵などの「北平文物」は直ちに北平から運び出されたわけではなかった。その背景には政府要人のそれぞれの思惑および北平、天津の市民団体の激しい反対運動に対する配慮があったのである。一九三二年一二月一二日故宮博物院院長の易培基は軍事委員会に次のような文書を発した。

故宮古物、書籍、檔案の中で重要な部分は既に新築の倉庫に集め、約二〇〇〇〇箱余りとなった。また、天津英租界及び交民巷にある銀行倉庫も借りた。万が一の時に緊急避難に使用できるが、随時政府からの遷移指示を待っている。しかし、漢卿は本件に対して慎重であり、洛陽、上海への遷移には賛成していないようである。地域の反対も考慮すべきである。漢卿に納得してもらえば、地域の反対は比較的容易に解消できるであろう。迅速な指示が下されることを請う。[17]

ここには文物南遷にあたって当時の軍事委員会北平分会代理委員長張学良の意向を配慮し、その協力を必要としたことがうかがえる。張学良の同意が得られれば、市民団体の反対運動は自ずと収まるように思われていた。

また、文物南遷に関する責任は行政院が負うことが決定しても、政府内の関係各機関は南遷が重大な責任を帯びる事項であるという認識を持っており、各機関各々の立場から干渉した。そして、それが南遷時期および南遷先の決定を遅らせることに結びついた。このような状況において一九三三年一月五日付で、故宮博物院院長の易培基から中央政治委員会へ、「山海関における変事［山海関事件］は、北平故宮の宝物に影響を及ぼした。……現在日に日に情勢が緊迫し、随時保護の対策以外に、いかなる処置を取るべきか指示を乞う」[18]と「故宮文物」の早急な処置を催促する旨の文書が送付された。国民政府はこの文書に対して「この件については行政院及び中央政治委員会に通達する。しかし、本件はことさら重要であり、行政院では対処できない。中央政治委員会に解決策を求める」[19]と返答した。

結局、「北平文物」の処置に関して、行政院ではなく最高決定機関の中央政治委員会に委ねなければならなかった。これは、南遷という問題に直面し文物の国民政府における政治的な位置づけがさらに高まったことを物語っている一方で、南遷問題について行政院が責任を持って裁断できる状況になく、中央政治委員会に処置を委ねて問題を棚上げにしたという側面もあった。しかし、結局同委員会においても南遷の実施に関する具体策は決定できなかった。

その後の中央政治委員会第三三九回会議決議では、第三二三回会議の決定を確認しただけであったが[20]、中央政治委員会においても結局南遷の具体的事項を決定できず、再び行政院と軍事委員会に付託された格好となった。このような状況から南遷の実施は容易に決まらなかった。

満洲事変の直後、南京国民政府は日中間の衝突を国際連盟の力によって解決しようと望んでいた。これが南遷の決断に影響を及ぼした。一九三一年九月二二日に蔣介石が国民党南京市党本部で行った外交政策の演説においてもこのような方針が表明された。さらに、翌二三日にも南京国民政府は以下のような「告全国国民書」を発表した。

我々政府は既に本案を国際連盟行政会に訴え、道理に基づく解決を待っている。故に既に全国の軍隊に対して日本軍との衝突を避けるように厳命を下した。全国民に対しても同様に勧告する。厳粛かつ鎮静な態度を必ず保つことを求める[21]。

ここでは国際連盟による紛争解決に対して希望を抱いていたことが示されている。しかし、国際連盟は日本に対して、南京国民政府が期待したような措置は行えなかった。満洲事変後、日本は直ちに東北を占領し、一九三二年一月二八日に重要地域である上海を攻撃した。日本軍が中国内陸へ侵攻するおそれが生じたため、対日方針は「一面抵抗、一面交渉」に転換された。同年一月二九日、南京国民政府は再度国際連盟に提訴した。二月初めに国際連盟リットン調査団が上海に派遣され、日中の停戦を斡旋した。その結果五月五日に「淞滬停戦協定」が日中間で結ばれた。

リットン調査団の調査中にもかかわらず、日本は東北において傀儡政権の設立を企て、ついに一九三二年三月に満洲国を成立させた。三三年一月に日本軍は華北に侵攻し、同年二月に日本は国際連盟を脱退した。しかし、この時点でもなお南京国民政府は国際連盟調査団が日本の侵略を抑えることに希望を抱いていた。日中の和平工作が成功すれば、南遷を行う必要はない。こうした事情も南遷に関する決定を錯綜させた原因であった。

二　定まらぬ文物の搬出先

中央政治会議において、南遷の責任機関は行政院、軍事委員会と明示されたにもかかわらず、実際には南遷の実施を統括する政治責任の所在が定まらないなかで、文物の搬出先についてもその決定は二転三転した。一九三二年一月に第一次上海事変が起きると、南京国民政府は西北地域を長期的な抗戦根拠地とするために、洛陽への遷都を宣言し、西安を陪都に定めた。しかし、洛陽は一辣開地に過ぎず、同年一二月には南京へ再び還都している。「北平文物」の南遷先として候補に挙げられた洛陽、開封、西安、上海、南京などはいずれも首都もしくはそれに近い重要都市であるが、「北平文物」の南遷先の決定が錯綜した時期と南京還都はほぼ重なっており、南遷先決定における混乱に影響したと考えられる。

一九三三年一月には日本軍が山海関を越えたことによって華北侵攻が現実味を増してくると、「北平文物」の南遷が不可避となるなかで南遷先の選定が争点となった。南遷先について、当時国民政府軍事委員会委員長の地位にあった蔣介石はいかなる指示を出したのであろうか。

一九三三年一月七日付で張継らが連名で、国民政府主席および蔣介石へ再度南遷を促す要請文を発した。具体的な南遷先として洛陽が挙げられていた。張継のこの要請に対して、三三年一月九日付で、国民政府から行政院および中央政治委員会に対して、南遷について密電で各機関に通達、執行を要請することを指示した(22)。「密電」を指示した理由はやはり市民団体への配慮であると考えられる。なぜならば、次項で述べるように前年の一二月二〇日に政府が発した文書で南遷を否定したばかりだったからである。また、三三年一月二〇日に蔣介石から張継へ発せられた電文においても、張継の提案に賛意が示され、文物の南遷先として上海を否定し、開封や洛陽を挙げている。[23]

一方、一九三三年一月二八日に宋子文が蔣介石に対して、「易培基は上海において故宮［博物院］の関係組織の設置について既に許可を得ているらしい。……古物運搬にあたって、交通路線や、軍警の厳密な保護についての指示を請う[24]」と要請した。これに対して蔣介石は運搬には平漢鉄道を使い、保護に関しては張学良に兵員派遣を依頼することを指示した。[25]この指示を受けた直後に張学良は宋子文に古物護運についてはすでに路局、憲兵などに指示通りに処理するように命令を下したと返答した。[26]

以上の往来文書からみれば、南遷先について、張継は開封や洛陽を主張し、易培基は上海を主張していた。当初、蔣介石は張継の意見に賛同し、行政院院長の宋子文は易培基の意見に賛同したが、蔣介石は、南遷先として上海を推す宋子文に対しても賛意を示したことによって、事態はさらに混乱した。しかし、運搬直前には少なくとも北平から文物を運び出すことに対して、これらの関係者の間で合意はできていたことがわかる。

ところで、相変わらず北平市民団体の反対運動は激しく、幾度にもわたって政府に請願書を提出した。この状況に鑑み、一九三三年一月三〇日宋子文は蔣介石へ以下の電文を発した。

故宮古物及び古物陳列所の南遷に対して北平での反対が激しく、混乱を避けるためには上海中央銀行へ運搬し、行政院封条を張る。そうしなければ各方面から非難を必ずや受けるであろう。[27]

これに対して蔣介石は「古物は重要であるため、遷滬には賛同できない。やはり南京へ運搬、保存する方がよい。

ほかの人が反対する理由もなく、反対には法を以て裁く[28]」と政府内の異論に配慮しながらも、上海への移送を排し、南京へ運ぶことを強く主張している。また反対運動に対しては法的に強固な手段を取ろうとした。

その後、南遷先は一九三三年二月八日中央政治委員会の第三四三回会議において、開封に保管することが可決され、ようやく南遷先が決議された。しかし、三三年二月一二日蔣介石は中央党部葉楚傖秘書長、行政院院長宋子文へ次のような電文を発した。

故宮古物南遷第一陣は浦口に到着したが、長く駅に留めおくべきではない。開封は設備が全く整っていないため、やはり南京に留め、中央医院の新築された建物に暫定的に保管し、行政院がその保管責任を負い、中央党部より監督人員を派遣することによって慎重を期す[29]。

この電文から、文物はすでに搬出されており南京の浦口駅に到着していたことがわかる。そして、開封は設備が未整備なので新たに南京を南遷先に指示している。

ところが、この指示に対して、張継は一九三三年二月一四日に以下のように答えている。

古物を北平から移出した後、行政院は上海に移送することを主張し、中央政治委員会は洛陽、開封に移すことを議決している。既に開封省政府は保存する博物館を選定している。これは貴殿［蔣介石］の主張に通じるので、やはり中央政治委員会の決定した場所［洛陽、開封］に運搬する方がよいであろう[30]。

これに対する蔣の指示は「中央政治委員会が既に場所について議決したことは知らなかった。私は特に異論はない。酌量処置すればよい[31]」と明白な指示を出したが、二日前に蔣が南遷先を南京の中央医院と指示していたので、さらに政府内で混乱が起きた。たとえば一九三三年二月一四日に于右任[32]は次のような文書を蔣介石へ発した。

前回の中央政治委員会において古物保存が協議されたが、上海への移送反対が大勢を占めた。溥泉［張継］により洛陽、開封で保管するという貴殿［蔣介石］の意見が報告され、その方向に決した。今朝貴殿の電報を拝読したところ、中央医院に保管せよとの指示があった。だが、該院は狭く、保存に適さない。小生はやはり中央政治委員会における議決を奉ずることを至当と考える[33]。

このように文物が北平から搬出されたあとも、蔣介石の矛盾した指示もあって、南遷先は定まらず現場は混乱したが、二月二一日に蔣介石は中央政治委員会へ次のような電文を発した。

中正はこれ［故宮古物の保管場所］に関して異論はない。ただ、些細なことで、多くの流言を引き起こし、処置できずにいることは、何を以て国民に顔向けできようか。直ちに責任機関に対して適切な処置を要望する[34]。

これに対して、一九三三年二月二二日中央政治委員会から国民政府に対して、南遷先が暫定的に変更されたことが伝えられた。以下はその内容である。

第三四三回本会議において議決された故宮博物院搬出の古物及び文献を暫定的に洛陽、開封に保管する案は既に政府、行政院、軍事委員会に通達された。行政院によればこれら古物の総数は数千箱に達したため、保管場所としてはまず、広い建物を確保すべきである。次に防火設備や防湿設備を備えていることである。現在、開封、洛陽には全く用意ができていないため、大量の文物を運び込んでも保管できない。該院［行政院］の第八八回会議において、暫定的に南京に保管することを議決し、後に開封、洛陽の施設整備を俟ち、然る後、移送することが妥結された。本件解決に関し便宜を図って欲しいという行政院の要請通りに処理することが中央政治委員会第三四五回会議で決議された(35)。

以上の内容からは、南遷先をめぐって、蔣介石と政府各機関の間で誤解や行き違いが発生し、南遷先の決定が混乱したことがわかる。しかし、南遷先がどこであれ、華北の緊急情勢に直面し、文物を安全な場所に避難させることへの共通した認識は政府内に形成されていた。

南遷にあたって争点になったのが南遷の是非以上に保管場所についてであり、前述したように蔣介石と関係者たちとのやり取りにみられるように、その選定は錯綜したものになった。南遷の是非は主に政府と市民団体との間で起きた議論であるのに対して、保管場所の選定は政府内の混乱であった。

一九三三年二月二二日付の中央政治委員会会議から国民政府への文書において、洛陽、開封に保管するという決定は動かさずに、現実的な保管場所として暫定的に南京を南遷先としたことが通達される。この時点で文物の運び先が定まっていないため、浦口駅に一時的に保管され、文物の安全を確保するため、憲兵や警察が動員された。その後文物は南京を暫定的な保管場所と定め、三三年二月から五月にかけて、五回に分けて移送された。その後、南遷した文物は南京にある行政院ホールや上海のフランス租界にある貸し倉庫に保管された。三六年八月故宮博物院南京分院保存庫が完成し、これらの文物が搬入され、三七年に故宮博物院南京分院が正式に設立した(36)。

一九三三年二月一二日に、国民政府の中央機関紙である『中央日報』に社評「古物南遷」が掲載された。同社評では第一次世界大戦の勃発にともない、フランスがルーブル美術館の文物を早期に疎開したことを評価している。また、貴重な「北平文物」が戦利品となる危険性について示唆している。そして、保管場所は首都南京が適当であると婉曲にいっている[37]。

ところが、同日同紙同面には次のような内容の記事が掲載された。「古物を上海に保管する計画はなくなり、当時の行政院秘書長褚民誼は上海で報道機関に対して、古物の保管場所は開封・洛陽に決定し、開封当局が場所を決定した後、直ちに運送する[38]」と述べた。記事には保管場所は開封と洛陽に決定したとあり、南京については全く触れられていない。この時点で南遷の最重要事項である保管場所について、国民党機関紙の社評と同紙の記事には大きな齟齬があり、こうした点にも文物南遷について政府内の混乱が表出している。

三　南遷反対運動と市民団体、知識人、輿論

（一）　市民団体による反対運動と知識人の発言

南遷に関する国民政府の動きに対して、北平の市民団体はそれを阻止すべく反対運動を展開した。その主な組織として、北平自治区各公所、北平総商会、北平工会救国連合会などが挙げられる。これに加えて、後述するように北京大学教授らも反対運動に加わった。これらの組織は一九三〇年ごろ、文物を瀋陽や南京へ運搬する計画に対して反対運動を起こした諸団体とほとんど同じであった。

満洲事変直後にこれらの市民団体の間に起こる南遷反対の動きを、市民団体が発した要請文から追ってみよう。一九三一年一〇月八日満洲事変直後に、自治区各公所と北平市商会は連携して国民政府に請願書を提出した。

盛京［奉天］、熱河から運び戻した古物については、従来、南京、遼寧に分けて移動させるという議論があったが、北平自治団体及び商会は慌てて北平に留めることを請願した。実際に北平は文化の中心であるため、学術資料を散逸させてはいけない。遼寧は国境地帯であることから、古物の貯蔵には適さない。現在遼寧は敵に占領され、重要器物は略奪され全てなくなってしまった。近日、新聞に『四庫全書』の運び出しに関する記事が載ったことからみれば、我々が危惧していたことは不幸にも的中した。今後仮に遼寧を回復できても、国境国防対策を行うべきであり、博物館を設立することはもはや不可能である。前案を変更し、該当文物は全て北平に留めるように請願する。(39)

この請願書の内容からも、一九三〇年に議決された古物陳列所文物の瀋陽や南京への運搬はこの時点で、まだ実行されていなかったことがわかる。その後、東北の情勢はさらに緊迫し、三二年に満洲国が成立すると、南京国民政府内部では文物南遷が不可避であるという空気が強まった。これに対して北平の市民団体の反対運動も激化し、北平における文物保護が強く主張された。また当初から南遷後の保管場所を定めていなかったことも議論の焦点となり、さらに、この時期に故宮博物院が文物を競売にかけたことが報道され輿論の関心を集めた。(40)

その後、一九三二年一一月二四日に北平市自治区公所は、新聞に前日掲載されていた故宮博物院文物の洛陽移転に関する記事に関して、国民政府に対して以下の三点を要請した。「一に、故宮博物院の文物を移出しないこと。二に、法定民間団体が文物保管に参加することへの許可。三に、官民協力して北平において文物を保存すべきこと」。また、三二年一二月一日に北平総商会も北平市自治区公所に同調して、以下の要請文を発している。

一に、文物を北平から移出することによって北平の重要性が失われる。二に、鉄道による運送は文物を破損することになりかねない。三に、洛陽には保管設備が欠如している。四に、首都を南京に戻したこの時期に文物を洛陽へ

移転することは適切ではない。五に、北平から文物を移出させることによって、敵愾心が弱まる。(41)

両団体は文物を北平から移出することによって、北平の重要性が失われることを危惧し、文物の保護にあたって一層市民の要望を考慮すべきであると主張した。また、文物の移動手段や保管場所への配慮が足りない点も指摘されている。結局、両団体の要請に対して、政府は一九三二年一二月二〇日付で「故宮古物の移転は絶対に事実ではない。これから中央政治会議秘書処より訂正記事が発表される」と南遷を否定した。(42) しかし、その後各機関の間でやり取りされた文書からみれば、これはあくまでも反対運動を鎮めるための一時的な処置であり、次第に華北情勢が緊迫化するのにともない、再び「北平文物」の南遷が政府内において議論されるようになった。

南遷に関しては市民団体だけではなく、知識人も発言している。たとえば、一九三二年九月二日の『申報』において北京大学教授らが連名で、(43) 中央政界の要人に要請文を提出した記事が載せられている。教授らは「北平文物」の南遷を中止するように要請し、文物を完全に保護し、それによって国民の動揺を鎮めることができると主張した。(44) また、胡適も文物南遷について反対意見を表明した。(45) 胡は国際社会の監視下において、日本は文物を破壊することはできず、また、運搬の際に破損する危険性や南京、上海には適切な保管場所が未だに確保できていないという三つの理由から南遷に反対した。

また、一九三三年二月一日の『益世報』に掲載された「古物南遷問題」という社説には、政府および南遷反対者の双方に対して批判が展開された。その主な内容は「両者がお互い信頼しあっていない。古物は政府と国民の双方の代表により管理すべきである」とあり、文物南遷の議論には公開性が必要であることが説かれている。

『益世報』の報道によれば、北平の市民団体が南京国民政府に文物南遷の反対を訴える電文を発したとある。その内容は文物南遷について北平自治会代表らが市長の周大文に市民が反対する意思を伝え、張学良に対し阻止への尽力を求めるものであった。しかし、これに対して張はすでに中央の命令が下った以上、市民には反対する理由がないと答えた。結局、市民団体は張学良の力を借りることができずにあきらめたという。[46]

この時期、張学良が北平において実権を有していたことは、次のようなことからも判断できる。一九三三年二月に「北平文物」を搬出することになったが、北平の鉄道工員が南遷を阻止するため、ストフイキを起こした。蔣介石がストライキを中止させるために、二月二日に北平市党部に対策を求めたが、状況はいっこうに好転しなかった。[47]三三年二月四日に故宮博物院院長易培基は蔣介石へ「運搬車輌はある勢力にコントロールされており、指示を下しても動かない。強制権は地方政府にあるので、漢卿に電文を発し、指示を出していただくよう懇願を求める」という電文を送った。これに対する蔣の指示は、「張委員長代理に密電を発す。故宮物品南遷にあたって、運搬車輌が動かないため未だに出発できない。至急、迅速に対策を取るように願う[48]」というものであった。

さらに、一九三三年二月五日、執行状況について陳立夫[49]から蔣介石へ以下のような報告があった。現在、古物南遷に反対する工員を説得しているが、この件にはおそらく裏事情があるため、徹底的に調査したうえで、該当地域の軍警機関の賛同、協力を得ることができれば、南遷は進めることができる。[50]ここに「裏事情がある」という記述があるが、具体的にいかなる事情であったかは史料の制約から現時点では確認できなかった。だが、少なくとも文物を北平から搬出するにあたり、工員、市民団体、そして華北当局などとの調整が難航していたことが推測できる。

（二）　市民団体の南遷監視への動き

文物の南部への運搬に対して、当時の新聞社説には、東北が日本軍の支配下になるという予想のもとに、政府にとって国民の命よりも文物のほうが大切なのかという激しい批判も掲載された。国民党内においても、保管場所の確保は不十分であり、上海の租界地に保管する案は中華文化の保護を他国に任せることになり、妥当ではないという批判が上がった[51]。

一九三三年二月に故宮博物院所蔵文物の南遷が開始されたが、その直後、三月二一日の行政院第九二回会議において頤和園に保管されている文物を故宮博物院の文物とともに南遷することが議決された[52]。頤和園に保管されている文物は本来清朝の所蔵品の一部であったが、民国初期から、北平市政府の管轄下に置かれていた。三三年三月の時点では故宮博物院の文物はすでに、二回目の南遷を終えたところであったため、頤和園文物の南遷には目立った反対運動は起きなかった。

頤和園文物の南遷にあたって、北平市政府は事前に各団体を招いて三月二三日に会議を催した。これらの団体は古物保管委員会北平分会、北平市商会、地方法院、故宮博物院、籌備自治委員会、北平市教育会、北平市国民党部などであり、翌日の二四日に行われる箱詰めに立ち会い監視することが決定した。そのために、各団体は箱詰め監視人員の名簿を二三日の午後、市政府に通知し、二四日午前九時に各自印鑑を持ち市政府に集合したのち、頤和園へ赴くこととなった[53]。このように頤和園の南遷に対して、北平市政府のもとに集まった諸団体は迅速に南遷の監視体制を準備した。さらに、各団体が立ち会うことによって、その公開性が確保された。

一九三三年四月一一日、行政院院長の汪兆銘から北平市長の周大文へ宛てた文書において、頤和園南遷文物の点数は当初予定していた点数との相違があるので、その調査にあたり、行政院、故宮博物院、内政部から人員を派遣したことが記述されている。この調査に対して、頤和園側は出発までの時間が足らず、最も重要な文物である銅器を優先的に南遷させることにしたと釈明し、そのうえ、市財政上の都合により、梱包予算が捻出できないため、梱包の費用の支給を求めている。行政院はこの要請に応じて、頤和園に対して予算を支給した。こうしたことから、「北平文物」の南遷はこの頤和園の例にみられるように、厳重な管理のもとで行われたことがわかる[54]。

南遷第一陣が出発した直後の二月二五日、『益世報』の広告欄に、故宮博物院は以下のような釈明記事を載せた。

本院は命令に従い、一部の物品を保存のために遷移した。しかし、本院全ての事業及び一切の院務は全く支障なく、出版物も従来通り滞ることなく編集発行している。近来問い合わせの案件が多いので、ここに声明する。[55]

同欄にはこの声明文のほかにも、道光年間の外交史料や光緒年間の中仏交渉史料、『故宮博物院前後五年経過記』などの書籍に関する出版情報が載せられている。故宮博物院としては一部の文物を南遷させたことで博物院の日常的な運営には支障がないことを示し、文物南遷を重大視する考え方を排し、市民の批判を抑えようとした意図がうかがえる。

四　南遷文物の内訳

結局、「北平文物」は一九三三年二月七日、三月一五日、三月二八日、四月一九日、五月一五日の計五回に分けて運搬された。[56] 南遷文物は、国民政府直属の故宮博物院、内政部所属の古物陳列所、国子監、北平壇廟管理所、北平市政府所属の頤和園などの多数の文物を保管ないしは展示する場所から特に選ばれたものである。南遷した文物の点数および詳細な内訳は表4-1~5の通りである。

南遷文物の内訳をみると、故宮博物院に関しては、「図書館」が一四一五箱、「文献館」は三七七三箱と図書と文献を合わせると五〇〇〇箱を超え、「古物館」二六三一箱を大きく凌駕していることがわかる。これに対して古物陳列所では、箱単位の数字がないので点数で比較すると故宮博物院の「古物館」が六万三六九二点であるのに対して、古物陳列所は一一万一五四九点と、文物の点数のみをみれば、むしろ古物陳列所のほうが多かった。また、北平にある文物から厳選されたもののみを南遷させたため、北平には数多くの文物が残された。点数のみで比較すれば、北平故

表 4-1　故宮博物院　①古物館南遷物品点数および箱数統計表（計 2,631 箱、計 63,692 点）

	第 1 回（2 月 7 日）		第 2 回（3 月 15 日）		第 3 回（3 月 28 日）		第 4 回（4 月 19 日）		第 5 回（5 月 15 日）		合計	
	箱数	点数	箱数	点数	箱数	点数	箱数	点数	箱数	点数	箱数	点数
磁器	250	7,085	198	4,739	119	739	341	1,894	150	1,130	1,058	15,587
玉器	59	5,024	21	703	18	878	74	1,633			172	8,238
銅器	33	2,561	20	150	4	24					57	2,735
書画	70	5,627	41	2,177	10	715	6	306	1	27	128	8,852
雑項物品	40	1,723	62	3,464	31	348	236	6,283	41	306	410	12,124
新編物品			42	1,986	60	1,068	172	4,588	532	8,514	806	16,156
合計	452	22,020	384	13,219	242	3,772	829	14,704	724	9,977	2,631	63,692

表 4-2　故宮博物院　②図書館南遷書籍数統計表（計 1,415 箱）

	類　別	小計（箱数）
第 1 回	(1) 文淵閣四庫全書附録図書集成	568
	(2) 明刻本清殿本および官刻本	34
第 2 回	(1) 宋元明刻本および宛委別蔵	44
第 3 回	(1) 摛藻堂四庫全書薈要	145
	(2) 皇極殿図書集成	28
	(3) 蔣衡書十三経墨蹟	7
	(4) 武英殿聚珍版書および古香齋十種	6
	(5) 宋元版および元寫本佛経	4
	(6) 清刻本高宗御訳大蔵書経全部	54
	(7) 蔵文寫本甘珠爾経全部	54
	(8) 蔵文寫本龍蔵経全部および寫本蔵経	110
	(9) 明刊本	19
	(10) 觀海堂蔵書	50
第 4 回	(1) 觀海堂蔵書	12
	(2) 乾清宮図書集成	26
	(3) 清国史館鈔本および内府鈔本	38
	(4) 方志	46
	(5) 明寫本佛経	9
	(6) 実録庫蔵書	6
	(7) 備印宋元版書	1
第 5 回	(1) 明清鈔本	8
	(2) 明経廠本および乾隆石経	4
	(3) 清殿本および内府鈔本	119
	(4) 満蒙文刻本	23

表 4-3　故宮博物院　③文献館南遷文物（3,773 箱）

	類　別
第 1 回	内閣大庫檔案
第 2 回	(1) 刑部檔案　(2) 軍機処檔案　(3) 宮中檔案　(4) 冊宝　(5) 図像
第 3 回	(1) 宮中檔案　(2) 内務部檔案　(3) 新史館檔案　(4) 起居注　(5) 実録と聖訓　(6) 劇本　(7) 内閣大庫答案　(8) 軍機処檔案　(9) 図像　(10) 冊宝 (11) 冠服盔甲　(12) 陳列室陳列物品　(13) 戯衣　(14) 地図銅版　(15) 輿図
第 4 回	(1) 実録と聖訓　(2) 起居注　(3) 内閣大庫檔案　(4) 宮中檔案　(5) 玉牒　(6) 軍機処檔案　(7) 楽器　(8) 儀杖　(9) 図像　(10) 武器　(11) 印璽空盒

表 4-4　古物陳列所（111,549 点）

品目	磁器	銅器	玉器	銅琺瑯	書画	珍物	文玩	刺繍	鐘表	彫漆	盆栽
数量	93,707	1,729	786	2,817	493	94	1,687	75	59	123	131

品目	掛屏	書籍	銅鍍金	鋪墊	紫檀小鉢	蔵経	戯衣	宝座	弓	刀	象牙
数量	204	6,415	749	661	1	1,319	345	1	128	20	5

表 4-5　頤和園

品目	銅器	磁器	古鐘
数量	800 余	1,000 余	80 余

出典：表 4-1 ～ 5 すべて『故宮博物院檔案匯編・工作報告（1928-1949 年）二』、『内政年鑑』、『北京檔案史料』をもとに著者作成。

宮博物院には南遷された文物を上回る点数が残されたといわれている[57]。南遷文物の内訳などからみると、南遷にあたって「故宮文物」を特別視する考え方は南京国民政府内にはそれほど強くはなかったといえる。

　ただし、ここで重要な論点の見落としがあることを指摘したい。それは、南遷した文物には、「故宮文物」のみならず、北平で保管されていた重要文物も含まれていたということである。この点については、これまで充分に議論されてこなかった[58]。また、一九四八年から始まる文物の台湾退去には、故宮博物院の文物、古物陳列所、中央博物院籌備処などの清朝由来の文物のほかに、中華民国成立後の発掘品や戦後収集した文物から厳選したものが多数含まれていることがこれまで看過されてきた。

南遷あるいは台湾退去において移送された文物は「南遷文物」や「北平文物」と総称すべきであるが、「故宮文物」という言葉にすり替えられたのである。その理由としてまず、数回にわたる大規模な移動のために組織が統廃合され、それに加えて南遷後の文物管理は故宮博物院南京分院が中心となったことである。もう一つ考えられる理由としては「故宮古物」という言葉の使い方である。南遷に関する政府関係者の文書には、「故宮古物」といった表現が散見されるが、この「故宮古物」は故宮博物院文物だけではなく、古物陳列所文物を含んでいる場合が少なくない。すなわち紫禁城内廷および外朝の文物を全て「故宮古物」といっているのである。さらに、一九六五年に台北において国立故宮博物院が設立され、台湾に持ち込んだ文物がここに収められることによって、「故宮文物」の名が定着したことも理由として挙げられる。

五　文物南遷後の北平故宮博物院と文物保護

南遷した文物は一九三六年まで、故宮博物院文献館の文物は南京の行政院ホールに保管され、その他の古物館および図書館の文物は、上海のフランス租界にある貸し倉庫において約三年間保管されていた。三六年南京において保管用の建物が完成すると、同年一二月には文物を上海から移し、三七年一月に故宮博物院南京分院として発足した。

一方、北平故宮に残った文物の点検は、一九三五年七月に文物点収委員会が設置され、三四年七月から点検作業が再開された。当初は毎日、行政院駐北平政務整理委員会が専門員を派遣し監督したが、三五年九月に同会が解消され、その後は行政院の命令を受けた北京大学、北平大学、清華大学、北平師範大学の校長らが監視を務めた[59]。同年一二月まで計一六万七九八一点を登録した。しかし、残された文物は数量が多いのみならず、優れたものも少ないため、点検作業は本来予定していた詳細な登録法を変更し、品名のみを登録することに止まった[60]。

その後、一九三五年から華北一帯を国民政府の影響下から切り離し、日本の支配下に置くための日本軍の策動、いわゆる「華北分離工作」が始まり、一二月に冀察政務委員会が成立した[61]。しかし、文物の点検作業は翌三六年にも継続され、また同年六月から公開性を重んずるため、北平各機関に人員を派遣し点検作業への参加を要請した。その結果、北平市政府から二名、北平地方裁判所と高等裁判所を代表して一名、公安局から二名が臨時監視人として点検に随行した[62]。一〇月までには、同院内外一〇九座の宮殿について点検が完了した。その後さらに、古物館、図書館、文献館三館に保存している文物を点検し、新たに数十万点余りが登録に加えられ、南遷しなかった故宮博物院の古物、図書、文献三館の文物を全て点検し目録を作成した[63]。

このように北平故宮博物院の運営は続けられていた。一九三七年七月七日に盧溝橋で日中両軍が衝突したことから、日中全面戦争が開始され、八月八日に冀察政務委員会が解消された。同年一二月に日本軍北支那方面軍によって、北京に中華民国臨時政府が設立され、北平故宮博物院はその管理下に置かれた。その後、四〇年南京に汪兆銘政権が成立すると、臨時政府は汪兆銘政権の一組織として、華北政務委員会と改称し、故宮博物院の管理を引き継いだ。

ところで、一九四三年七月二日に北平故宮博物院が開いた第五届理事会第二次大会の会議記録によれば、盧溝橋事件後の三七年一一月に北平故宮博物院が業務の遂行状況を密かに重慶国民政府に報告しており、さらに、四三年六月にも故宮博物院総務処から秘密裏に人員を成都に派遣し、故宮博物院の置かれた困難な状況や文物の保管状況の詳細を報告したとされる[64]。一方で、四四年から四五年までの期間、北平故宮博物院は華北政務委員会の指示のもとで日本政府に対して、院内にあった美術工芸品として重要度の低い銅缸六六口などの金属類を供出した記録も残されている[65]。なお、資料によれば当時故宮博物院に所蔵されていた銅缸は、明清時代に鋳造された銘のあるもの、明時代に鋳造された銘のないものや年代判定不能で破損あるいは銘のないものを合わせて二二六口があったが、そのなかで徴集されたものは破損した無銘の六六口であった。[66]

第三節　西南内陸への疎開およびその後の文物事業

一　内陸への疎開

前述のように、南京国民政府は一九三一年の満洲事変後に「北平文物」の保護を目的として南遷した。その後、中央古物保管委員会はさらに戦時下での文物保護策を強化するため、三六年に「非常時期保管古物辦法」草案六条を行政院に呈し、同年五月二日に公布されることとなった。[67] 同辦法には次のように非常時の文物保護を規定している。[68]

（一）中央或いは地方の各古物保管機関（博物院、古物保存所、図書館及びその他の古物を保有する社会文化宗教等の団体を含む）は、非常時期において本辦法に基づき保管している古物を処置する。

（二）一切の災害と事故を防止するため、各古物の保管機関は、その状況を見極めて各機関或いはそれらが連携して安全な倉庫を設置する。

（三）各古物保管機関は、古物のなかで最も貴重な部分を選出し、随時保存場所に移転できるように準備する。

（四）各古物保管機関がいったん中央から緊急命令を受けた時は、最も貴重な物品を選び出し入庫するかその他の場所に移動する。その模型或いは写真を陳列する。

（五）私有古物の中で歴史科学或いは芸術の重要価値を有するものは、その所有者が中央古物保管委員会に具申し安全な倉庫に預ける。
（六）本辦法の適用期間は中央古物保管委員会が上申の旨を決定したうえで、行政院が密令で行う。

その後、一九三七年七月七日盧溝橋事件が勃発し、八月一三日第二次上海事変が起きた。日中の軍事衝突が拡大すると、南京の情勢が緊迫した。「非常時期保管古物辦法」の三条および四条に基づき、行政院の命を受け、三三年に南遷した文物をさらに西南へ疎開することとなった[69]。

西南疎開のルートは、第一陣の京湘ルート、第二陣の京渝ルート、第三陣の京陝ルートに分かれた。第一陣は一九三七年八月一四日に出発し、運ばれた八〇箱の文物はほとんどがロンドンで開催された中国芸術国際展覧会に出展された逸品であり、武漢、長沙、貴陽、安順の各地を経て、ようやく四四年一二月に四川省巴県にたどりついた。また、三七年一一月一二日に上海が陥落すると、一一月下旬から第二陣の疎開作業が開始され、運ばれた文物は三回の移送のなかで最も多く、九三三四箱にのぼった。漢口、宜昌、重慶、宜賓を経由し、最後に四川省の楽山安谷郷に保管された。第三陣の文物は三七年一二月南京陥落直前に運び出された。これらは故宮博物院のほかに、頤和園、古物陳列所、国子監の文物からなる七二八六箱で、津浦鉄道によって徐州まで北上し、隴海鉄道で宝鶏まで運ばれたあと、漢中と成都を経て、四川省の峨眉に運ばれた[70]。三つのルートによって合わせて約一万六七〇〇箱の文物が疎開した[71]。

中央研究院歴史語言研究所が所蔵している安陽殷墟の出土文物および蔵書は三つのルートとは別に重慶、昆明を経て四川の李荘に保管された。西南疎開の対象になったのは「北平文物」だけではなかった。各地戦闘区にある図書館や博物館が所蔵する貴重な文物も重慶や四川に運ばれた[72]。また、北平図書館に所蔵されていた六万点の重要図書および敦煌写経九〇〇〇巻、金石碑帖などは一九三七年ごろに上海に運搬し、公共租界地に保管していたが、太平洋戦争が起きる直前にその一部をアメリカへ搬送したあと、米国国家図書館に保管されることになった[73]。

ところで、西南疎開に間に合わなかった約二九五三箱（故宮博物院の二七五一箱、頤和園の八九箱、古物陳列所の一一三箱）[74]の文物は南京を占領した日本軍に接収され、日本によって組織された中文建設史料整備事務所がその処理にあたった。これらの文物は一九四一年に汪兆銘の「南京国民政府」が設立した「古物保管委員会」に移管された[75]。

一九三七年文物を西南へ疎開させた時には、三三年に文物を南遷した時とは異なり、もはや市民団体や知識人などの反対運動は起きなかった。その理由としては、本来南京と文物との歴史的な関係が北平と比べると弱いこと、そして三七年の西南疎開の時点では南京陥落が迫っており、文物の疎開に対して市民や有識者が関心を抱く余裕はなかった。南遷と西南疎開を通じて、文物は国家が侵略を受け、本来の全領土を実効支配できない状態において、領土の中心方位が南京や重慶であることを示す役割を果たした。さらに、国共内戦下で台湾退去した文物によって、新たに領土の再定義を経て、中国との紐帯を確保できたといわれている[76]。

二　西南・西北内陸での近代文物事業

西南地域へ疎開した南京国民政府が行った文物事業は、主に文物保護と発掘調査であった。戦時下の困難な情勢において、近代文物事業に関係する機関の統廃合が進み、調査の規模は縮小した。南京国民政府は重慶へ移転した直後に「聯合国内学術機関調査研究古物辦法」を制定した。この辦法は各省政府、国立社会教育機関および中国文学学科を設置している大学に通達された。その主な趣旨として「中央古物保管委員会が古物を保存し、文化を発揚するために、本辦法に基づいて国内学術機関と連携をとり、古物、古蹟の調査研究を行う」と記されている[77]。ここでは、戦時体制に即した近代文物事業の規模を再設定し、文物に対する管理保護の強化を図ったように思われる。このように、抗日戦争中、重慶に移転した国民政府の近代文物事業は、主に内陸に移転してきた文物の保護を中心としながら、実質的な統治範囲である西北、西南地域での歴史文物の保護および発掘調査を行うものであった。

そのなかで最も成果を挙げた発掘調査が、一九四〇年六月に教育部によって組織された西北芸術文物考察団であり、活動は四五年八月まで続いた[78]。同考察団はパリ高等芸術院に留学した杭州美術専科学校の王子雲[79]の建議により設立され、王が団長に任命された。王は探検隊員一〇数名を率い、四〇年から四五年にかけて、陝西省、甘粛省、青海省などへ赴き、文物調査を行った。甘粛省の敦煌莫高窟、陝西省の漢唐帝王の陵墓、青海省では寺院を中心に古代文化芸術品の統計、調査、模写、型取り、分類、保存などを行った[80]。また、四〇年から四二年にかけて、考察団は陝西省の西京籌備委員会の文物古蹟保護機構[81]との共同作業を開始した。これら中国西北地域などでの芸術文物調査活動は、この地域における中国人による初めての調査活動となった[82]。

その調査成果の展示を中心に一九四三年から四四年の間、重慶、成都、西安、蘭州において、五回にわたって西北芸術文物展覧会が行われた。主な展示品は敦煌壁画の描写であった。特に、重慶で開いた敦煌芸術文物展覧会には国民党要員である当時の教育部長の陳立夫、国民党中央執行委員会委員の張継、内政部長周鍾岳、文化人の郭沫若、高一涵、アメリカ副大統領ウォレス（H. A. Wallace）なども出席し、展覧会は高く評価された[83]。

二〇世紀初頭以来、敦煌莫高窟で文物が発見されると大量にそれらが国外へ流出し、敦煌文物の全体像を把握することが困難であったが、一九四一年に考察団によって敦煌に対する全面的な調査が始められ、のちに敦煌石窟の文物に関する最初の調査報告書が作成された[84]。四一年考察団は教育部に敦煌研究所の設立を提案したが、四二年に当時の監察院院長于右任が中国西北地域を視察した際、敦煌千佛洞の壁画や彫刻は歴史および芸術価値を有すると判断し、中央政府に敦煌で専門組織を設立することを促した。その後、行政院が教育部に「設立敦煌芸術研究所辦法」を考案することを命じた。同設立辦法は四三年一月に教育部から行政院に提案されたのち、行政院第五五六次会議で決議され、敦煌芸術研究所籌備委員会を設立することになった。この委員会は七名の委員から組織され、正主任委員は高一涵[85]、副主任委員は常書鴻[86]、秘書は王子雲である[87]。翌年の四四年二月に敦煌芸術研究所が正式に設立され、所長には常書鴻が就任した[88]。

所長の常書鴻によれば、敦煌芸術研究所は資金難を抱えながらも文物調査を遂行した。そのなかで、一九四五年に教育部から研究所を撤収する命令が下ったため、重慶で第一回敦煌芸術展覧会を開き、その重要性を訴えた[89]。委員らの奔走の甲斐があり、四六年に研究所はいったん中央研究院に隷属することになったが、四七年一月に再び教育部の管轄下に戻った[90]。四八年に、上海、南京で大規模な壁画模写展覧会を開き、八〇〇点余りを展示し、大きな反響を得たという[91]。

小結

一九三〇年に発生した古物陳列所文物の南京移送問題は、南京国民政府側からみれば北京における故宮博物院の管理権強化と南京における博物館新設問題であり、近代文物事業の中央集権化や博物館事業の整備の一環として計画されたものである。それに対してこの計画は市民団体に政府が予想しなかったような反発を招いた。結局、この時「北平文物」の南京移動は実現しなかったが、市民意識と文物が結びついたことは、満洲事変後の南遷問題の際にも、激しい反対運動として再び展開され、それは一部で市民団体による民主的な監視活動として結実する。

満洲事変をきっかけに南京国民政府内部では「北平文物」の南遷問題が起きた。一九三三年に入り日本軍が華北に侵攻すると文物の南遷は不可避となったが、この段階になっても南遷先は容易に定まらず、蔣介石の指示の不徹底もあって、最終的に文物の保管場所が南京に定まるまで、南遷先は二転三転した。国民政府内の混乱は、蔣介石が日本との紛争解決に国際連盟を頼みにしていたことも影響している。しかし、国際連盟は日本に対して中華民国が期待するような措置は取らなかったため、南遷に踏み切らざるを得なかった。

南遷は一九三三年の二月から五月にかけて五回にわたって行われた。南京に運ばれた文物の内訳を分析すると、図書および文献を除けば、故宮博物院の文物点数は決して多くはなかった。点数のみをみれば、むしろ古物陳列所の方が多かった。これらからみると、南遷にあたって「故宮文物」を特別視する考え方は南京国民政府内にはそれほど強くはなかったということがいえる。これまで、南遷した文物には、故宮博物院の文物だけではなく、北平にあった他の重要な文物も含まれていることが看過されてきた。南遷された文物は本来「南遷文物」あるいは「北平文物」と総称すべきであるが、「故宮文物」という言葉にすり替えられたのである。その理由として、南遷後の文物管理は故宮博物院南京分院が中心となったこと、「故宮古物」という言葉が故宮博物院文物だけではなく古物陳列所文物を含んでいる場合が少なくないこと、最終的に台湾の国立故宮博物院に所蔵されたことが挙げられる。

一九三〇年の古物陳列所文物の南京移動計画と比べると南遷の規模ははるかに大きく、市民団体を中心に激しい反対運動が起きた。こうした市民意識を反対運動の基調としながら、南遷先や保管場所などの技術的な問題もしばしば反対の根拠に挙げられている。南遷はこうした市民意識を抑えて強行された側面とともに、市民団体が南遷を監視するという仕組みがつくられる動きもあった。

南遷した文物は約三年間上海と南京に保管されていた。一九三六年一二月に上海から文物を南京に移し、三七年一月に発足した故宮博物院南京分院に保管された。しかし、抗日戦争が始まると、再度文物を西南内陸へ疎開させることとなった。この時、南遷文物のほかに、三〇年代に入ってから文物調査活動によって新たに国家組織に組み込まれた文物もともに疎開した。内陸に移転したあと、戦時体制下において近代文物事業は歴史文物保護および発掘調査へと方向転換した。特に、抗戦の後方本拠地としての西南、西北地域での歴史文物調査に注力し、内陸の文化資源を保護し、それを利用して国民の抗戦意識を高揚させようという議論が盛んになった。

国家機構に組み込まれた文物は、南遷と西南疎開を経験することで、国家との関係をさらに強めたといえるだろう。南遷によって、文物がそれまで持っていた北平との関係や、故宮というイメージは断ち切られた。北平の市民団体の反発は、「北平文物」から北平という帰属地の明示がはぎ取られ、「南遷文物」に編成されて新たに国家機構に組み込まれることに対してであった。国民政府は「南遷文物」による首都南京における近代文物事業を構想するが、日本軍の侵攻によって、政府機構の重慶移転と文物の西南疎開を余儀なくされた。しかし、南遷とそれに続く西南疎開によって、中華民国は文物所有の政治的重要性を深く理解することになったといえるだろう。

注

(1) 本書でいう南遷とは一九三三年に北平から上海、南京への運搬を指し、西南疎開は三七年に抗日戦争期に実施された西南奥地への疎開を指す。なお、南遷の概念について、鄭欣淼は檔案、文献にみられるこれまでの南遷・西南疎開・台湾移転に関する記述の整理を踏まえて、三三年に北平から上海、南京への運搬を南遷といい、三七年抗日戦争期に西南への疎開を西遷というのが一般的であるとしたうえで、二〇一〇年六月に両岸の故宮博物院が「重走文物南遷路」の考察活動を開始したことによって、南遷の歴史は一九三三年から六五年の台北での故宮博物院設立までの期間となったとする新たな見解を示した。鄭欣淼「故宮文物南遷及其意義」『華中師範大学学報（人文社会科学版）』第四九巻第五期、二〇一〇年九月、一二頁注釈②。

(2) 徐婉玲は一九三三年の文物南遷および三七年の西南疎開のルート、運搬過程、保管場所などの現地考察を経て、その詳細を「重走故宮文物南遷路考察記（一）」『紫禁城』二〇一〇年第一〇期、七二–七七頁、「重走故宮文物南遷路考察記（二）」

『紫禁城』二〇一〇年第一一期、一〇五–一〇八頁、「重走故宮文物南遷路考察記（三）」『紫禁城』二〇一一年第一期、一一〇–一一四頁、「重走故宮文物南遷路考察記（四）」『紫禁城』二〇一一年第三期、一〇四–一〇九頁に述べている。

（3）『北京檔案史料』の「一九三三年頤和園古物南運史料」では「自治会」や「籌備自治会」という名称になっており、当時の新聞および第二歴史檔案館収蔵檔案では「北平自治区公所」が用いられている。中国では明代以降、国内商業の発展を背景として、富裕な同郷商人を中心とした同郷団体が全国的に設立されるようになるが、こうした同郷団体は会館や公所などと呼ばれた。辛亥革命以後、同郷会が盛んに設立されるようになった。一九世紀後半から二〇世紀前半に至っても移民都市の社会経済秩序の維持に大きな役割を果たしていたという。川原勝彦「中共政権の成立と中国同郷団体の改造・解体――上海の公所・会館の事例を中心に」『アジア経済』第四六巻第三号、二〇〇五年三月、一–二三頁。

（4）一九一四年九月一二日北京政府参政院によって全三章六〇条からなる「商会法」が議決された。本法に基づいて各省市、商業繁盛地区に商会の設立が許可された。一九二九年南京国民政府樹立後、この「商会法」は改訂され、九章四四条となる。商会設立の趣旨は「商工業及び対外貿易の発展を図り、公共の福祉を促進する」とされた。二〇世紀初頭になると中国において、商会や自治会は国家と個人を媒介する役割を果たす中間団体として、一定の政治影響力を持つようになった。北京政府期にその機能や規模が拡大した商会組織に対して、南京国民政府は強力なコントロールを行った。宋美雲「報告：近代天津商会と都市の近代化および近年の商会史研究の動向」上田貴子訳『現代中国研究』第二三号、二〇〇八年一〇月、八六–一〇五頁。

（5）「北京各機関反対将古物陳列所分散各地及南京古物移帰大学院管理」中国第二歴史档案館蔵、全宗号1001、案巻号1786。

（6）行政院第九一回会議で決議された内容は以下の通りである。
1、国民政府の審査により許可され、内政部に発令する。即ち中華門から保和殿までの一切の廟廷、従来内政部所管の箇所を故宮博物院に明け渡し、内宮と一同に管理する。
2、内政部は以前、瀋陽、熱河の文物を北平に移し、外朝の各殿閣において古物陳列所を付設した。故宮博物院が外朝を接収後、内政部、故宮博物院、瀋陽分院は、古物陳列所に対し直ちに合同して人員を派遣し、組織を接収する。点検終了後に、瀋陽から移してきた部分は瀋陽故宮博物院分院に帰すべきであり、以て瀋陽は歴史古蹟として完遂する。瀋陽に由来しない部分は北平故宮博物院と［古物陳列所］相互に配置する。将来首都へ運搬し、新たな博物院を設立する。これら首都へ運搬予定の古物は暫定的に外朝の陳列所を借用し陳列する。並びに故宮博物院と内政部とともに、人員を派遣し共同管理する。将来も内政部によって南京まで運搬する。同前檔案「北京各機関反対将古物陳列所分散各地及南京古物移帰大学院管理」。

（7）前掲檔案「北京各機関反対将古物陳列所分散各地及南京古物移帰大学院管理」。

（8）同前。

（9）南京国民政府期の華北は自立性が高く、事実上の「分治合作」状態に置かれていた。国民政府は「中央化」を企図したが、華北の地方軍事勢力（馮玉祥、閻錫山、張学良）の強固な自治性に対し、妥協を強いられていた。光田剛『中国国民政府期の華北政治一九二八—三七年』御茶の水書房、二〇〇七年、四-九頁。なお、北平市民の反発も、こうした華北の自立性を背景にしていたといえよう。

（10）その理由としては、一九三二年一月に南京、広州両国民政府が合流し、首都の洛陽移転が宣言されたことが考えられる。

（11）蔣伯誠はこの時、行政院北平政務委員会委員であり、一九三二年八月から軍事委員会北平分会委員および常務委員に就任。徐友春主編『民国人物大辞典（増訂版）』石家荘：河北人民出版社、二〇〇七年。

（12）「蔣中正電蔣伯誠転張継請與張学良設法将故宮博物與四庫全書密移開封或西安」（一九三二年六月一九日）国史館蔵、蔣中正総統文物、檔案号：002-080200-00411-097。「蔣中正電蔣伯誠密転張継張学良将故宮博物四庫全書密移開封或西安」（一九三二年六月一九日）国史館蔵、蔣中正総統文物、檔案号：002-010200-00067-040。「蔣中正電蔣伯誠請転張継張学良密商将故宮博物與四庫全書設法密移開封或西安」（一九三二年六月一九日）国史館蔵、蔣中正総統文物、檔案号：002-090102-00010-024。

（13）張継は一九三一年一二月に立法院院長に選出されたものの、実際に就任することなく翌年一月に辞任した。三二年に西京籌備委員会委員長、中央政治委員会北平分会主席、三三年に国民党華北辦事処主任に就任。前掲『民国人物大辞典（増訂版）』。

（14）「蔣中正電張継向中央提議由張学良提用四庫全書及檔案」（一九三二年六月二六日）国史館蔵、蔣中正総統文物、檔案号：002-070100-00026-060。

（15）「中央政治会議第三二一至三三〇回会議記録」、中国国民党文化伝播委員会党史館蔵。

（16）この時点では、故宮博物院はまだ国民政府に直属しており、行政院と同格であった。しかし、中国において、権力の中枢は国民党中央執行委員会や軍事委員会にあった。そして、この状況を追認するかのように、一九三二年一〇月一二日中央政治委員会第三二七回会議において、「故宮博物院の組織及びその所属問題を行政院に交付し、その辦法を作成して、本会に送付し論議する」ことが議決され、故宮博物院の所轄機関が国民政府からそれまで故宮博物院と同格であった行政院へ移行することになった。同前「中央政治会議第三二一至三三〇回会議記録」。

(17) 前掲檔案「北京各機関反対将古物陳列所分散各地及南京古物移帰大学院管理」。

(18) 同前。

(19) 同前。

(20) 一九三三年一月一一日中央政治委員会第三三九回会議において、国民政府から回送された故宮博物院院長易培基の要請に対する対応が決定した。その時の易培基の要請は次のようなものであった。内容としては一月五日付の要請とほぼ同様である。「山海関情勢の緊迫化が北平の安全に影響を与えたため、国家文化に関係する故宮博物院の宝物に対する指示は既に受けている。しかし、現在情勢は日増しに切迫しており、随時保護を図る上で、いかなる処置をすべきか速電で要請したい。本件について、行政院に通達するほかに指示を願う」。これに対して、中央政治委員会第三三九回会議において決議されたのは「本会第三三三回会議の決議を行政院、軍事委員会に通達し、並びに張継委員、故宮博物院院長易培基の両者に電文を送付し、迅速に処置すること」であった。「中央政治会議第三三一至三四〇回会議記録」、中国国民党文化伝播委員会党史館蔵。

(21) 張憲文など編『中華民国史』(第二巻) 南京：南京大学出版社、二〇〇五年、四〇〇–四〇四頁。

(22) 前掲檔案「北京各機関反対将古物陳列所分散各地及南京古物移帰大学院管理」。

(23) 「蔣中正電張継不賛成博物遷滬主張可遷開封洛陽」(一九三三年一月二〇日) 国史館蔵、蔣中正総統文物檔案、檔案号：002-010200-00075-030。

(24) 「蔣中正得宋子文電告北平故宮博物院已於上海籌備分院復電指示古物運転路線仍由平漢路転為妥並詢與美辦理飛機製造廠事有無確期等」(一九三三年一月二八日) 国史館蔵、蔣中正総統文物、檔案号：002-060100-00057-028。

(25) 同前。

(26) 劉楠楠、蔡全周、龐璐選編「故宮博物院古物南遷各方来往函電一組」『民国檔案』二〇一四年第三期、中国第二歴史檔案館、三頁。

(27) 「宋子文電蔣中正故宮古物擬悉数運滬中央銀行庫存」(一九三三年一月三〇日) 国史館蔵、蔣中正総統文物、檔案号：002-020200-00016-050。

(28) 同前。

(29)「蔣中正電葉楚傖宋子文故宮古物等一批已抵浦口応即留在南京由行政院負責保管等、日宣言將以八師兵力進取熱河蔣中正決逆來順受抗日必先清匪等」(一九三三年二月一二日)国史館蔵、蔣中正総統文物、檔案号：002-060100-00058-012。
(30)「張継電蔣中正建請依照中政會決議將故宮古物移至汴洛較為妥善及蔣中正復電請與諸公酌商辦理」(一九三三年二月一四日)国史館蔵、蔣中正総統文物、檔案号：002-080200-00068-044。
(31)同前。
(32)于右任(一八九七～一九六四)は陝西省三原県出身。一九〇三年挙人となった。一九〇六年日本に留学し、中国同盟会に加入した。帰国後の一九〇七年四月上海で『神州日報』を創刊した。二七年四月南京国民政府が成立すると、于は国民政府委員、軍事委員会常務委員に任命された。二八年は審計院長に任命され、一〇月に故宮博物院参事に就任。三三年二月の時点では監察院院長であった。前掲『民国人物大辞典(増訂版)』。
(33)「于右任電蔣中正故宮古物保管一事仍請維持政会決議」(一九三三年二月一四日)国史館蔵、蔣中正総統文物、檔案号：002-020200-00016-059。
(34)「蔣中正電中国国民党中央執行委員会政治会議対故宮古物務照決議迅令負責機関処理」(一九三三年二月二一日)国史館蔵、蔣中正総統文物、檔案号：002-020200-00016-062。
(35)前掲檔案「北京各機関反対将古物陳列所分散各地及南京古物移帰大学院管理」。
(36)宋兆霖主編『故宮院史留真』台北：国立故宮博物院、二〇一三年、五二頁。
(37)社評「古物南遷」『中央日報』(南京)一九三三年二月一二日、第一張、第二版。
(38)「古物決遷汴洛保存俟汴当局択定地点後即起運」および「中央社上海十一日電」『中央日報』(南京)一九三三年二月一二日、第一張、第二版。
(39)前掲檔案「北京各機関反対将古物陳列所分散各地及南京古物移帰大学院管理」。
(40)当時故宮博物院は資金難のため、文物として歴史的、文化的価値の低い革製品、食品、薬材などの所蔵品を処分して得た資金を建物の修繕などに充当していた。一九三二年九月、三回目の処分の際、砂金を売却した直後に、院長易培基は古物窃盗の罪で検挙された。監察院は周利生と高魯の両委員を派遣して調査にあたらせた。翌年の一月七日、周と高は帰京し、国民政府政務官懲戒委員会に対して、易院長の金器売却は違法であるとして糾弾処置を提出した。一月二八日北平の記者らが北平地方法院検察署に易院長を汚職罪で公訴した。その後易培基は院長職を追われ、馬衡がその後任となった。中華民国史事紀要編輯委員会編『中華民国史事紀要(初稿)一九三三・一—六』中華民国史料研究中心、一九八四年一二月、

一二五―一三八頁。原典：「易培基答復周高両監委文関於故宮博物事」『申報』一九三三年二月六日、第九版。
(41) 前掲檔案「北京各機関反対将古物陳列所分散各地及南京古物移帰大学院管理」。
(42) 同前。
(43) この時、要請文を連名で提出したのは陳寅恪、顧頡剛、呉其昌である。
(44)「北大教授請中央勿遷故宮古物」『申報』一九三二年九月二日、第四版。
(45)「古物南遷　共装両千箱一週内起運将由平漢隴海転津浦市民反対無力挽回　胡適反対」『益世報』一九三三年一月三一日、(二)。
(46) 同前。
(47)「宋子文電蔣中正拠易培基電称原擬二日起運古物惟所雇運貨汽車全体罷工重賞無效除竭力設法進行外並請指示機宜」(一九三三年二月二日) 国史館蔵、蔣中正総統文物、檔案号：002-080200-00067-072。
(48)「易培基電蔣中正故宮物品不能上車乃汽車受人把持怠工請電張学良出面執行」(一九三三年二月四日) 国史館蔵、蔣中正総統文物、檔案号：002-080200-00067-094。
(49) 一九三三年二月の時点では陳立夫は国民党中央党部組織部長であった。前掲『近代中国人名辞典（増訂版）』。
(50)「陳立夫電蔣中正拠北平党部電称古物南運内情複雑請飭当地軍政機関実力賛助古物南運」(一九三三年二月五日) 国史館蔵、蔣中正総統文物、檔案号：002-080200-00067-101。
(51)「古物南遷問題」『益世報』一九三三年二月一日、(一)。
(52) 趙家鼎編「一九三三年頤和園古物南運史料」『北京檔案史料』北京市檔案館、一九九五年第一期、二一頁。
(53) 同前、二二頁。
(54) 同前、二四―二五頁。
(55)「故宮博物院通告」『益世報』一九三三年二月二五日、広告欄、(五)。
(56) 故宮博物院編『故宮博物院檔案彙編・工作報告（一九二八―一九四九年）二』北京：故宮出版社、二〇一五年、四三四頁。
(57) 昌彼得主編『故宮七十星霜』国立故宮博物院七十星霜編輯委員会編撰、台北：台湾商務印書館、一九九六年、一一〇頁。
(58) なお、家永真幸は故宮文物の管理体制の変遷を図式化するなかで、故宮文物と他の「北平文物」の関係ついて言及している。家永真幸「故宮博物院をめぐる戦後の両岸対立」『日本台湾学会報』第九号、二〇〇七年、一〇九頁。

(59) 監視を行った各大学の校長は、北京大学・蔣夢麟、北平大学・徐誦明、清華大学・梅貽琦、師範大学・李烝為であった。前掲『故宮博物院檔案彙編・工作報告(一九二八―一九四九年)二』、五三四頁。

(60) 昌彼得主編前掲書『故宮七十星霜』、一一〇頁。

(61) 光田剛前掲書『中国国民政府期の華北政治一九二八―三七年』、二六一-二七九頁。

(62) 北平市政府からは周鉄英、趙夔、北平地方裁判所と高等裁判所の陳純一、公安局の孟憲浹、郭永昌であった。前掲『故宮博物院檔案彙編・工作報告(一九二八―一九四九年)二』、六四九頁。

(63) 前掲『故宮博物院檔案彙編・工作報告(一九二八―一九四九年)二』、六四九-六五六頁。

(64) 周暁、劉長秀、王麗穎選輯「故宮文物西遷檔案史料選輯」『民国檔案』中国第二歴史檔案館、二〇一七年一月、五〇頁。

(65) 孟国祥編著『抗戦時期的中国文化教育与博物館事業損失窺略』抗日戦争時期中国人口傷亡和財産損失調研叢書、北京：中共党史出版社、二〇一六年、三〇六頁によれば、銅缸六六口のほかに、銅製品や廃銅類二〇九五斤、銅砲一門、銅灯亭九一基が徴用された。

(66)「国立北平故宮博物院歴変八年簡略報告(一九四五年六月)」中国第二歴史檔案館編『中華民国史檔案資料彙編 第五輯第二編 文化(二)』南京：江蘇古籍出版社、一九九八年、六〇九頁。周暁、劉長秀、王麗穎選輯前掲「故宮文物西遷檔案史料選輯」、五四頁。なお、抗日戦争期に日本が華北での「献銅」運動の実施により、文物が被害を受けた情況に関しては、広中一成「国立故宮博物院からの金属文物の対日『献納』――一九四四～一九四五年」『軍事史学』第四五巻第三号、二〇〇九年一二月、八九-一一一頁に詳しい。

(67)『中央古物保管委員会議事録第二冊』中央古物保管委員会編、一九三六年、五三頁。

(68) 同前、五三-五四頁。

(69) 史勇『中国近代文物事業簡史』蘭州：甘粛人民出版社、二〇〇九年、一六九-一七〇頁。

(70) 周暁、劉長秀、王麗穎選輯前掲「故宮文物西遷檔案史料選輯」、四四頁、四六頁。李茘「抗戦時期的中央博物院文物西遷」『中国文化遺産』、二〇〇九年第二期、一〇一-一〇五頁。昌彼得主編前掲書『故宮七十星霜』、一二三-一三二頁。宋兆霖編『回顧録故宮博物院の歴史』台北：国立故宮博物院、二〇一四年、五四-五九頁。

(71) 西南疎開された文物および南京に残された文物の箱数は史料によって異なる。本書は一次資料に準じる「国立北平故宮博物院第五屆理事会第一次大会会議記録(一九四二年五月二八日)」に記載されている数字を引用する。周暁、劉長秀、王麗穎選輯前掲「故宮文物西遷檔案史料選輯」、四四頁。なお、同文献に収録された「国立北平故宮博物院第三屆理事会首次大会記録（一九三八年七月一三日）」によれば、南京から疎開したのは一万六六九九箱となっており、南京に残された文物の箱数は、故宮博物院の二七八二箱、頤和園の八八箱、内政部の一一四箱および江蘇省立国学図書館、南京市政府などの機関から預けられた物品となっている。

(72) 史勇前掲書『中国近代文物事業簡史』、一七〇–一七一頁。

(73) 新来夏『中国近代図書事業史』上海：上海人民出版社、二〇〇〇年、三四五頁。

(74) 周暁、劉長秀、王麗穎選輯前掲「故宮文物西遷檔案史料選輯」、五四頁。

(75) 褚民誼『行政院文物保管委員会年刊』南京：行政院文物保管委員会、一九四一年、一–八頁。

(76) 林伯欣「『国宝』之旅――災難記憶・帝国想像、與故宮博物院」『中外文学』第三〇巻第九期、二〇〇二年二月、二五一頁。

(77) 「抄発非常時期保管古物辦法令仰知照」国立故宮博物院蔵、故宮博物院史檔案、檔案号：0027-400-00-00-030。

(78) 資金難のため、考察団が組織解消を教育部に申し入れ、教育部が西北大学に残務処理を命じ、収集した文物および資料は西北大学歴史学系に保存された。王子雲は西北大学歴史系教授となった。龐博「抗日烽火中的文物救亡」『中国文化遺産』中国文化報社、二〇〇六年第四期、八六頁。

(79) 王子雲（一八九七～一九九〇）は、安徽出身。一九二〇年国立北京美術学校高級師範科に入学。二八年国立西湖芸術院西洋学科で教鞭をとる。三一年フランスへ留学、三六年パリ高級装飾芸術学校卒業。四〇年国民政府教育部西北芸術文物調査団団長に就任。四五年国立西北大学歴史学科教授兼文物研修室主任。四九年国立成都芸術専科学校美術史教授に就任。前掲『民国人物大辞典（増訂版）』。

(80) 史勇前掲書『中国近代文物事業簡史』、一七五頁。龐博前掲論文「抗日烽火中的文物救亡」、七八頁。村松弘一「西安の近代と文物事業――西京籌備委員会を中心に」山本英史編『近代中国の地域像』山川出版社、二〇一一年、三〇二頁。

(81) 西京籌備委員会の文物事業との関わりは、村松弘一前掲論文「西安の近代と文物事業――西京籌備委員会を中心に」に詳しい。

(82) 龐博前掲論文「抗日烽火中的文物救亡」、八七頁。

(83) 同前。

(84) 一九四三年に何正璜が発表した『敦煌莫高窟現存仏窟概況之調査』である。同前、八一頁を参照。

(85) 高一涵（一八八四～一九六八）は、安徽六安出身、民国初期に日本留学、明治大学政治科卒業。一九一六年七月に帰国、

『晨鐘報』、『甲寅日報』、『毎週評論』、『新青年』、『現代評論』の編輯などに関わる。二七年武昌中山大学政治学教授、その後、国民政府監察院監査委員などを歴任、四六年に制憲国民大会代表に選出された。前掲『民国人物大辞典（増訂版）』。

(86) 常書鴻（一九〇四～一九九四）は、浙江杭州出身、一九二七年フランスリオン国立美術専科学科予科入学、油絵および染織美術専攻、三二年パリ高等美術学院入学、三五年卒業。作品はパリで評判を呼び、五回にわたりリオン美術サロン賞を受賞。三六年招聘され帰国、四四年国立敦煌芸術研究所の初代所長に就任。前掲『民国人物大辞典（増訂版）』。

(87) 中華民国史事紀要編輯委員会編前掲『中華民国史事紀要（初稿）一九四三・一―六』、二四四―二四五頁。「敦煌芸術教部設所研究」『大公報』（重慶）一九四三年一月一八日、第三版。常書鴻著、何子嵐・鈴木久訳『石窟芸術とともに生きた40年――敦煌と私』サイマル出版会、一九八六年、二〇頁。

(88) 常書鴻前掲書『石窟芸術とともに生きた40年――敦煌と私』、三七頁。

(89) 李暁東『民国文物法規史評』北京：文物出版社、二〇一三年、一九四頁。

(90) 中華民国史事紀要編輯委員会編前掲『中華民国史事紀要（初稿）一九四七・一―三』、三六一頁。原典：「行政院例会決議案　敦煌芸術研究所改由教部収回接管」『申報』一九四七年一月二九日、第一張、(二)。

(91) 常書鴻前掲書『石窟芸術とともに生きた40年――敦煌と私』、三七頁。

第五章

可視化された文物

——展覧会と近代文物事業

国家による全国規模の展覧会を開催する構想は北京政府期から抱かれていたが、これが実現するのは南京国民政府期に入ってからであった。一九二八年に全国を統一した南京国民政府は、近代文物事業を推進する中央管理体制を整えながら、全国美術展覧会を二九年から四二年までの期間に三回開催した。そこでは、当代美術品のみならず歴代の文物も数多く出品された。文物を展覧会によって「展示」するという手法を通じて、国民が文物に接する機会を増やし、文物の可視化を高めることによって国民の文物に対する認識をさらに喚起しようとした。日本と全面的な戦闘状態に突入していく時期になると、美術への社会の関心喚起や抗戦意識の高揚を目的として、全国展覧会や疎開した西南において展覧会が開催され、そこで文物が戦時下の国家統合に一定以上の役割を担うことになった。

一方、文物の展示は国内において行われただけではなく、国外においても試みられた。一九世紀末から中国の文物が美術品として海外で高く評価されるようになったことを背景に、ロンドンやモスクワで文物が展覧されることになった。国外での文物出展は、中国には優れた伝統文化と悠久の歴史があり、そこに主権を行使できるのは中華民国のみであることを示し、国際社会での南京国民政府に対する認知を高める狙いがあった。

本章では、常設の博物館とは異なり、展覧会という「移動する展示」を通じて、文物が対内的な国家統合に果たした役割を明らかにし、さらに、海外出展に至る経緯を検証し、文物が対外的に中国を表象することの意味について検討する。また、日本との戦争が終結すると、西南や南京などで文物は展示され、戦後の新たな国民統合に向けて文物が活用されることになるが、戦後における文物の展示についても論じる。

そこでまず第一節では、教育部が一九二九年以来三回にわたって中国国内で開催した全国美術展覧会を取り上げ、中国の歴史と伝統を表象する文物の位置づけを探り、戦争中に開催された展覧会との関係性もあわせて論じる。次に第二節では、抗日戦争期の一九三五年にロンドンで開催された中国芸術国際展覧会および、三九年にモスクワで開催された中国芸術展覧会の事例を通して、国際関係のなかで文物展示が政治利用されたことを検討する。最後に第三節では、第二次世界大戦の終結後に、文物の疎開地である四川、収復地である南京、台湾などで開催された文物展覧会と国家統合との関係を検証する。

第一節　国内における展覧会の開催とその狙い

一　教育部開催の全国美術展覧会

中国では清末にはすでに美術品を中心とする展覧会が開かれていた。しかし、一九二〇年代の北京政府期までは大学などの学校組織によって開催された教育成績展覧会がその多くを占めた[1]。中華教育改進社[2]は一九二五年八月に第四次年会を開催し、同会で全国美術展覧会開催案が可決した。同案を提案した劉海粟[3]は、各国では政府による美術展覧会が開催され、団体あるいは個人の美術展覧会が存在するが、中国ではこの種の展覧会は希少であることから、全国美術展覧会の開催が急務であることを提案理由として述べている。[4]劉は一九一九年に日本を訪れた際に帝展をみる機会があり、是非とも中国でこのような美術展を開催したいと願ったという。[5]さて、劉の提案に基づいて中華教育改進社は北京政府に対して全国美術展覧会の開催を要請した。しかし、全国的な展覧会の開催は結局実行されなかった。当時の北京政府は政権交代のたびに教育部総長が入れ替わり不安定であったこと、さらに全国をいまだ統一していない政権が全国的な展覧会を開催することの限界などがその背景として考えられる。

このように北京政府期から全国美術展覧会の開催について関係者の間では議論されていたが、国家規模の展覧会が開催されたのは南京国民政府期に入ってからである。南京国民政府は、全国美術展覧会を一九二九年から四二年までの間に三回開催している。[6]同展覧会を主管する機関は当初は大学院であったが、その後大学院を吸収した教育部に移行した。[7]一九二七年一一月二七日、大学院芸術委員会第一次会議が上海で開催され、大学院美術展覧会の開催が決定した。[8]二八年七月一四日に大学院は「大学院美術展覧会組織大綱」や「美展会籌備委員会組織大綱」などを公布し、[9]翌二九年一月一六日には教育部が全国美術展覧会総務会議を開き、上海の国貨展覧会場で三月一〇日から開催することを決定した。[10]教育部は一月二五日には美術作品を徴集して美術展覧会に送るように各省区教育庁に通達した。[11]

展覧会に際して、全国各省市に対して美術品の出品を要請した結果、当代美術品のみならず歴代の文物も数多く出品された。出品者一〇八〇名、出品作品は四〇六〇点にのぼり、このほかに特約出品作品が一二〇〇点、参考部門で入れ替えて展示した作品が数千点、現代作家の遺作が数百点、日本からの出品も百数十点が加わり、出品作品の総数は一万点を超えた。全作品は七部に分かれ、第一部は書画（一二三一点）、第二部は金石（七五点）、第三部は西画（三五四点）、第四部は彫刻（五七点）、第五部は建築（三四点）、第六部は工芸美術（二八〇点）、第七部は美術撮影（二二七点）であった。[12]この展覧会によって歴代の美術品、古物展覧の重要性が再認識されたといえる。そして、それが国民政府公式の全国美術展覧会という形態を通じて広く国民各層に喧伝された。

一九三七年に南京の国立美術陳列館および隣接の音楽院で第二次全国美術展覧会が行われた。本来は三六年に予定されていたが、一二月に西安事変が起きたために準備作業が滞った。その後、三七年一月に準備委員会を設立し、第二次全国美術展覧会は四月一日から開催され、予定を三日間延長して四月二三日に閉幕した。入場者数は二〇万人余りであった。展覧会では全国各地一八省五市から出品され、それ以外に、故宮博物院、古物陳列所、中央博物院籌備処、中央研究院、中央図書館、国立北平博物館、中国工程学会、西北科学考察団、北平研究院の各機関からも収蔵品が出品された。出展品は六室に分かれて展示された。そのなかで第三室には殷墟発掘品を含む中央研究院収蔵の文物が陳列され、第六室には歴代書画が展示された。出展品の目録からみると第一次全国美術展覧会に比べて出品数は二三三九点と多くはないが、展示された文物は美術品として優れたものが多かった[13]。特に、故宮博物院は南遷した文物のなかから三九六点（銅器二七点、書画一五五点、磁器一二三点、玉器四五点、このほか四六点）を出展した[14]。

第二次全国美術展覧会において文物の展示に一層力が入れられた背景は、当時の教育部長王世杰の開催経緯およびその成果に関する文章から確認することができる。王によれば、第一次の展覧会と比較して、古美術品いわゆる古物を美術展覧会の出展品の中心に置いた。こうした美術展覧会における文物重視はロンドンで一九三五年に開催された中国芸術国際展覧会の成功が大きく影響しているという[15]。ここで、海外において文物が中華民国の歴史と文化を表象したことが、中国国内の美術展覧会において参照されている点が興味深い。海外で話題を呼んだ中国文物を使って、教育部主催の公式的な美術展覧会というメディアを通じて、ナショナリズムを喚起させ、国民統合に文物を結びつけることが意図されたといえよう。

第二次展覧会の終了後一九三七年六月に、教育部は「全国美術展覧会挙行辦法」を公布して、全国美術展覧会を隔年に開催することを決定した。各省で全国展に先立って予展を行うことや必要経費を教育部が経常予算に組み入れること、優秀作品の購入などを行うこととなった。しかし、抗日戦争の勃発によって、全国美術展覧会は一九四二年まで開催することはできなかった[16]。教育部は四二年一〇月に第三次全国美術展覧会を民族復興節に重慶で開催することを決し、同展覧会は四二年一二月二五日から開催され、四三年一月一〇日に閉幕した。当時の国民党中央宣伝部長の張道藩[17]が、「民族復興節にちなんで、第三次全国美術展覧会を開催することは、教育を促進するほかに、抗日戦争が優勢に転じる時期に、社会人士の戦闘意識を高揚させることにつながる」と開催の意義を語った[18]。

第三次の展覧会は時節柄、作品の徴集では抗戦に関する作品を優先し、同時に一般作品も受け付けるという方針となった。出品総数は一九四三点で、展示された現代作品六六三点、故宮博物院、中央研究院、中央博物院籌備処、教育部文化調査団および中国営造学社[19]などからの特別出品は二七五点であった。特別出品は戦時下による運送および保管の制約から、重慶近辺および南京から疎開してきた文化機関だけに出品を要請することになった。故宮博物院から出展されたのは主にモスクワ中国芸術展覧会に出品されたものであった。このほかに長沙で出土したばかりの発掘品が出展され、教育部芸術文物考察団が四〇年前後から進めていた敦煌での調査によって得た発掘品も敦煌芸術専室を設けて展示された[20]。

三回にわたる全国美術展覧会では、文物（古物）は欠かさずに展示された。第一次全国美術展覧会では文物の出展はあまり目を引かなかったが、第二次全国美術展覧会ではロンドンで開催された中国芸術国際展覧会の成功を受けて、殷墟発掘品や南遷した故宮博物院の文物が出展され、文物の展示が大きな比重を占めることになった。第三次展覧会ではモスクワ中国芸術展覧会に出品した文物や敦煌発掘品が展示された。これらの展覧会では現代作家による作品が中心ではあったが、中国の歴史と伝統を表象する文物にも充分な展示スペースが与えられた。特に第二次展覧会以降は日本との関係が悪化の一途をたどり、やがて全面的な戦闘状態に突入していく時期である。そうした状況で海外展覧会を参照しながら、美術への社会の関心喚起や抗戦意識の高揚を目的に全国展覧会が開催され、そこで文物が戦時下の国家統合に一定以上の役割を担うことになった。一九四八年九月に国民政府教育部は同年一一月に第四次全国美術展覧会を南京において開催することを決定したが[21]、国民政府の台湾退去が迫っていたためにこれは実現しなかった。第四次全国美術展覧会の開催は台湾移転を待たなければならなかった[22]。

二　抗日戦争期の展覧会

全国美術展覧会とは別に、西南へ移転した国民政府は国民の抗戦意志を高揚させる方法として、各博物館および文化機関が文物を中心とした展覧会を開催している[23]。これらの展覧会に出展された文物は内陸に移転してきた文物および地域文化に関係する文物や新たな発掘品などが中心であった。展覧会では文物の展覧が中心であるが、戦時中の文化宣伝を目的としているため、美術品、図書、自然科学に関する展示もあわせて行われた。展覧会の開催を促進するために一九四三年教育部は西北各省に対して、文物展覧会および学生美術展覧会を行うように通達している。

前章においても述べたように、西北芸術文物考察団によって一九四三年から四四年の間、重慶、成都、西安、蘭州において、発掘調査の成果として五回にわたって西北芸術文物展覧会が開催された。そのほかにも大規模な展覧会として、四三年一〇月中央博物院籌備処が四川李庄で行った展覧会があった。この時の展覧主題は「史前石器展覧」および「周代銅器展覧」であった。「史前石器展覧」では主に中央研究院歴史語言研究所所蔵の旧石器が展示され、一方、「周代銅器展覧」では、抗日戦争前に河南省で発掘した周時代の銅器が中心に展示された。全体の出展品は二〇〇〇点にのぼり、そのなかで中央研究院および中央博物院籌備処の収蔵品は合わせて五三八点を占めた。同展覧会は四三年一一月に再度重慶の中央図書館において開催されている[24]。

これらの出展品からわかるように、いずれも古代あるいはそれ以前の中国文明を表象する文物であり、こうした文物を展覧することによって、戦時下の国民統合を図り、抗戦意志を高揚させることが目的であった。これは同時に国民政府が遠大な中華文明の後継者であることを示すものでもあった。

一九四三年七月の北平故宮博物院第五届理事会第二次大会において、院長の馬衡はモスクワ中国芸術展覧会および第三次全国美術展覧会がいずれも反響を呼んだことに鑑み、貴州の安順に保管されている優れた書画を選出し、「国父孫文誕生記念社会教育運動週」にちなんで、重慶中央図書館で展覧会を開催することを提案した[25]。この提案は実行され、四三年一二月二三日から翌四四年一月一八日まで重慶中央図書館において開催された。出展する書画の選出基準は「民族性に富み、地方の歴史に関係性を持つ」とされた。さらに、貴州省政府および教育文化界の要請に応じ、重慶に出展した書画が保管場所の安順に帰還する際に、省都の貴陽で展覧会を開催することになり、四四年四月一二日から二〇日間、貴州省立芸術館において書画展覧会が行われた[26]（写真5−1）。

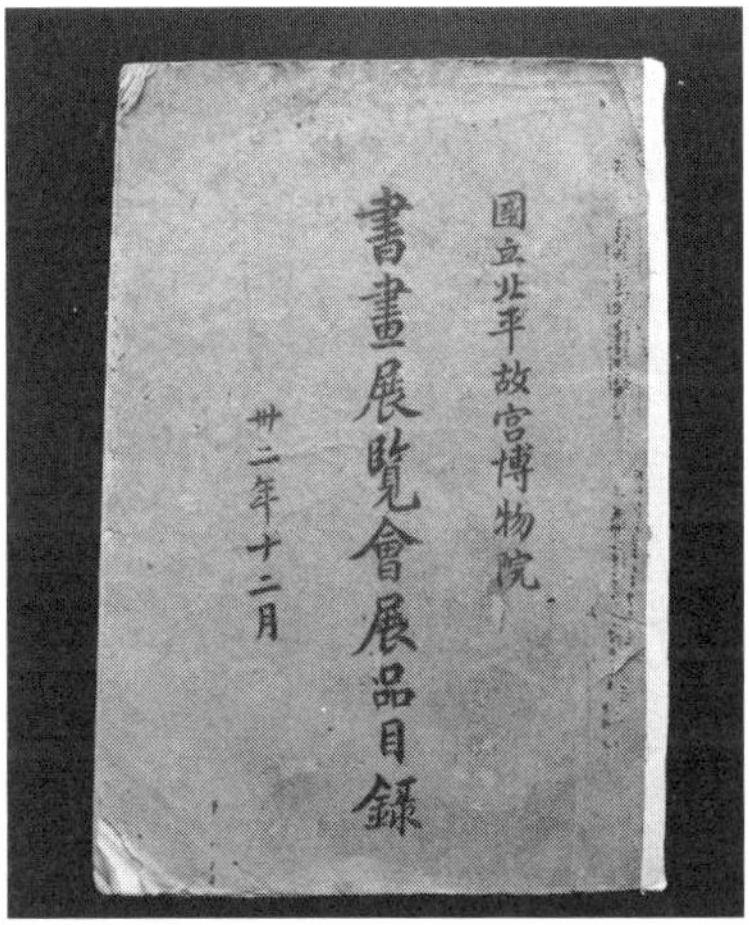

写真 5-1　国立北平故宮博物院書画展覧会展品目録（著者撮影）。

ところで、一九四四年一一月二四日の北平故宮博物院第五届理事会第三次大会において、馬衡院長は四川各地の文物保管処を視察する際に、省政府および成都教育文化界から成都で展覧会開催要請を受けたことを報告したうえで、民衆の啓蒙を目的とする展覧会を提案したが、開催には至らなかった[27]。同展覧会の開催は戦後を待たなければならなかった。この展覧会に関しては第三節で述べる。

第二節　海外での中国芸術展覧会への出展

一　中国文物の海外流出と中国美術ブーム

中国の文物が美術品として海外で高く評価されるようになったのには、二つの理由が挙げられる。一つは輸出用の貿易陶磁器や螺鈿、織物などが一九世紀後半にヨーロッパ諸国で開催された博覧会において展示され、これが中国の文物に対するブームを引き起こしたことである。これらの博覧会では欧米諸国は最新技術や優れた工業製品を展示したが、アジアなどの非欧米地域からは、その地域を代表する一次産品、軽工業製品、そして美術工芸が主要な展示品となった。中国からの出品物も同様であったが、そのなかには中国文物も展示され、美術品としての価値が欧米諸国に広く知れわたることになった。もう一つは、外国による略奪や皇室関係者自らの売却などによって海外に流出した文物が、中国文物の高い評価につながったことである。欧米へ流れ込んだこれらの文物は、各国の博物館に収蔵され、あるいは個人収集家の所蔵品になり、欧米諸国における中国文物の関心を高めることになった。

辛亥革命直後には、政局の不安定化を察した多くの皇族に所蔵する文物を売却する動きが生じた。たとえば、辛亥革命の翌年一九一二年三月ごろに、恭親王（奕訢）家の所蔵品を日本の美術商山中商会[28]が一括購入している[29]。山中商会による購入後一年を経た一三年春、恭親王を競売名とするその所蔵品のオークションがニューヨークとロンドンでほぼ同時に開催された。ニューヨークでは総出品数五三六点、売価総額はおよそ二七万六〇〇〇ドルあまりに達し、ロンドンにおいては総出品数二一一点、売価総額は六二五五ポンドであった[30]。こうしたオークションが成立したということから、この時期中国文物はすでに欧米において一定の高い評価を得ていたことがわかる。

しかし、ここに挙げた恭親王家の売却文物は、売却によって流出した清朝皇室関係の文物のごく一部に過ぎないと思われる。また、前述のように、美術的価値の高い文物の一部は溥儀自らの手によっても流出した。清皇室が所有していた文物はこのように、様々な経路で大量に流出しており、こうした文物を通じて欧米の美術愛好家の間で歴代中国王朝の正統的文物として認知されることになり、中国美術品ブームが生じるとともに、欧米において次第に博物館あるいは個人による中国文物コレクションが形成されるようになった[31]。

このようにして形成された欧米における中国文物に対する高い評価は、民国政府の近代文物事業にも少なからず影響を与えた。一九三三年から数回にわたって南京、上海へ南遷した文物は三五年にロンドンで行われた中国芸術国際展覧会に出品され高い評価を得たことが、その後の国民政府の文物評価に大きく影響した。

二　一九三五年ロンドン開催の中国芸術国際展覧会への出展

（一）　出展に至る経緯

清末以来、数多くの中国美術品が国際美術市場に出回り、そのほとんどが欧米と日本へと流れ、中国美術品に対する関心を喚起した。一九二五年故宮博物院が設立されると、海外の東洋美術収集家たちが、これまで目に触れることができなかった「清王朝文物」に対して、展覧会に出品することを働きかけた。

一九三二年にパーシヴァル・ディヴィッド[32]（Percival David）を中心とするイギリス収集家たちはロンドンで国際規模の中国芸術国際展覧会を開催することを南京国民政府に提案した。三四年南京国民政府は国内輿論の反対を押し切って、この展覧会への参加を決定した[33]。南京国民政府がロンドンでの展覧会へ参加した目的は、国際社会に対して中華文化を宣伝すると同時に、こうした文化外交を展開することによって、中国を不当に侵略する日本に対する国際輿論の批判を集め、満洲事変以来の日本の動きを牽制することも視野にあった(34)。

一九三四年一〇月一八日に中国芸術国際展覧会籌備委員会が立ち上げられ、故宮博物院理事および教育部長の王世杰が同委員会主任委員に任命された。その後、行政院は鄭天錫を展覧品の出国、帰国各手続きの責任者に任命し、イギリスに派遣した。展覧会はイギリス政府と中国政府が共同主催し、三五年一一月二八日から翌年の三月七日まで、王立アカデミーのバーリントン・ハウスで開催された。出品文物は故宮博物院、古物陳列所、中央研究院、北平図書館、河南博物院、安徽省図書館から集められた(35)。

出品目録からみれば、その種類は多様であった。殷代から清朝までの文物が出品され、発掘されたばかりの甲骨文もあれば、清朝由来の収蔵品もあり、陶磁器、絵画、玉器などが含まれた。中国側の出品点数は一〇二二点にのぼり、そのなかで七三五点が故宮博物院の出品であった。そのほかに中央研究院一一三点、北平図書館五〇点、古物陳列所四七点などがあり、個人収蔵品も六五点出展された。故宮博物院の出展品は半数が磁器であったが、これは当時中国磁器の人気が西欧で高かったからである。中央研究院からの出展品は大半が発掘品であった。しかし、展覧会の三三〇〇余りの総出品数(36)と比較すれば、中国側の出品点数はその三分の一を占めるに過ぎないばかりか、他国からの出展品には優れた美術品も少なくない。これは中国側の関係者に衝撃を与えた。中国文物の海外流出の深刻さを改めて思い知らされたからである。

展覧会は大きな反響を呼び、イギリス人の中国芸術の受容とその認識に変化をもたらし、その後、欧米における中国美術の評価や中国美術研究に大きな影響を与えた(37)。一方、一九三〇年代に入ってから、北京政府の文物政策を受け継ぎながら、法制度の整備や国際組織との連携に力を入れてきた南京国民政府にとって、中国芸術国際展覧会は美術と政治との相乗効果をもたらし、文化外交として予想を超える成功であった(38)。呉淑瑛によれば、故宮博物院の収蔵品がロンドンへ出品されたことは、それが国家イメージの構築や文化外交の促進に深く関わっているため、故宮博物院

表5-1　ロンドン中国芸術国際展覧会中国出品一覧表

品目 出展機関	磁器	銅器	書画	玉器	発掘品	古書	家具文具	琺瑯	織繍	漆器	扇面	雑件	合計
故宮博物院	352	60	170	60			19	16	28	5	20	5	735
古物陳列所		36	5	2					1			3	47
河南博物院		8											8
安徽省図書館		4											4
北平図書館						50							50
中央研究院					113								113
個人収蔵品				65									65
合計	352	108	175	127	113	50	19	16	29	5	20	8	1022

出典：『故宮三十年之経過』、『遺老が語る故宮博物院』をもとに著者作成。

の収蔵品に特殊な政治的な意味が付与されるようになったという[39]。そして本展覧会は、のちの一九三九年モスクワ中国芸術展覧会をはじめとした、戦中・戦後に欧米や日本で開催されることになる中国芸術展に一つのモデルを提供したとされている[40]（表5–1）。

（二）　出展をめぐる輿論

展覧会に文物を出品することに対して、最も早い段階で批判を展開したのは、陳寅恪および顧頡剛ら四人の清華大学教授であった。それは次のような主張であった。

満洲事変以来、文物は国民でさえ目にすることができない。しかし英国人の要請に直ちに応じたことは、外国を優遇し、自国民をないがしろにすることである。これでは、国宝は所詮政治家にとって英国女王への誕生祝いの贈り物に過ぎず、出展は我が国に何の利益ももたらさない[41]。

さらに、徐悲鴻は当時政府関係者の主張した中華文化の宣伝に対して、中国文明の普遍性はすでに国際社会に知られているので、宣伝の必要性はないと異議を唱えた。展覧会に対する国民政府側が抱く意義とは対照的に、知識人たちのなかにはロンドンの展覧会に文物を出展する必要性を認めない者も少なくなかった[42]。知識人たちの主張には、文物を国際関係に利用しようとすることへの批判が込められている。文物は中華民国に組み込まれたのであるが、国際関係のなかで国益を図るために文物を利用しようとする政府と、文物は国民あるいは市民に優先して閲覧させるべきであるという考え方が対峙しているように思われる。これは文物の南遷に対する北平市民の反対運動などにもみられたことである。また、輿論は出国する貴重な文物に保険がかけられていないことに対して反対の声を上げた。この問題に対して北京の学術界は次のように発言した。

我が国の希世宝物に遠路の旅をさせ、転々と英国まで運ぶというのに、もし保険がかけられないならば、万が一の事故が起きてしまえば、我が国が祖先から受け継いだ民族精神の寄りどころの国宝を失うだけではなく、世界文化にとっても一大損失となりかねない。実に重大なことであり、無視することは許されない[43]。

結局、文物に関する保険問題はイギリス側から軍艦を派遣し、出展文物の輸送にあたる貨物船を護衛するということで決着がついた。しかし、保険問題は一部では中国側が妥協したとみられ、実は文物を売却するためにイギリスへ運搬するのではないかという疑惑が生じることになった[44]。このような疑念の払拭を狙い、出展する文物は出国時と帰国時に、それぞれ上海と南京において予覧展および帰国展を開くことになった。

(三) 上海での予覧展と南京での帰国展

展覧会籌備委員会は出展物を集めるため、一九三四年一二月ごろ文物を召集する文書を発した。そのなかで中央博物院籌備処に発した文書には以下のような内容が記載された。

この度の展覧会は国家の名誉と国際地位におおいに関わっている。……本会第二回会議において物品を英国に運ぶ前に、来年の三月初旬上海において予覧展を開くことを決議した。これによってその慎重さを示す。(45)

ロンドンで展覧会を開催することによって、南京国民政府が国家の名誉と国際地位の向上を図ることが示され、慎重さを期すために予覧展を開くとしている。一九三〇年代には南京国民政府は国際連盟の知的協力国際協会などの活動を通じて、近代文物事業を国際関係のなかで展開することを模索していた。中国芸術国際展覧会はこうした近代文物事業を国際展開したという側面もある。

その後、展覧会籌備委員会は文物出国に先だち、一九三五年四月に、上海イギリス租界にある外灘銀行ビルにおいて、会期五週間の予覧展を行った。そして、三六年六月出展文物の帰国後に南京において、三週間の帰国展を開いたのであった。この上海と南京での文物展示は文物南遷以来、初めて文物を公開する場となった。

徐婉玲は上海予覧展と南京帰国展の出展品に注目した。展示品を西欧が主導して選んだロンドン展とは異なり、上海予覧展では中国伝統文化を意識した展示であり、南京帰国展では海外に流出した文物の写真一三六〇枚を展示したことで文物流出の記憶が喚起されたという。(46) 塚本麿充によれば、上海予覧展とロンドン展の図録を比較し、上海予覧展の出品物は青銅器、陶磁器、書画などが中心であり、清朝の皇室コレクションとそのジャンルはほぼ一致するのに対し、ロンドン展では上海ではほとんど出品されなかった仏像が海外の収蔵者から多く出品された。仏像は海外ではすでに絵画とならぶ高い芸術価値を認められていた。(47)

本来上海と南京で文物を展示したことは、展覧会への参加に反対する人々を抑える目的があった。さらに、これは国民政府が国民あるいは市民の要請に応じて文物を公開する意味を認識し、文物に対して国民が要求してきた公共性を政府が無視できなくなったということでもある。こうしたなかで常設の博物館における展示に加えて、博物館から選び抜かれた文物による展覧会が開催されるようになった。また、国外へ流出した文物に対する関心を喚起するかのように、一九三六年一〇月から三七年一月にかけて、北平故宮博物院は中国芸術国際展覧会に出品された外国収蔵の文物写真を整理編集し、そのなかから六〇〇枚を景山綺望楼で一週間にわたって展示した。その展示の趣旨は「国民に対し、本国文物への研究趣味を喚起することを図るため」とされている[48]。

（四）出展後の文物保護をめぐる動き

ロンドンでの展覧会終了後、中央古物保管委員会が文物に対する新たな文物管理の規定を打ち出した。まず、第四章で述べたように、一九三六年五月に「非常時期保管古物辦法」が制定された。そして、第二章で述べたように、第一五次常務会議で審議した結果、三六年一〇月一七日に中央古物保管委員会は内政部に「調査流出国外古物辦法」を上奏し、各機関に通達したうえで施行された。さらに同委員会は同年一二月に「海外流出文物調査令」を決議した。いずれも文物の管理と流出阻止に関する厳格な法令であった。

この二つの法令は南京国民政府がこれまで進めてきた法整備の一環として位置づけられるものであるが、背景には中国側関係者が中国芸術国際展覧会において各国が出品した大量の流出文物を目にして、改めて文物流出の深刻さを実感したという事情もあった。清末以来文物の海外流出の深刻さは認識されていたが、実際に中国側の出品数を上回る大量の流出文物を目にした時の衝撃は大きかった。

那志良の回想録によれば、当時、中国芸術国際展覧会に特別派遣員として渡英した鄭天錫が故宮博物院の那に対して、他国が出展した銅器と我々が出品した銅器と比較した感想を尋ねた。この問いに那は外国の出品した銅器はもともと中国のものだったので、同じ良いものだと答えると、鄭はそれを退けた。我々の出展した文物には「国宝の光」が輝いているのに、外国のものにはそれがないと反論したという[49]。鄭の発言は、この展覧会に各国から出展された文物には海外に流出したため、文物に内在されている重要な価値が失われてしまったという論理である。文物は中国固有の優れた文化や歴史を表象するが、それは中国において保存され展示されたものに限られるという主張である。

(五) 一九〇四年のセントルイス万国博覧会と一九三五年ロンドン開催の中国芸術国際展覧会

一九世紀の後半から、中国は海外で開催される万国博覧会などに参加するようになった。しかし、当初清朝政府は万国博覧会を重視しておらず、ほとんどが貿易商の自主的参加や在外公使館の企画による参加に過ぎなかった。[50]このような状況は一九〇四年のセントルイス万国博覧会において変化をみせた。同万博ではアメリカ政府の強い要望があって、清朝皇族の溥倫が正監督として派遣されることになり、当時の中国社会に大きな反響を呼んだ。清朝政府は財政難にもかかわらず銀七五万両を調達し、会場の設営費や陳列品購入にあてた。この時の出品物は、茶葉、磁器、絹織物、絨毯、木器、玉器、古玩、毛毯、漆器など輸出品の対象となる特産品の展示が中心であったが、こうした物品に交じって中国文物が会場内の「美術宮」で展示された。そこで展示された西太后の肖像画が象徴しているように、セントルイス万博における中国文物には清朝との関係が強調されていたが、展示物全体のなかで文物の存在感はそれほど大きくなかったといえる。[51]

セントルイス万国博覧会における展示からみると、万国博覧会という制約はあるものの、中国は国民国家の建設と文物の保存展示との関係にはまだ気づいていないといえる。文物が優れた伝統文化を有する中国国家を表象しうることはまだ意識されていなかった。要するに、清末において、近代文物制度に関しては西欧のそれを参照しながら認識できたが、国民国家を構築するにあたり、文物が伝統や国家と結びつきながら、中国ないしは中華民族を表象できるとはまだ考えられていなかった。[52]同様に、日本や欧米諸国に対して、「中国」を示さなければならない時に文物が利用できることを知るのは、さらに遅く一九三〇年代に入ってからである。

国家の表象について、セントルイス万国博覧会から三〇年の年月を経てロンドンで開催された中国芸術国際展覧会では、セントルイス万博とは違って、文物によって中国が積極的に表象されることになった。この二つの展示を隔てる三〇年間に、中国という国家の政治体制は大きく変化した。辛亥革命によって王朝体制から国民国家体制に推移し、さらに政権は北京政府から北伐によって南京国民政府に変わった。清末以来の文物の国外流出やそれに対して「国粋」が唱えられ、文化ナショナリズムが高揚したが、北京政府期には近代文物事業としての体制は不充分であった。文化ナショナリズムを意識した近代文物事業が成果をみせるのは、南京国民政府が近代文物事業に関する法制度と組織を整えてからである。

近代文物事業は様々な形で展開され、国家建設に文物が活用されていく。中国芸術国際展覧会への参加もその一つであり、その時点では、歴史文物は中華民国という国家に組み込まれ、国家の表象として外交の場においてもその効力を発揮した。こうした文物の対外的な利用は、一九三九年モスクワ中国芸術展覧会に参加した際にも同様にみられた。次にモスクワ中国芸術展覧会について考えてみたい。

三　一九三九年のモスクワ中国芸術展覧会への出展

南遷後の「北平文物」は、一九三五年の中国芸術国際展覧会のほかに、三九年一一月にモスクワで開催された中国芸術展覧会にも出展された[53]。これまで中国芸術国際展覧会とは異なり、モスクワ中国芸術展覧会に関しては、史資料の制約などから先行研究は少ない[54]。そのなかで、宋兆霖は出展の経緯から文物帰還までの過程を丹念に追い、国民政府が抗日戦争期に行った文化外交という視点からその全容を解明しようとした[55]。本節はこれらの知見を取り入れながら、議論を進めていく。

一九三九年四月ごろ、ソ連政府は自国民に中国文化および対日抗戦の精神を理解させるため、同年九月にモスクワで中国芸術展覧会の開催を計画した。出展品の大半はソ連領内に所蔵されている中国文物で、最終的には八つの共和国にある一一の博物館から一五〇〇点余りの中国文物が出品された。さらに、ソ連側から当時訪ソ中の立法院院長孫科に対して展覧会への出品を招請した[56]。この招請を受け、孫科は行政院に次のような文書を発した。

ソ連政府芸術部が中国文化を宣伝するため、本年九月に首都モスクワにおいて中国芸術展覧会を開催する予定である。既に我が国の芸術品一五〇〇点余りを蒐集した。そのほかに我が方に対して近代［現代］及び古代芸術品を若干蒐集するように招請している。近代作品の蒐集に関しては、既に邵力子が担当している。古代作品に関しては、（一）安陽出土の殷商時代の青銅器、甲骨刻片及び玉石彫刻品、（二）周秦漢の銅器、陶器、玉器、骨器、（三）漢魏唐宋の彫刻及び唐宋明清の絵画等である。それらは中央研究院、故宮博物院などの関係機関と協議し、その蒐集を受け持つこととする。本年の七月までに海路によってソ連に運搬する。そのなかで、贈与できるものと要帰還のものを分けて明記する必要があり、運送費用はソ連側が負担する[57]。

行政院はこの文書を受け、行政院第四一七回会議において、「古物は各機関が選出しソ連へ運ぶが、但しソ連に贈与はしない。運搬に関しては陸路を使う」と議決し、内政部、教育部、故宮博物院および中央研究院に出品協力を通達した[58]。文書中に「贈与しない」とあるのは、中央研究院の傅斯年の「本院の安陽発掘品は河南省政府及びその地方人士ともとより約束があり、国内外のいずれの機関及び人士にも贈与してはならないため」という声明が受け入れられ、六月一日の蒐集芸術品運ソ展覧案審査会において中央研究院および故宮博物院の出展品をいずれも贈与しないことが決議されたからである[59]。このような贈与に対する姿勢には、ロンドンの中国芸術国際展覧会で大量の流出文物を目にした関係者の憤りもあり、文物の流出に対して中国側は一層の厳格な姿勢を取るようになったと考えられる。

この展覧会が行われた時点では、南京国民政府はすでに重慶へ移転しており、南遷した「北平文物」も西南内陸へ疎開し、四川、貴州、雲南の各地に保管されていた時期であった。一九三九年七月に、故宮博物院は貴州安順華厳洞に保管されていた文物のなかから殷、周時代の銅器一〇点、玉器四〇点、唐、宋、元、明、清朝の書画四八点、宋、元朝の緙絲作品各一点、計一〇〇点を出品した[60]。中央研究院からの出展品は殷商遺跡の発掘品で甲骨刻片とその拓本、陶器、石刻などであった[61]。また、中ソ文化協会[62]からの出展品は中国国内や香港などで集めた文物である。

これらの文物をモスクワへ運搬する際に、当時の行政院院長孔祥熙から中央研究院への文書に「道中の治安は既に雲南、貴州、四川、陝西、甘粛、新疆などの省政府及び軍事委員会を通じて所属の軍警に厳密な保護を要請した[63]」とあり、厳重に警備されたことがうかがえる。このように文物は数ヵ所に保管されていたため、輸送経路は数省にわたった。また、戦時下での運搬なので、厳重な警備体制のもとで、一九三九年七月に陸路で重慶を出発し、八月七日に蘭州に到着すると、そこから空路で新疆を経由し、九月二四日に目的地のモスクワに到着した。モスクワで文物の輸送に随伴した故宮博物院関係者が文物を点検した結果、損傷がないことを確認し故宮博物院へ報告した[64]。

本来、展覧会は一九四〇年三月に閉幕する予定であったが、四〇年一月ごろ、駐ソ大使邵力子から故宮博物院へ開催期間を延長する要請があった。邵が故宮博物院へ発した電文には「ソ連人民は中国芸術に対して極めて興味を示しており、来年一月から三月にかけてモスクワの各学校で中国に関する講義や芸術活動が行われるため、各出展品は重要な参考品になる。そこで、本来三月に閉幕予定だったが、ソ連側はその延長を望んでいる」と会期の延長を要請する理由が述べられている[65]。これに対して故宮博物院は会期延長を認め、中央研究院および中ソ文化協会の文物も故宮博物院の文物とともにソ連に留まった。

結局、文物は展覧会期の延長にともない、そのまま一年以上もモスクワに留まった。その後、モスクワでの展覧会が終わろうとする一九四一年二月に、ソ連から中国側に対して、レニングラードで四一年三月に開催予定の中国芸術展覧会にモスクワ展の文物を続けて出展することが要請されたが、これはモスクワでの展覧会が好評だったためである。この要請に対して、当時の行政院院長蔣介石は許可を下した[66]。

レニングラードでの中国芸術展覧会の開催は、すでに一九三九年にも行われていた。三九年当時、中ソ文化協会が重慶において、ソ連大使着任の歓迎会を行い、そこで新任ソ連大使がすでに開催されている中国芸術展覧会の反響ぶりに言及し、将来新たな中国文物展覧会が開催できるように中国側に訴えていた[67]。四一年三月レニングラードで開催された展覧会と三九年のソ連大使の要請との直接的な関連性は確認できないが、レニングラートやモスクワにおいて長期的な中国芸術展覧会が開催されたことからみれば、当時中ソ間の良好な政治関係がうかがえる。

本来、レニングラード展覧会の参加は一九四一年七月までとされていたが、四一年六月二二日に独ソ戦が始まると、展覧会は開期中に中止された。展覧会の中止直後から中国政府は絶えずソ連に文物の返却を要請したが、ソ連側は文物の運搬には危険がともなうという理由から文物の輸送をしばらく見合わせた。ソ連側は文物を安全な場所に保管し、情勢を見計らったうえで運搬することを中国側に伝えた。ソ連駐中国大使から外交部への電文には「レニングラードにある貴国の古物の安全問題について、ソ連政府は必ずその安全保管の責任を負う。該当古物はソ連の重要古物と同様に慎重に扱う。安全問題に関して憂慮するには及ばない[68]」とあり、ソ連政府が文物の安全に責任を持つことを伝えている。これに対して、中国側は両国の大使館、行政院、中ソ文化協会などの関係機関と連携し、絶えずソ連に対して文物の早期運搬を訴えた。

ところが、独ソ戦が激しさを増すなか一九四一年一〇月に、行政院から駐ソ大使邵力子に発した電文には「故宮博物院及び中央研究院の古物を優先的に専用機で蘭州に運搬してもらいたい。そのほかの近代文物はしばらく遅延しても構わない。運搬にあたって友邦に無理を強いることなきよう、引き続きソ連政府と交渉することを望む[69]」とあった。文物の返却が一向に進まないことに対して、行政院は両院の文物を優先的にソ連から運び出すための緊急措置を発動しようとした。しかし、この要請は実現できず、文物が中国に戻ったのは四二年九月ごろであった[70]。

ソ連からの文物運搬にあたって、行政院は新たに「飛運古物辦法」を策定し、その運搬ルートや人員の派遣、費用の負担などについて詳細に定めた。結局、これらの文物は中国側の要請によって、一九四二年九月に中国の蘭州に到着し、そこで中国がソ連から文物を受理する形をとった。今回の文物運搬にあたって、故宮博物院が重要な役割を果した。人員の派遣や全ての費用は故宮博物院が負担することになった[71]。このようにして、レニングラードを発した文物は、最終的には四二年九月に重慶に戻ってきた。これらの文物は重慶で開催された第三回全国美術展覧会に出展されてから、安順の保管庫に戻された[72]。

この時期、中国各地で日中両軍が衝突し、抗日戦争は長期化の様相を呈していた。中国は連合国側の主要国として、ソ連と連携しながら日本に対して徹底抗戦することを戦略としていた。こうしたソ連との連携はすでに一九三〇年代に模索されていた。中国とソ連とは満洲事変後、断絶していた国交を回復した。そして、文化交流に関しては、三五年に中ソ文化協会が成立し、モスクワ中国芸術展覧会は同協会の主催で開催された。三七年一二月に、蔣介石は抗日戦争で大量の武器を消費するため、ソ連に武器売却を要請している。さらに、三九年六月に中ソ間の「新通商条約」がモスクワで締結され、同年一二月に重慶とモスクワ間が航空路で結ばれた。この背景には、前年に武漢、広州が日本に占領され、国民政府が重慶に移転したあと、中ソ関係が一層密接となったということがある。当時の行政院院長孫科は対日抗戦にはソ連の協力が不可欠だと呼びかけている。孫は重慶の文化界に対する講演のなかで以下のように述べている。

九・一八事変の一年後に中ソは国交を回復した。国交が回復したからには、中ソ両国の外交関係は大きく転換しなければならない。直ちに中ソ両国の友好関係を実際に強化すべきである。……日本が敢えて我が国を侵略したのは、中ソがまだ連携していないからである。……これから我が国はソ連に助けを乞うことがおおいにあるだろう。(73)

このような政治状況のなかで、中国はソ連側のモスクワ中国芸術展覧会への出品要請に応じざるを得なかったのだと思われる。この時期、文物は疎開先に分散して保管されており、また、抗日戦争の最中であったため、一九三五年ロンドン開催の中国芸術国際展覧会に出品する時ほど、輿論の文物への注目度は高くはなく、モスクワ中国芸術展覧会に対する反響は史料から確認できなかった。

第三節　戦後の展覧会

一　復員・復員前の文物と展覧会

一九四六年一〇月三〇日から一一月一一日まで、教育部は南京の中央研究院において文物展覧会を開催した。出展されたのは故宮博物院と中央研究院の収蔵品、南京・上海地域の個人の収蔵品である。この時、西南に疎開した故宮博物院の文物はまだ南京に復帰しておらず、南京に留まった文物のみが出品された。(74) 一方、戦時中に疎開した文物は戦後、南京に復員する前に疎開地の四川で展覧会が催され、復員後に改めて南京で展覧会が開催された。

復員前に四川で開かれた展覧会は「故宮博物院在蓉書画展覧」であった。同展覧会は次のような経緯で開かれた。成都教育文化界は一九四四年に故宮博物院に対して展覧会開催を要請したが、戦時中であったために実現できなかった。四五年一二月五日の北平故宮博物院第六届理事会第一次大会において本件が再提案され、議決された[75]。当時の院長馬衡は「故宮古物は戦時中に、四川、雲南、貴州の省境に分蔵していた。現在は六月末に全て搬出し、重慶に集結してから、そのなかより一部の貴重な物品を選出し成都で展覧会を開催することが決定した」と語った[76]。同年一〇月に四川省教育庁、参議会および美術協会が合同で故宮博物院在蓉書画展覧委員会を組織した。四六年一一月から一二月までの間、成都で「故宮博物院在蓉書画展覧」が開催され[77]、故宮博物院収蔵の書画一〇〇点が展示され、そのなかの一四点は一九三五年ロンドン開催の中国芸術国際展覧会に出品したものであった[78]。

開催にあたってまず、一一月一一日に内覧会を行い、翌日に一般開放した。貴重な書画の展示であるため、会場は憲兵と警察によって二四時間厳重に警備され、消防車も特別配置された。本展覧会は反響を呼び、一二月五日に閉会する予定だったが、四川各方面からの要望で同月七日まで会期が延長され、延べ五万五〇〇〇人が観覧した。展覧会が閉幕すると同月九日に出展文物は成都から再び保管場所の重慶へ戻された[79]。

一方、一九四八年には戦時中に西南へ疎開させた故宮博物院の文物が南京に帰還した。南京に戻ったこれらの文物は、第一期建設工程が竣工した中央博物院籌備処の建物で、五月二九日から六月八日まで、故宮博物院と中央博物院籌備処が合同で開催する展覧会において公開された。故宮博物院は歴代名画、名窯の磁器を出品し、一方、中央博物院籌備処は周時代の青銅器毛公鼎[80]（毛公鼎については、第六章で論じる）、漢代文物、歴代帝王像、辺疆民族標本などを出品した。本来の開催期間は一週間であったが、反響を呼んだため三日間延長された[81]。同展覧会ではこれまで公開されたことのない文物を展示することが決められ、その後三ヵ月に一回という頻度で展覧会を開く予定となった。また、展覧会において文物の撮影およびその複製が許可されることになった[82]。

各界の代表やメディア関係者が内覧会に招待され、また、閉会日の翌日六月九日には、六月三日に重慶から南京に戻った蔣介石も観覧した。当時のメディアは「このような平和な雰囲気の中での連合展覧会の開催は、我々にのしかかるきな臭い雰囲気を多少は緩和してくれるであろう」と報道している。[83] この時期は、抗日戦争が終焉したにもかかわらず、国共内戦が本格化したことによって、国民党内部にも動揺が広がり始めていた。共産党軍は優勢に転じ、台湾退去が検討され始めていた。記事は本展覧会の和やかさを評価しつつも、国内が再び戦乱にさらされることに対する不安が表現され、国民党政権を取り巻く情況が日に日に厳しくなることが言外から読み取れる。[84] 展覧会の開催期間中には広範な社会各層で反蔣介石闘争が発生し、国民党政権は一時孤立状態に陥っている[85]（写真5−2）。

戦後のこうした故宮博物院や中央博物院籌備処などの収蔵文物展覧会の開催は、文物の公開によって文物を戦争から保護した政府の功績を知らしめる意図があったように思われる。

二　台湾での文物展覧会開催の意義

戦後の国共内戦では、一九四七年ごろから国民党軍が不利な状況に置かれた。実際、四八年九月から四九年一月にかけての遼瀋戦役（一九四八年九月〜一一月）、平津戦役（一九四八年一一月〜四九年一月）、徐蚌・淮海戦役（一九四八年一一月〜四九年一月）、いわゆる「三大戦役」で、共産党軍は決定的な勝利を収めた。これにより、国民党軍は主要戦力を失い、支配地域を喪失した。こうした情勢を受けて、四八年一二月から、故宮博物院・中央博物院籌備処・中央研究院・北京図書館に収蔵された大量の文物が台湾へ運搬された。[86]

一方、台湾では二・二八事件が起きるまでは、五〇年間に及ぶ日本による植民地統治から『祖国』に復帰することを歓迎し、住民は「祖国」とのつながりを自ら求めていた。次に挙げる一九四七年一月二七日付の台湾省立台南民衆教育館から南京中央博物院籌備処への文書にもその一端がみられる。

本省は日本人に五〇年間統治され、なおかつ海を隔てて位置するため、光復してから既に一年あまりが経過したにもかかわらず、本省の同胞が抱く祖国に対する印象は未だにかなり曖昧である。本館は祖国の文化を紹介することによって民族意識を高めるために、貴処が常に各種の刊行物、図表、写真、実物を［本館に］提供することを要請する。それを陳列し民衆に観覧させ、よって宣伝に資することとする。(87)

台湾側からの要請に対して国民政府は直ちに応じることはなかった。それはこの文書が発せられた約一ヵ月後に二・二八事件が起きたからである。この約一年後の一九四八年一月一四日から同月二三日の一〇日間にわたり、教育部長の朱家驊らが台湾を視察し、台湾文物展覧会の開催を決定している。展覧会の開催にあたって、教育部が四八年二月に文物展覧会籌備委員会を立ち上げた。(88) 展覧会は四八年三月二三日から四月二日までの一〇日間、台北の省立博物館(89)において開催された。この時期は二・二八事件が起きて一年余りが経過し、同事件が台湾社会に与えた動揺は表面的には収束しつつあった。当時の報道には「教育部が台湾において本国文物展覧会を開催し、専門家を招聘して台湾へ赴き、講演会を行う予定である。台湾省同胞に本国文化に対する認識を深める」とある。(90)

また、教育部が中央博物院籌備処に発した台湾で開催される展覧会についての文書には以下のような記述がある。

本部は我が国の優れた文化を宣揚するため、北平故宮博物院、中央図書館及び中央博物院籌備処の出品物を以て、文物展覧会を台湾で開催する。出品内容は、我が国の文化を表現できるような優れた文物を中心に、台湾に関係した文物も含める。また、文物展覧会籌備委員会を組織し、本企画の一切の責任を負うこととする。(91)

さらに、教育部長朱家驊は一九四八年一月一四日から二三日までの期間、台湾を視察したのちに以下のように発言

写真 5-2　南京で開催された連合展覧会
出典：『聯合画報』第 218 期、1948 年、17 頁。

した。

台湾は五一年間敵に占領されていた。この間敵が行った一切のことは主に搾取であったが、彼らの各方面での施設は相当な規模に達し、良好な基礎を築いた。各レベルの学校についても同様である。……しかし、祖国と五〇年間も遮断していた関係で、祖国の文化に対する認識をおおいに増進させる必要がある。そこで、本部［教育部］が台湾で文物展覧会を行うための計画を立てようと思っている。[92]

国民政府の中枢が台湾を視察した結果、台湾同胞の「祖国」の文化に対する認識を高める必要があると考え、その方法として文物展覧会を利用したのであった。[93] 教育部の方針にそって、この展覧会で展示された文物は六〇〇点余に達し、中国大陸に由来する文物のみならず、台湾と関わる文物も中国から会場に運ばれた。[94] 中国に由来する出展文物は三つの部分に分けられる。まず、中央博物院籌備処所蔵の中国歴代銅鏡および中国四大発明の一つである指南針（羅針盤）、次に、中央図書館所蔵の歴代図書版本、そして、上海個人収集家所蔵の書画と陶磁器である。当時の台湾の新聞や雑誌は今回の出品物によって中国文化の優越性が喧伝できたと本展覧会を評価した。

この時の展示品は、上海個人収集家の書画と陶磁器が大半を占めたが、目玉となったのは指南針と中国の印刷術の発展を示す歴代図書版本であり、台湾における文物展覧会は展覧会としては異色なものとなった。これらの展示品は世界に先駆けて中国が発明したものとされ、こうした中国由来の技術が世界、とりわけヨーロッパの発展に大きな貢献があったことを台湾人に示すことによって、日本統治期に根づいた日本の文化基盤を払拭し、「祖国」中国の偉大さを理解させることが意図されたのである。[95]

これに対して台湾に関係する出展品は三つの文献であった。まず、中央図書館所蔵の延平郡王鄭成功親子の詩集抄本である。そして個人の収蔵品では、唐景崧が清軍機大臣李鴻藻に宛てた手書きの台湾救援文書と、唐景崧の弟が同じく李鴻藻に宛てた同種の要請文書が出展された(96)。これらの台湾に由来した展覧品は、いずれも中国歴史の深遠さや中国との一衣帯水の連帯感を強調する文物であった。二・二八事件以来、「脱日本化」の政治方針が強化され、台湾人に「祖国」を知らしめることが重要課題となった。この時点において、国民政府は中国の文物を展覧することによって、台湾人の祖国への心理的回帰を促進しようとした。

当時、故宮博物院理事の李宗侗が一九四八年五月発行の『世界月刊』に「文物展覧会在台湾」という文章を寄稿し、展覧会の開催に関して詳細に記述している。李によれば四八年に教育部長の朱家驊は台湾を視察した際に、台湾人の中国文物に対する認識を高め、これによる台湾同胞との団結の促進を指示した。文物が基隆から上陸した際には、台湾教育庁長、台湾大学校長、省立博物館長、省立図書館長らが基隆まで出迎え、警備司令部が憲兵を文物護送のために派遣した。展覧会は一〇日間で五万人の入館者を集めた(97)。

また、林献堂(98)が三月二五日の日記に省立博物館で開催中の書画銅器展覧会を観覧したという記録を残している(99)。同日の日記では、林は半山派(100)の要人と会って日産売却や諸物価騰貴の問題について話し合っており、台湾省の財界人として政府へ陳情するように働きかけていた。このように政治問題で多忙だった林が展覧会場に足を運んだことは非常に興味深い。

一方、一九四八年三月二三日の『台湾新生報』には「文物展覧会」と題した次のような社論が掲載された。

台湾が五一年間に及ぶ日本占拠期間を経たことによって、数多くの台湾青年同胞が日本教育の陰謀に毒化されたことは免れない。一切の自己の文化源流に対する印象が薄められた。彼らは祖国の歴史や地理を知らず、台湾と祖国との関係について認識していない。……文物展覧会を台湾において開催する意義としては、第一に、中国文化の全貌を台湾同胞に紹介することができる。まさに台湾同胞は五一年間の長きにわたり、日本教育に愚弄されたので、このように文物の真の歴史事跡を通じて、台湾同胞の祖国に対する文化的認識を啓発することは実に緊急である。……第二に、文物展覧会はある計画とともに、更なる一歩進んだ文化啓発となる。教育計画中の国語運動は台湾において、中国文化を甦生させる啓蒙的な任務であり、文物展覧会は一歩進んだ啓発的な任務となる。……展覧会を通じての啓発及び教育は、時間的に差し迫った必要性があり、手法的には極めて適切である。少なくとも台湾はこうした状況である。……文物展覧会を通じて、我々の台湾同胞の祖国愛及び同胞愛が鼓舞される。これらの歴史物事によって、台湾人を指導し、侵略に対する当初の抵抗精神を再び発揮させ、力を合わせて、目下の反乱鎮静及び建国任務を完成しようではないか(101)。

実際、文物展覧会が当初関係者の狙っていた「祖国」中国と台湾の歴史的結びつきを啓蒙し、祖国復帰の感覚を醸成する点で、どれほどの成果があったかは判断できない。しかも、一九一二年辛亥革命が起きてから一九四八年までの間、中華民国は文物を国家統合のために絶えず利用してきた。二・二八事件を経て、国民政府は台湾と「祖国」中国との一体感を喚起し、国家の統一、国民統合に文物を利用しようとした。廖文碩の指摘によれば、今回の展覧会は、中国古代文明最高峰の科学発明および書画器物芸術の台湾における堂々たる展示であり、展覧会の名称からテーマ設定や内容に至るまで、中原正統の自負に満ちており、それによって台湾人を教化する意味が濃厚であるという(102)。

小　結

一九二八年南京国民政府が全国統一を果たすと、中央集権体制のもとで国家規模の展覧会を開催する状況が次第に整備されるようになった。第一次教育部全国美術展覧会は二九年四月上海において開催され、当代美術品のみならず歴代の文物（古物）も数多く出品されたことで、文物に対する重要性が再認識されたといえる。三七年に南京で開催された第二次全国美術展覧会では、展示物に占める文物の比重はさらに高まった。展覧会における文物を重視する姿勢は、三五年にロンドンで開催された中国芸術国際展覧会の成功が大きく影響している。

清末以降、海外へ流出した文物によって欧米では中国文物に対する高い関心と評価が形成されていた。満洲事変後、南遷した文物は中国芸術国際展覧会に出品され、大きな反響を呼んだ。同国際展覧会は対外的には文化外交として予想を超える成功を収めたが、国民政府がこれを機に文物を可視化し、プロパガンダとして利用することへの認識を改めたといえる。また、モスクワ中国芸術展覧会にみるように友好国との関係を強めるための外交戦略に文物を利用するようになった。

ロンドンの展覧会では文物を利用して中華民国の歴史と文化を表象することの有効性がおおいに示唆され、中国国内で美術展覧会が開催される際に改めてそれが参照されることになった。それが、第二次全国美術展覧会において文物が重視されることにつながったと考えられる。海外で話題を呼んだ中国文物を使って、教育部主催の公式的な美術展覧会という装置を通じて、文物の可視化を図り、ナショナリズムの喚起と国民統合が図られたといってよいだろう。

国民政府が国内において展覧会を開くことは、文物を国民統合のために動員するという側面とともに、国民・市民に公開される文物という側面をあわせ持つことを意味している。文物に対して国民が要求したその公共性を政府はもはや無視できなくなり、それが政府にとっての文物保護ではなく、国民にとっての文物保護に転換していった。

一九三〇年代中ごろ以降になると、国民政府の近代文物事業は、それまでの関係法令や組織整備に加えて、文物をプロパガンダとして活用することも強く意識するようになった。その契機となったのが中国芸術国際展覧会であった。近代文物事業は国民統合に向けて、展覧会を通じて文物とナショナリズムの結びつきを一層強調していくが、この段階になると文物とナショナリズムの関係はもはや議論の余地のない自明なものになっていった。抗日戦争期に重慶に移転した国民政府は国民の抗戦意志を高揚させる方法として、博物館や文化機関主催の展覧会を行った。第二次世界大戦終結後に、南京と台北で行われた文物の展示においても、中華民国が新たな国家統合を図るために文物を利用したといえる。

注

(1) 鶴田武良「民国における全国規模の美術展覧会――近百年来中国絵画史研究二」『美術研究』三四九号、東京国立文化財研究所美術部、一九九一年三月、一〇九―一一〇頁。

(2) 一九二一年冬季に、南北教育界は当時の教育団体組織が分散している状況に鑑み、蔡元培、黄炎培、陶行知などが発起し、実際教育調査所、新教育共進所、新教育編輯社を合併し、中華教育改進社に改組した。二二年四月一日に北京で設立され、社員は一二〇名である。設立趣旨は「教育状況の調査、教育の学術研究、教育の改善」となっている。学術部と事務部の両部が設けられ、主要な機関誌には『新教育』、『新教育評論』、『郷教叢訊』があり、『中華教育改進社叢書』を出版した。張憲文、方慶秋、黄美真主編『中華民国史大辞典』南京：江蘇古籍出版社、二〇〇二年。

(3) 劉海粟(一八九六～一九九四)は、字季芳、江蘇武進出身。一九〇九年に上海へ赴き、西洋画を学ぶ。一二年一一月上海で中国初の美術学校を創設。一九年日本へ渡り、美術教育を視察し、日本帝国美術院第一回開幕式に参加。二五年に江蘇省教育会美術研究会長に就任、三五年に欧州で中国現代絵画展を開く。抗日戦争開始後は南洋に退避する。徐友春主編『民国人物大辞典(増訂版)』石家荘：河北人民出版社、二〇〇七年。

(4) 「分組会議議案彙録：美育組：(甲)通過四件：(一)挙辦全国美術展覧会案(一)」『新教育』第一一巻第二期、一九二五年、三一六―三一八頁。

（5）瀧本弘之「民国期に三回行われた『全国美術展――それぞれの時代を映す』」瀧本弘之、戦暁梅編『近代中国美術の胎動』アジア遊学一六八、勉誠出版、二〇一三年、二三七―二三九頁。
（6）民国期に全国規模で開催された三回の美術展覧会に関する詳細かつ先駆的な論考は鶴田武良前掲論文「民国における全国規模の美術展覧会――近百年来中国絵画史研究一」が挙げらる。なお、本節の記述について多くは鶴田論文に基づく。
（7）開催にあたって、教育部全国美術展覧会総務会議が一九二九年一月八日に開かれた。名誉会長は蔡元培、会長は当時の教育部長の蔣夢麟である。
（8）丁致聘編『中国近七十年来教育記事』台北：国立編譯館、一九六一年、一五〇頁。
（9）同前、一六九頁。
（10）同前、一八三頁。
（11）同前、一八四頁。
（12）李寓一「教育部全国美術展覧会参観記（一）」『婦女雑誌』第一五巻第七号、一九二九年、三頁。
（13）劉大佐「教育文化史之新頁：本国之部：第二次全国美術展覧会」『教育雑誌』第二七巻第五期、一九三七年、一三八―一三九頁。
（14）故宮博物院編『故宮博物院檔案彙編・工作報告（一九二八―一九四九年）三』北京：故宮出版社、二〇一五年、七七三頁。同文献によると故宮博物院からの出展は三九三点とあるが、内訳の合計は三九六点となることから訂正した。
（15）第二次全国美術展覧会管理委員会編『教育部第二次全国美術展覧会専集』に掲載された王世杰による序文。鶴田武良前掲論文「民国における全国規模の美術展覧会――近百年来中国絵画史研究一」、三二一―三三頁。しかし、『専集』全三冊の出版は抗日戦争の影響から、開催から六年を経過した一九四三年九月に上海商務印書館によって出版された。なお、王の序文は三七年一二月に書かれた。
（16）陳之佛、徐伯璞「十年来之美術教育」『教育通訊』復刊四巻二期、一九四七年、一六頁。なお、一九四〇年一二月に美術教育委員会が設立された。委員は二五名から三七名、主任一名、常務委員七名から九名、秘書一名、専門委員二名から五名。絵画、彫塑、古物、美術四組、組ごとに主任一名。常に美術教育の革新に対して、建議し、教育部の採択によって実施する。四三年一月に会議形式となり、専任委員の設置を廃止、業務は社教司が担うようになった。
（17）張道藩（一八九七～一九六八）は、貴州盤県出身。一九二一年九月ロンドン大学スレイド美術学校入学、二四年美術学部を卒業、同年、フランスに赴き、パリのエコール・デ・ボザールに入学。二六年に帰国、やがてＣＣ派の一員となる。

三二年五月南京に成立した中国文芸社の理事、中華全国美術会理事長。四二年一二月国民党中央宣伝部長、四五年五月国民党中央執行委員会常務委員に当選、中央文化運動委員会主任委員を兼任。徐友春主編前掲『民国人物大辞典（増訂版）』。

(18) 張道藩「教育部第三次全国美術展覧会概述」『社会教育季刊（重慶）』第一巻第二期、一九四三年、一–三頁。

(19) 中国営造学社は、一九二九年三月北京で設立され、近代中国で初めての建築科学研究機構となった。朱啓鈐と周詒春が前後して会長に就任。中国古代建築史が研究活動の中心で、研究組織としては法式と文献の両組が設置された。その主な活動は、全国各地の古建築調査、製図作業および文献の編纂と出版であった。また、政府の委託により、古建築物の修復にあたり、中央博物院および中央図書館のデザインを手がけた。抗日戦争中は西南奥地へ移転し、戦後は人員不足および資金難を理由に活動を停止した。出版物には『中国営造学社彙刊』および『建築設計参考図集』などがある。李文裿編『北平学術機関指南』北京：北平図書館協会、一九三三年および張憲文、方慶秋、黄美真主編前掲『中華民国史大辞典』。

(20) 張道藩前掲論文「教育部第三次全国美術展覧会概述」、二頁。

(21) 「社会教育類――教育部訓令――社字第四八二九一号（三十七年九月六日）：令各省市教育庁局、国立中等以上学校、私立専科以上学校――令発第四次全国美術展覧会徴集出品辦法由」『教育部公報』一九四八年、第二〇巻第九期、二九頁。

(22) 第四次全国美術展覧会は台湾移転後の一九五七年一〇月に開催され、駐外国各大使館を通じて海外の芸術家に参加を呼びかけた。「展覧雑巻（一）（一九五七年六月八日—一九五八年八月八日）」国史館蔵、外交部檔案、檔案号：020-090501-0158。

(23) 史勇『中国近代文物事業簡史』蘭州：甘粛人民出版社、二〇〇九年、一八〇頁。

(24) 同前、一八二頁。

(25) 周暁、劉長秀、王麗穎選輯「故宮文物西遷檔案史料選輯」『民国檔案』南京：中国第二歴史檔案館、二〇一七年一月、四八頁。

(26) 昌彼得主編『故宮七十星霜』国立故宮博物院七十星霜編輯委員会編撰、台北：台湾商務印書館、一九九六年、一三七頁。周暁、劉長秀、王麗穎選輯前掲「故宮文物西遷檔案史料選輯」、五一頁。

(27) 周暁、劉長秀、王麗穎選輯前掲「故宮文物西遷檔案史料選輯」、五二頁。

(28) 日本の古美術商会である。明治後期から戦前まで、大阪にある本店のほか、ニューヨークやボストン、ロンドンに支店をもち、特にイギリスでは英国王室御用達の称号を得た美術商である。辛亥革命後清朝恭親王の所有文物を一括購入し国際競売にかけたことが知られている。戦後まで中国に古美術商会を経営していた。本来は個人商店、一九〇〇年に合名会社山中商会、一八年に株式会社となる。戦後中核メンバーの相次ぐ逝去のため、戦前の勢いは失われたが、経営は二〇〇三年まで継続した。山中商会に関しては朽木ゆり子の『ハウス・オブ・ヤマナカ――東洋の至宝を欧米に売った美術商』新潮社、二〇一一年に詳しい。

(29) 富田昇『流転　清朝秘宝』日本放送出版協会、二〇〇二年、一一二頁。

(30) 同前、二三二―二三七頁、二四一頁。

(31) 一九〇五年から一一年までは、ボストンで七回、ニューヨークで一三回、あわせて二〇回が日本中国美術の展観で、他方中国美術の単独開催は八回にのぼる。一九一二年から二一年までの一〇年間でみると中国美術の単独開催は二九回にものぼった。富田昇前掲書『流転　清朝秘宝』、二二三―二二七頁。

(32) Percival David（一八九二～一九六四）、ボンベイに生まれる。イギリスの中国陶磁の収集家。ボンベイ大学とケンブリッジ大学を卒業後、法律を専門とする。一九二八年から二九年に中華民国政府の委嘱を受け、故宮博物院所蔵文物の調査に関与。収集した中国陶磁は一四〇〇点に及び、質・量ともに世界屈指。『岩波　世界人物大辞典』岩波書店、二〇一三年。

(33) 荘厳『山堂清話』台北：国立故宮博物院、一九八〇年、一四五頁。荘厳著、筒井茂徳、松村茂樹訳『遺老が語る故宮博物院』二玄社、一九八五年、二〇四―二〇五頁。なお、『遺老が語る故宮博物院』は『山堂清話』の抄訳である。

(34) 範麗雅『中国芸術というユートピア――ロンドン国際展からアメリカの林語堂へ』名古屋大学出版会、二〇一八年、九頁。

(35) 荘厳前掲書『遺老が語る故宮博物院』、二〇六―二一〇頁。

(36) 同前、二二三頁。

(37) 範麗雅の研究は中国側の文献のみならずイギリス側の文献をも駆使し、展覧会を通じてイギリス人の「中国芸術」の受容およびその認識の変遷を描き出し、さらに、中国知識人の展覧会に果たした役割およびその文筆活動が与えた影響も明らかにしている。範麗雅「一九三五年の倫敦における『中国芸術国際展覧会』――中国の伝統的芸術・文化に関する英国知識人の言説の検証を指針に」稲賀繁美編『東洋意識　夢想と現実のあいだ――一八八七―一九五三』ミネルヴァ書房、二〇一二年、二五三―二九九頁。範麗雅前掲書『中国芸術というユートピア――ロンドン国際展からアメリカの林語堂へ』。

(38) 範麗雅前掲論文「一九三五年の倫敦における『中国芸術国際展覧会』――中国の伝統的芸術・文化に関する英国知識人の言説の検証を指針に」、二五五頁。

(39) 呉淑瑛「博物館展覧與国族、文化的想像——以『倫敦中国芸術国際展覧会(一九三五—一九三六)』為例的観察」『近代中国』第一五七期、二〇〇四年、四四-七〇頁、「展覧中的『中国』——以一九六一年中国古芸術品赴美展覧為例」台北:国立政治大学修士論文、二〇〇二年。

(40) 範麗雅前掲論文「一九三五年の倫敦における『中国芸術国際展覧会』——中国の伝統的芸術・文化に関する英国知識人の言説の検証を指針に」、二五五頁、範麗雅前掲書『中国芸術というユートピア——ロンドン国際展からアメリカの林語堂へ』、一一頁。

(41) 「北平学界第二次宣言　反対古物運英展覧　駁芸展交歓政策為最下計謀　力陳珍宝出国無保険為可慮」『北平晨報』一九三五年一月二七日、第六版。

(42) 呉淑瑛前掲論文「展覧中的『中国』——以一九六一年中国古芸術品赴美展覧為例」、二九頁。

(43) 「古物運英展覧　為保全民族文化　国人応審慎考慮」『大公報』(天津)、一九三五年一月二〇日、第三版。

(44) 呉淑瑛前掲論文「博物館展覧與国族、文化的想像——以『倫敦中国芸術国際展覧会(一九三五—一九三六)』為例的観察」、五二頁。

(45) 「請選送倫敦中国芸術国際展覧会展品並填展品清単儘明年一一月一五日前送会」国立故宮博物院蔵、故宮博物院史檔案、檔案号:0023-400-00-00-007。

(46) 徐婉玲「展覧的詩学与政治学——以中国芸術国際展覧会為例」『民国時期故宮博物院史学術研討会論文集』故宮博物院故宮学研究所、二〇一二年、一六三-一八六頁。

(47) 塚本麿充「滕固と矢代幸雄——ロンドン中国芸術国際展覧会(一九三五—三六)と中国芸術史学会(一九三七)の成立まで」『Lotus』二七号、日本フェノロサ学会機関誌、二〇〇七年三月、一-一八頁。また、塚本によれば、このような中国独自の芸術分類は、一九三七年五月一八日に滕固を中心として南京で設立した中国芸術史学会によって変形されながら継承されていったと考えられる。それは、絵画と彫刻を中心とし、工芸を「応用芸術」と分類するヨーロッパ的な美術概念でもなく、古社寺の調査から始まり、仏像と絵画が高い地位を持つ日本の近代美術史でもない、中国人自身の芸術体系を反映させた芸術史構想の萌芽を見て取れる。中国芸術史学会が設立された背景は、一九三〇年代から国民政府が多くの文化団体の設立を促したことであった。そのメンバーの多くは中央古物保管委員会の委員である。

(48) 故宮博物院の檔案資料によれば、この時の写真展は教育部の委託を受け行った。前掲『故宮博物院檔案彙編・工作報告(一九二八—一九四九年)三』、七七四頁。

(49) 那志良『撫今憶往話国宝——故宮五十年』香港：里仁書局、一九八四年、一二五頁。
(50) 王正華「呈現『中国』——晩清参與一九〇四年美国聖路易万国博覧会之研究」黄克武編『畫中有話——近代中国的視角表述與文化構図』台北：中央研究院近代史研究所、二〇〇三年、四二一頁。趙祐志「躍上国際舞台——清季中国参加万国博覧会之研究（一八六六—一九一一）」『国立台湾師範大学歴史学報』第二五期、一九九七年六月、二八七-三四四頁。
(51) 久本明日香「セントルイス万国博覧会と清末中国」『寧楽史苑』四九号、二〇〇四年、四二頁。
(52) 王正華前掲論文「呈現『中国』——晩清参與一九〇四年美国聖路易万国博覧会之研究」、四五五-四五六頁。
(53) 一九三八年時点で三九年四月にニューヨークで開催される世界博覧会に出展計画が検討されていたが、武漢陥落や国民政府の重慶移転などが原因で出展が実現しなかった。陳世局「国史館蔵国民政府時期故宮海外展覧史料紹介」『国史研究通訊』第七期、二〇一四年一月、一七七頁。「行政院長孔祥熙呈国民政府為決議取消参加紐約世界博覧会請備案」国史館蔵、国民政府檔案、檔案号：001-110020-00008-005。「国民政府指令行政院為決議取消参加紐約世界博覧会准予備案」国史館蔵、国民政府檔案、檔案号：001-110020-00008-006。
(54) 陳世局前掲論文「国史館蔵国民政府時期故宮海外展覧史料紹介」、一七五-一八一頁に詳しい。
(55) 宋兆霖「路漫漫其修遠兮——記抗戦時期故宮参加之蘇聯『中国芸術展覧会』及其文物帰運」『故宮文物月刊』第三四一期、二〇一一年八月、五九-六七頁、「歴史的能見度——再探抗戰時期中国文物赴蘇聯展覧之千回百折」『紫禁城』、二〇一三年第三期、一四-三三頁。
(56) 傅振倫『傅振倫文録類選』北京：学苑出版社、一九九四年、八五九頁。傅振倫（一九〇六～一九九九）は、河北新河出身。一九二二年北京大学に入学、理科から文科へ転入、二九年卒業後、北京大学研究所国学門考古学会の助教になり、北平特別市古蹟古物評鑑委員兼任。三四年から故宮博物院古物館科員に、三五年の中国国際芸術展覧会では幹事、三九年のソ連中国芸術展覧会では学術顧問。四六年から戦時文物損失清理委員会副代表に就く。四九年に歴史博物館保管部主任、陳列部研究員に就く。前掲『民国人物大辞典（増訂版）』。
(57) 劉鼎銘、胡嘯海、趙雲瀾選編「中央研究院揀選文物運蘇参展相関函件」『民国檔案』二〇〇七年第四期、三頁。
(58) 李寧選編「有関北平故宮博物院参加蘇連芸術展覧会経過情形史料一組」『民国檔案』二〇〇七年第四期、一六頁。
(59) 劉鼎銘、胡嘯海、趙雲瀾選編前掲「中央研究院揀選文物運蘇参展相関函件」、四-六頁。
(60) 李寧選編前掲「有関北平故宮博物院参加蘇連芸術展覧会経過情形史料一組」、一六-一九頁。
(61) 劉鼎銘、胡嘯海、趙雲瀾選編前掲「中央研究院揀選文物運蘇参展相関函件」、九-一一頁。

(62) 中ソ文化協会は、一九三五年七月南京で成立、会長は孫科。張西曼、徐悲鴻などが常務理事。設立趣旨は両国の文化交流と国民の友誼促進である。湖南、湖北、広西、四川、延安各地に分会があった。三六年に機関誌『中ソ文化』を刊行。抗日戦争勃発後、組織は重慶へ移転した。三八年一二月に重慶で第二次年会を開き、宋美齢が名誉会長。抗日戦争後、国民政府の対ソ政策の変更にともなって、活動が停滞した。「中ソ文化協会会章、会務報告与有関文件(一九三八年九月—一九四〇年三月)」中国第二歴史檔案館編『中華民国史檔案資料彙編　第五輯第二編　文化(二)』南京:江蘇古籍出版社、一九九八年、四九九-五一六頁。張憲文、方慶秋、黄美真主編前掲『中華民国史大辞典』。

(63) 劉鼎銘、胡嘯海、趙雲瀾選編前掲「中央研究院揀選文物運蘇参展相関函件」、七頁。

(64) 李寧選編前掲「有関北平故宮博物院参加蘇連芸術展覧会経過情形史料一組」、二〇頁。

(65) 同前。

(66) 同前、二一頁。

(67) 中華民国史事紀要編輯委員会編『中華民国史事紀要(初稿)一九三九・七—一二』中華民国史料研究中心、一九九二年、二八九-二九一頁。原典:「中蘇団結打倒暴日　中蘇文化協会歓迎蘇聯大使　邵代会長馮副委員長致詞蘇大使答詞盛賛我国文化」『中央日報』(重慶)一九三九年九月一六日、第二版。

(68) 李寧選編前掲「有関北平故宮博物院参加蘇連芸術展覧会経過情形史料一組」、二三頁。

(69) 同前、二六頁。

(70) 同前、二七-三二頁。

(71) 同前、二六-二七頁。

(72) 昌彼得主編前掲書『故宮七十星霜』、一三七頁。

(73) 「中蘇関係與抗戦前途——孫科対重慶文化界演説」および「中蘇関係與抗戦前途——孫科対重慶文化界演講(続)」『大公報』(重慶)一九三九年一月一〇日、一二日、三版。

(74) 昌彼得主編前掲書『故宮七十星霜』、一五〇頁。

(75) 周曉、劉長秀、王麗穎選輯前掲「故宮文物西遷檔案史料選輯」、五五頁。

(76) 「社教新聞:故宮古物珍品擬運蓉展覧」『民衆月刊』一九四六年第六期、四一頁。

(77) 以下「故宮博物院在蓉書画展覧」に関する記述は、徐婉玲「故宮書画在蓉展覧始末」『四川檔案』二〇一四年第二期、三八-三九頁および傅錫志「一九四六年盛況空前的故宮文物成都展」『世紀』二〇一四年第六期、三五-三六頁に基づく。

（78）傅錫志によれば、出品した書画は中国書画史上代表的な八八名の書画家の作品であり、晋の王羲之、唐の顔真卿、宋の巨然、李成、郭熙、蔡襄、蘇軾、米芾、元の趙孟頫、黄公望、王蒙、倪瓚、沈周、明の唐寅、仇英、文徴明、清の王時敏、郎世寧などの作品が展示された。傅錫志前掲論文「一九四六年盛況空前的故宮文物成都展」、三五―三六頁。

（79）徐婉玲前掲論文「故宮書画在蓉展覧始末」、三九頁。

（80）毛公鼎は清朝道光二三年に陝西省岐山県で出土した西周末期の青銅器であり、これまで発見されたなかで最長の五〇〇字の銘文を持ち、中国古代史研究にとって重要な銘文資料とされている。一九四六年に民間より献呈され、現在は台北の故宮博物院に収蔵されている。張光遠「西周重器毛公鼎――駁論澳洲巴納博士誣偽之説」『故宮季刊』第七巻第二期、一九七二年、一―六九頁。

（81）杭立武『中華文物播遷記』台北：台湾商務印書館、一九八三年、二七頁。なお、故宮博物院と中央博物院籌備処の収蔵品のほかに、ドイツ人楊寧史（Werner Jannings）から寄贈された商周時代の青銅器五六点も一室を設けて展覧された。那志良『故宮博物院三十年之経過』台北：中華叢書委員会、一九五七年、二〇二―二〇三頁。

（82）「文化消息：故宮文物運回首都展覧」『文藻月刊』第一巻第一期、一九四八年、五一頁。

（83）「古物展覧在南京」『聯合画報』第二一八期、一九四八年、一七頁。

（84）なお、六月六日に、蒋介石は調停を受け入れ、共産党との東北地域での停戦を正式に宣言し、七日から一五日間の停戦が決まった。汪朝光『一九四五―一九四九：国共政争与中国命運』社会科学文献出版社、二〇一〇年、一四五頁。

（85）張憲文など編『中華民国史』（第四巻）南京：南京大学出版社、二〇〇五年、二二二頁。

（86）国民党政権の台湾退去に関しては、林桶法『大撤退――蒋介石暨政府機関與人民遷台之経過』台北：輔仁大学出版社、二〇〇九年および『一九四九大撤退』台北：聯経出版事業、二〇〇九年に詳しい。

（87）「為函請経常恵贈各項図表照片実物俾供民衆観覧由」国立故宮博物院蔵、故宮博物院史檔案、檔案号：0036-300-00-00-006。

（88）「文物展覧会籌備委員会」委員は、教育部長朱家驊、教育部次長田培林、教育部総務司長、社会教育司長、北平故宮博物院院長馬衡、北平故宮博物院古物館長徐森玉、中央図書館長蒋復璁、中央研究院歴史語言研究所考古組李済、台湾教育庁長許恪士、台湾大学校長陸志鴻、教育部国語推進委員会常務委員魏建功、中央博物院籌備処向達、故宮博物院荘厳である。

（89）現在の国立台湾博物館。一九一三年第四代台湾総督児玉源太郎と民政長官後藤新平を記念するため現在地に建築。一九四五年台湾光復後は中華民国に接収され、台湾省行政長官公署に直属する。四九年一月一日に「台湾省立博物館」と改称。

(90)「視察台湾教育完畢　朱部長昨返抵滬　方志懋同来対記者暢談台省教育設施」『申報』一九四八年一月二四日、第四面。

(91)「本部為闡揚我国優越文化起見在台湾挙行文物展覧会由北平故宮博物院中央図書館暨該処参加由」（一九四八年二月一六日）国立故宮博物院蔵、故宮博物院史檔案、檔案号：0037-111-00-00-005。

(92)「視察台湾教育観感　一九四八年二月二日　在教育部月会講」王聿均、孫斌編『朱家驊先生言論集』台北：中央研究院近代史研究所、一九七七年、二一四-二一七頁。

(93)文物展覧会の開催にあたって、教育部長朱家驊と中央研究院歴史語言研究所長傅斯年との意見は異なっていた。朱からの出品要請に対して、傅は当時中国の航海技術が劣っているため、台湾への文物運搬は危険であり、また、台湾人にとって目前最も重要なのは公明正大な政治であり、文物の展覧ではなく、この時期の展覧会開催は錦上に花を添えるようなことに過ぎないと返答した。これに対して、朱は今回の展覧会の趣旨は台湾人に祖国の文化に対する認識を促すことであり、決して錦上に花を添えるようなことではないと主張した。結局、歴史語言研究所は出品に応じなかった。「全国教育展覧会、台湾文物展覧会、第四次全国美展、敦煌芸術」中央研究院近代史研究所檔案館蔵、朱家驊檔案、檔案号：301-01-09-0570。

(94)なお、「文物展円満成功」『中央日報』一九四八年四月三日、六面によれば、展覧会の閉幕後、文物は中国大陸へ返送される予定とされた。また、開催に先立ち、台湾教育庁長は朱家驊に対して、北平に保管されている文物が長期的に台湾に留まることを要請した。それは光復後間もない台湾で文物が長期にわたり陳列できれば、大きな効果を収めることが期待されるという理由であった。それに対して朱は、今回の展覧会には故宮博物院の文物は出展しない。出展されるのは中央図書館および中央博物院籌備処の収蔵品のほかに、上海の個人の収蔵品であるため、その重要性は故宮の逸品と相違がない。展覧終了後はそれぞれを速やかに返却しなければならないと返答した。ここからも出品された文物は閉幕後、中国大陸へ返送されたことが推測される。前掲檔案「全国教育展覧会、台湾文物展覧会、第四次全国美展、敦煌芸術」

(95)「教育与文化――台湾文物展覧会記略」『教育通訊』第五巻、一九四八年第四期、三九-四〇頁。

(96)一八九五年四月に台湾が日本に割譲されると、同年五月に一部の台湾住民が日本による占領に抵抗するため、台湾巡撫の唐景崧を総統として擁立し、「台湾民主国（Republic of Formosa）」の独立を宣言した。その後、日本軍による基隆占領が伝わると唐景崧らは厦門に脱出する。楊碧川編著『台湾歴史辞典』台北：前衛出版社、一九九七年。

(97)李宗侗「文物展覧会在台湾」『世界月刊』第二巻第一一期、一九四八年五月、二四頁。

(98) 林献堂（一八八一〜一九五六）は、台湾台中出身、号灌園、霧峰林家一族出身。日本統治期台湾の実業家、民族運動指導者。台湾議会設置運動に尽力し、一九二一年には台湾文化協会を結成し総理に就任。三〇年地方自治連盟を結成し顧問に就くも、以後、組織的民族運動から距離を置く。四四年皇民奉公会台中支部大屯郡事務長、四五年貴族院勅選議員、戦後は四六年省参議員当選。四八年台湾省通誌館長に任命。五六年病気療養中の日本で没。

(99) 林献堂著、許雪姫編『灌園先生日記（二十）――一九四八年』台北：中央研究院台湾史研究所・中央研究院近代史研究所、二〇一一年、一一五‐一一六頁。

(100) 第二次世界大戦後、中国大陸から渡ってきた人々は台湾人から阿山と呼ばれた。それに対して日本統治期に大陸へ渡り、光復後台湾へ戻ってきた台湾人を半山と呼んだ。また、中国を唐山といういい方から、半分が中国大陸人という意味から半山となったという説もある。政治的な含意としては、中国大陸に居住している時期に国民政府あるいは国民党党内において職に就いていた人、および国民政府を擁護する人を指す。戦後初期から一九五〇年代まで、半山は台湾政界において重要な勢力となっていた。許雪姫主編『台湾歴史辞典』台北：行政院文化建設委員会、二〇〇四年。

(101) 「文物展覧在台湾」『台湾新生報』第八七六号、一九四八年三月二四日、二面。

(102) 「寓教於覧――戦後台湾展覧活動與『台湾省博覧会』（一九四五―一九四八）」『台大文史哲学報』第七四期、二〇一一年五月、一九九頁。

第六章

文物の「戦後処理」

——戦後の文物返還・帰還をめぐる近代文物事業

国民政府は海外へ流出した文物の返還要求を戦前から国際社会に働きかけていた。一九三三年には国際連盟の「保護歴史美術宝物公約草案」の起草に関わっており、三四年一一月には中央古物保管委員会は、フランスに流出した古物の徹底調査をフランス留学生会などに要請することを決定している。また、盧溝橋事件から二年後の三九年七月には「抗戦損失調査辦法」が公布されている。しかし、戦乱による文物の損失に関する調査とそれに基づく文物返還が実際に動きだすのは、戦後を迎えてからであった。中華民国は主要戦勝国として文物返還を構想することになる。

抗日戦争終了後、清理戦時文物損失委員会による文物の実態調査を本格化させるとともに、日本の侵略によって持ち出された文物の返還を駐日連合国軍最高司令官総司令部（以下、ＧＨＱ）を通じて求めることになった。中華民国は連合国との協調を図りながら、清末以降、国外に流出した文物を回収しようとした。その主な対象は日本による略奪文物であったが、ドイツやイタリアも視野にあった。中華民国としては、戦前に国際連盟の枠組みでは果たせなかった清末以来の海外流出文物の中国への返還を目論んでいた。

文物の返還とともにその帰還も進められた。日本占領下の北平故宮博物院、歴史博物館、国立北平博物館、古物陳列所をはじめとした教育文化機関とそれらに所蔵されていた文物を中華民国が回収した。さらに、「敵偽財産」のなかの文物を没収し、西南に疎開した文物を帰還させた。これらの文物は回収後の中央博物院籌備処や故宮博物院などの文化機関が積極的に接収し、近代文物事業を早急に再構築することが目指された。

第二次世界大戦の終結による国威向上によって、アヘン戦争以降、国家課題であり続けた「失われた文物」の回収を構想することが可能になった。それは、中華民国の文物事業における一つの帰結ともいいうるものであった。本書では、第二次世界大戦終結後に中華民国が推進した文物返還・帰還事業を「戦後処理」と呼称する。(1) 本章では、中華民国政府によって展開された文物に関する「戦後処理」、具体的には損失文物調査、日本などに対する文物返還要求、「敵偽財産」における文物の没収、疎開文物の帰還などについて検討し、こうした一連の「失われた文物」の復帰を目指す諸措置が、第二次世界大戦後における国家の再統合においてどのような意味を持ちえたのかを探る。

まず、第一節では、戦後の文物返還要求の前提となる文物損失調査について関係組織の設立と変遷について整理し、こうした文物返還要求を国際政治のなかで位置づける。そして、中国国内における文物損失調査について言及する。第二節では、日本に対する返還要請に関して、日本によって略奪された文物の接収状況を整理し、日本に対する文物返還とGHQとの関係を検討したうえで、中華民国によって日本で行われた文物調査について論じる。第三節は、文化機関、文物、「敵偽財産」の接収や疎開地からの帰還について言及し、特に毛公鼎を事例として戦後の文物回収の意味について論じる。

第一節　戦後の文物返還要求について

一　戦中・戦後における文物損失調査組織の設立と変遷

国民政府は対日抗戦直後から、戦時下での損失実態調査を始めた。一九三八年一〇月一八日に第一期第二回の国民参政会が重慶で行われ、参政員の黄炎培が戦後の日本に対して賠償要求ができるように、速やかに抗戦公私損失調査委員会を設置し、抗戦損失の調査の実施を提案した。この提案に基づいて行政院は三九年七月に「抗戦損失調査辦法」および「査法須知」を公布し、中央各機関および各省市政府に調査のうえで報告するように通達した。また、行政院は全ての調査資料を審査編集する部署として主計処を指定した。主計処は四〇年以降、半年ごとに損失調査によって集められた統計数字を編纂した。この時期は抗戦損失調査の専門管轄機構がまだ設置されておらず、行政院がその業務を担った(2)。

カイロ会談後、連合国は戦勝後の賠償問題について構想することになった。一九四三年一一月一七日に、行政院院長蔣介石が「九・一八以来、日本の侵略によって、国家と社会の公私財産が受けたあらゆる我が国の損失に関して、直ちに分類統計調査を行う。行政院或いは国防最高委員会に担当機構を組織し、確実に着手すべきであり、遅れてはならない」と命じたため、抗戦損失調査委員会の設立に向けて動き出した(3)。

損失調査に関してこの動きとは別に、一九四三年一二月に中華民国軍事委員会は行政院と教育部に対して「我が国の各種文化事業は敵軍から甚大な損害を受けており、戦争終了後に敵国に対して賠償を要求すべきである。各関係機構が合同協議のうえで、共同で要求賠償文化事業研究会を組織することを希望する。各種の資料と証拠を収集しながら、具体的な方法を考案し報告することが必要である」という要請文を発した。これを受けて行政院は教育部に対して「向敵要求賠償文化研究会組織案」を、迅速に外交、軍政および司法行政三部と共同で立案するように求める通知を発した。

教育部はこの通知を受け、直ちに一九四三年一二月二九日に重慶において設置会議を開き、行政院、軍政部、司法行政部、教育部、外交部から派遣された人員が協議したうえで向敵要求賠償文化研究会の設置案を起草した[4]。同研究会と並行して前述の行政院抗戦損失調査委員会の設置が検討されていたので、四四年一月二二日に蔣介石の許可を得たうえで両組織案を併合することになり、同年二月五日に国民政府は抗戦損失調査委員会を設立した[5]。同委員会の常務委員には翁文灝など七名が就任した。同委員会には四つの組が設けられ、それぞれ教育文化事業の損失調査、公私財産の損失調査、その他の損失調査、敵人の陥落区における経営事業の調査にあたるものとされた[6]。なお、抗戦損失調査委員会は調査対象を文物に限定する組織ではなく、文物調査を推進する組織として戦区文物保存委員会（のちの清理戦時文物損失委員会）が設立されることになる。

戦時中の文物保護原則が国際的に承認されたのは、一八九九年の第一回ハーグ平和会議で調印され、一九〇七年の第二回同会議で改定された「ハーグ陸戦条約」においてであった。その第三款「敵国の領土における軍の権力」の第四七条には「掠奪は之を厳禁す」とあり、第五六条では「市区町村の財産並国に属するものといえども宗教、慈善、教育、技芸及学術の用に供せられる建設物は私有財産と同様に之を取り扱うべきであり、右の如き建設物、歴史上の記念建造物、技芸及び学術の製作品を故意に押収、破壊又は毀損することは総じて禁せられ且つ訴追せらるべきものとす[7]」と明記されている。しかし、第一次世界大戦ではこれは遵守されず、文物保護に対して無力であった。

アメリカが第二次世界大戦に参戦し、ヨーロッパ戦線に関与するようになると、アメリカ国内で戦時下の文化財保護に関心が寄せられるようになり、博物館関係者からルーズベルト大統領側へ保護委員会の設置が提案された。一九四三年に入るとアメリカはイギリス、ソ連の賛同を得て、戦闘地域の文物保護に関して、八月二〇日にヨーロッパにおける芸術的歴史的遺跡の保護・救済に関するアメリカ委員会[8]（The American Commission for the Protection and Salvage of Artistic and Historic Monuments in Europe）を設置した[9]。

その後、一九四四年六月ごろ、アメリカは同委員会が対象とする「美術及び歴史上古蹟」を太平洋地域まで拡大するために、前記組織を戦争地域における芸術的歴史的遺跡の保護・救済に関するアメリカ委員会[10]（The American Commission for the Protection and Salvage of Artistic and Historic Monuments in War Areas）に改めた。アメリカがこの政策の一環として、四四年一〇月ごろに中国に対して委員会の設置および両国が共同で保存に該当する地区の図表作成を建議した。この建議を受け、教育部は四五年三月一七日に会議を開き、この会議には外交部、軍政部、内政部、北平故宮博物院、北平図書館、中央美術館、文化人が出席した。アメリカ側の意を受け、四五年四月一日に教育部は重慶において正式に戦区文物保存委員会を設立した[11]。

同委員会の構成メンバーは軍政部、外交部、内政部からそれぞれ一名のほかに、中央研究院院長、北平故宮博物院院長、中央博物院籌備処主任、中央図書館長、北平図書館長が派遣され、さらに教育部内の高級職員および美術・古物保存に造詣の深い社会人士五名が加わって組織された。委員会は保護にあたる文物を建築、美術、古物、古書の四組に分け、それぞれの分野に専門員を任命した[12]。その主な任務は「戦区文物保存委員会組織規程」に記されている通り、戦区の重要文化建築、美術、古蹟、古物の実況を調査しならびにその保護を図ることや、連合国と連携を図り、戦区内にある古蹟と文物の分布図表を作成することである。この時の成果としては、中国語と英語で併記された一〇省市の重要建築目録九八頁、写真一七六枚、地図一〇六枚、計三九九頁が編輯されたという[13]。

「戦区文物保存委員会組織規程」からみれば、文物損失調査は多機関にまたがり、より高い専門性が求められていることがうかがえる。しかし、同委員会は成立して間もなく戦争が終結し、戦後における国内外の文物調査を拡大する必要から、一九四五年一〇月に清理戦時文物損失委員会と名称を改め、戦区での文物保存から、破壊もしくは略奪された文物の調査へとかわったが、組織規程と趣旨はそのまま受け継がれていた[14]。同委員会は平津（北平・天津）、武漢、粤港（広州・香港）、東北、京滬（南京・上海）の五つの調査区に分け、それらの区域ごとに各省の辦事処を設け、敵偽文物の差し押さえと損失調査を任務とする文物専門家を派遣した[15]。同委員会は四七年四月に解消されたが、その業務は教育部が引き続き処理することとなった。

二　ドイツ・イタリアに対する略奪文物調査

第二章で述べたように一九三〇年代には国際連盟の知的協力国際委員会は「保護歴史美術宝物公約草案」を考案し、国家の枠組みを超えて文化財を保護するために、各国に草案内容に対する意見を求めた。当時の中国も知的協力国際委員会の構成員であることから、一九三三年ごろから公約草案の作成に関わった。三九年の時点では草稿などが準備されたが、結局、戦争が始まったため作業は中断された。

その後、第二次世界大戦中の一九四二年にロンドンで組織された連合国教育相協議会において、文物略奪とその返還は重要な議題として取り上げられた。四三年第二回教育相協議会において、「美術品、学術資料、書籍、文書の返還協定」が制定された[16]。

中国は一九四三年ごろから、義和団事件の際にドイツとイタリアに略奪された文物について調査を始めた[17]。特に四三年イタリアの降伏から間もない一一月ごろに、義和団事件で略奪された文物の調査に着手した[18]。四五年八月に中央博物院籌備処は教育部に対して義和団事件時ドイツおよびイタリアによって略奪された中国文物一覧表を提出し、文書には略奪された文物の所蔵場所や年代などについての記録が整理されている。たとえば次のような記載がある。

ベルリン国立図書館所蔵の『宋版易伝李氏集解』やローマ図書館所蔵の『本草品彙精要』は全て故宮に所蔵されていた貴重本であった。明らかに義和団事件の際に略奪された品である。……ドイツに略奪された古物の中で最も重要なのがトルファンの壁画及び唐宋の貴重本であり、ベルリン民族博物館及びベルリン学術院に所蔵されている。これらは中国にとって最も重要な文化的史料である。義和団事件とは無関係のようにみえるが、発掘調査にあたって、当時の中国の法令に従っていないので、略奪と見なすべきであり、返還を要請すべきである。[19]

一九四三年から始められたドイツおよびイタリアの略奪文物に関する調査が、このような詳細な目録の作成につながったといえよう。また、中国が枢軸国側へ文物の返還を求めた背景には、連合国教育相協議会の設立や四三年末に蔣介石がカイロ会談に参加したこと、そして、主要戦勝国の一角を占めることによる中国の国際的な地位の向上もあったと思われる。

三　中国国内における文物損失調査

一九四五年四月一日に教育部は重慶において正式に戦区文物保存委員会を設立した。前述のようにこの委員会は戦争地域における芸術的歴史的遺跡の保護・救済に関するアメリカ委員会の建議を受けた措置であった。四五年九月に同委員会は代表団を重慶に派遣し、中国各地での公有文物および私有文物の損害調査を行った。九月一二日に開かれた戦区文物保存委員会第四回会議の際に代表団と会談が持たれた。会談では、収復地区にある各種の古物、古建築物、図書、美術品の損失状況の調査計画と、現存文物の整理と保護、および日本に略奪された文物の返還要求と賠償について詳細に討論され両者は合意した。また第四回会議では、戦時中に文物の損害状況を調査したうえでその返還と賠償を要求できるように、その調査業務にあたる代表を京滬、武漢、平津、粤港に派遣することになった。そして、全国文物損失登記の準備作業がすでに始まっており、全国公私機関や個人の文物の損失状況について、直接委員会に申告できる体制を整え、それを追跡あるいは賠償の根拠とすることが決まった[20]。

その後、清理戦時文物損失委員会と組織名を変更した直後の一九四五年一〇月二六日に全国に対して公有私有文物損失登記を始めた。登記辦法には次のように規定されている。

（一）全ての省市公私機関及び個人で、戦時中において文物を損失した者は、誰もが登記申請することができる。上述にあたる文物とは、全ての歴史芸術価値を有する建築物、図書、芸術品などである。

（二）全ての公私機関及び個人の登記申請にあたって、下記の事項を詳細に明記した一覧表を作成する必要がある。甲、申請人氏名（或いは機関名）及び連絡先。乙、文物名称及びその重要性、損失した時間・場所・損失状況及び当時［損失を与えた］敵偽の責任者或いは組織名や部隊名、該当文物の現在の行方等。丙、文物の写真や図像を添付する。丁、個人申請の場合は該当地域の関係組織からの証明書を付け加える。

（三）登記申請の締め切りは一九四五年一二月末とする［清理戦時文物損失委員会第八回会議において、三月末まで延期となった］。

（四）各地政府が審査整理した登記表を教育部清理戦時文物損失委員会へ転送し、文物の追徴賠償に充てる[21]。

以上のような調査活動を経て、『中国戦時文物損失数量及估価総目』が作成された。調査の結果を報告した省市は南京市、上海市、浙江省、江蘇省、河南省、湖南省、湖北省、陝西省、安徽省、河北省、福建省、広東省、香港、広西省、江西省であった[22]。損失した文物調査項目として、書籍、書画、碑帖、古物、古蹟、器具、標本、地図、芸術品、雑件が設けられ、計三六〇万七〇七四点、七四一ヵ所、一八七〇箱であり、合計価値は九八八万五五四六元であった[23]。

しかし、この調査結果について、清理戦時文物損失委員会が一九四七年四月に作成した「清理戦時文物損失委員会結束報告」では、公私収集家が文物損失の調査に対して協力的ではなかったため、統計数字は実際の損失数字とはかなり差があると述べられている[24]。また、損失文物全体に占める日本による略奪文物の数も明らかではない[25]。四六年六月に文物の種別目録が作成され、最終的には「抗戦文物損失目録」としてGHQに提出され、本目録に基づく調査を要請した[26]。このように中華民国政府は戦争勝利後に直ちに連合国やアメリカ政府、GHQが設定した枠組みのなかで、文物の被害調査に着手し、返還賠償交渉の準備を進めた。

第二節　日本に対する返還要請について

一　日本の対中国文物略奪と接収

日清戦争開戦後の一八九四年秋に、宮中顧問官兼帝国博物館総長九鬼隆一が政府や陸海軍の高官に「戦時申告宝物蒐集方法」という文書を送った[27]。その内容は「要旨」、「方法」、「費用」の三項目からなっている。「蒐集の要旨」は九項からなり、第一項と第二項には蒐集の目的が述べられているが、以下はその大意である。日本の文化の根底は、中国や朝鮮と密接に関係しており、日本の文化固有の性質を明らかにするためにも、中国や朝鮮の文化と対照する必要がある。中国や朝鮮では失われた古物で日本に残されているものは数多く、さらに充実することが求められる。東洋の宝物を日本に集め、国力を誇示し、東洋学術の本拠とする。戦時はその好機である。

また第三項以下では、戦時中に蒐集する利点としては、平時に得られない品が得られること、平時よりも安く入手できること、平時よりも重量なる品を運びやすいことが挙げられ、名品を戦争による滅亡から防ぎ、保存できること、戦勝の記念として国威を発揮することなどが列挙されている。そして第九項では、「買収の取り扱いを慎重にするにおいては戦時の蒐集は毫も国際公法の通義に戻るところなし」とあり、買収の取り扱いを慎重にするという点に関して、戦時の蒐集は少しも国際公法の通義に反するところはないと明言している。

実際に「戦時申告宝物蒐集方法」がどの程度まで運用されたのかは不明であるが、宮中顧問官兼帝国博物館総長という役職にあった人物が政府や陸海軍にこのような構想を提示できたということは、日清戦争に際して、政府や軍部が朝鮮や中国に対していかに立ち振る舞おうとしていたかを明示しているといえよう。[28] 九鬼はこのほかにも、『稿本日本帝国美術略史』に寄せた序文で「戦時申告宝物蒐集方法」と通じる主張を述べている。[29]

このような主張はその後も美術関係者に受け継がれた。たとえば、瀧精一[30]の論説には、「中国の発掘品は美術史上に莫大なる資料を供するものであるが、大部分西洋人の手に依ってなされて居る[31]」、「支那物流行は今や将に東西を論ぜず世界の機運となりかかっているとみて差し支えない。日本に於ても真面目なる支那研究は益盛に行ふの必要がある[32]」とあり、そして、中国美術品は山中商会などの古美術商によって流出したが、その流出先は日本ではなく、欧米であったことを残念がっている。[33] 瀧の論説からも日本の美術研究には中国の美術品が欠かせず、日本にこそ「東洋美術品」を欧米の手から守る責務があり、欧米に先を越されることは東洋の一員として、深刻な事態であると受け止めていることが読み取れる。これらの政府や美術関係者の考え方は、戦時中の略奪ないし収集に通じるものがあるのではないだろうか。そして、中国側の立場からみれば、一試案としてであれ提案された九鬼や瀧らの意見と欧米による中国文物の盛んな収集は、外国が中国文物を奪っていくという点では、大差はなかったとも考えられる。

日本はその後も、中国の文物動向に注意を払い続けた。たとえば、一九一四年に北京政府は奉天と熱河の文物を全て北京へ運搬し、古物陳列所に保存することを表明するが、日本の在奉天総領事館は絶えずこれらの文物の動向に注目し、数回にわたり本国に報告している[34]。また、二四年の北京政変によって溥儀が紫禁城から退去した直後に、外務大臣幣原喜重郎は特命全権公使の芳澤謙吉に訓電を発し、北京政府の財政難による文物の売却、『四庫全書』や美術品などの海外流出を懸念し、そのような事態になると日本がなそうとしている「東洋文化の保存」において大変遺憾なことになると述べている[35]。このような「東洋文化の保存」というロジックから、中国による文物の処置に深く関与したいという日本政府の思惑をうかがうことができる。これについては、補論で詳しく述べる。

ところで、抗日戦争期において、日本軍による文物の略奪は満洲事変から始まった[36]。一九三七年に盧溝橋事件がおき、日中の全面戦争に突入し、同年に上海、南京が相次いで陥落した。日本軍の占領地での文物処置については、四一年三月に中支建設資料整備委員会[37]が編纂した『業務概況』に記録されている。同概況によれば、同委員会は占領地内において、図書文献の蒐集整理、学術標本の蒐集保存、図書の翻訳出版、紫金山天文台の復興、およびその研究、特に南京では、南遷した故宮博物院南京分院に保存されていた「北平文物」を接収した。また、中央研究院歴史語言研究所、南京古物保存所、陶磁試験所、明故宮遺跡などが所蔵する数万点の文物を保管した[38]。同概況には、日本が行った文物に対する諸措置について、戦乱によって混乱した管理を整理し、文化保存を達成したと自賛している。

一方、戦後に中国側が行った調査では異なる側面がみえてくる。『中国戦時文物損失数量及估価総目』によれば、南京の文化機関は甚大な略奪を受けたとされる。たとえば、中央地質研究所（書籍、器具、標本）、中央博物院籌備処（書籍、書画、器具）、国学図書館（書籍、書画、古物）、中央研究院歴史語言研究所（書籍、器具、標本）などの略奪統計が記載されている[39]。また、上海においても、上海市立博物館（書籍、書画、古物）、上海市施設（古物、古蹟、墓碑など）などの文化機関が略奪を受けた[40]。

ところで、一九四〇年三月に汪兆銘政権が南京に成立すると、四一年三月二七日に汪政権外交部と駐中国日本大使館とが、文物返還接収の共同声明を発表した。それに先だって、汪政権は返還業務を遂行するため、接収手続きおよび「文物保管委員会」の設置を決定した。四月一五日第五五次行政院会議において「文物保管委員会組織条例」が通過し、七月に第一回委員会会議が開かれた。[41] この時発表された共同声明では、「両国関係当局が協議のうえ、事変以来日本方面が苦心して整理保存した史蹟文物を中華民国政府に移管することが決定した」と述べられ、文化機関のほかに、保管中の図書、檔案、学術標本、古物などの文物、史蹟が返還対象とされた。文末には「今般、移管が実現できたことは、東方文化の栄光を維持増進するためであり、実に喜ばしいことである」と賞賛している。[42] このように、中支建設資料整備委員会によって「保全」されていた文物などは汪政権に返還されたが、後述のように、これらは戦後、中華民国政府によって再び接収されることになった。

二　ＧＨＱとの交渉

中国は、一九四五年八月抗日戦争には勝利したものの、連合国の一員でもあったため、戦後の日本、ドイツなどの枢軸国および旧枢軸国のイタリアなどへの文物返還要求は、ほかの連合国と協調する必要があった。戦後の日本問題を処理するにあたって、一九四五年一二月二七日のモスクワ三国外相会議によってワシントンに極東委員会（Far Eastern Commission）が、そして東京に対日理事会の設立が決定された。文物返還の原則およびその方法は極東委員会によって決められ、対日理事会の執行組織であるＧＨＱが文物返還の具体的な業務を負った。

一九四五年一〇月一日行政院院長宋子文が外交部に対して、ＧＨＱに次のような働きかけを行うように訓令を下した。その内容はＧＨＱが日本政府に対して、「日清戦争以来、我が国から略奪した文物の譲渡、転売等のいずれの処置も禁止すること」を伝えることであった[43]。日本での文物返還調査にあたって、四五年一〇月二四日清理戦時文物損失委員会は張道藩を団長とする調査団を組織し、「清理戦時文物損失委員会赴日調査団工作綱要」について討論した[44]。調査団の主な任務は、日本国内に存在する中国の各種の文物を調査し、その目録を編集することおよびGHQと協議したうえで、日本に存在する中国文物の保全に必要な措置を取ることである[45]。

一九四五年一一月二六日に外交部は軍政、軍令、経済、教育、内政各代表を召集し文物返還要求について会議を行った。その会議において、第一に、関係部署から集めた人員を組織し、日本へ派遣する。第二に、日本からの賠償の対象となる実物を把握し、日本が我が国から略奪した文献古物の調査と鑑別作業を行う。第三に、代表団がGHQと交渉し理解を得たうえで、優先的に飛行機、軍艦、軍需工場の一部接収と、我が国から略奪した文献文物の返還に協力を請う[46]という方針が決まった。

しかし、当時中国の行動は連合国との協調が要求され、また、日本へ人員を派遣するにはGHQの意向をうかがわなければならなかった。そこで、まず中国側は一九四五年一二月一〇日に、アメリカ駐中国大使館を通じてGHQの協力を求める打診の文書を発した。その後大使館がGHQからの回答を得たうえで、四五年一一月二八日に中国本国へ返答した。その内容は、現在、調査業務に着手するのは現実的ではない。一名か二名の専門家を派遣し、中国駐GHQ軍事連絡官辦事処の下に位置づけ、小規模な代表団を組織することが有用であるとされた[47]。そのため、中国側が当初計画していた調査団の渡日は実現できなかった。

ところで、同じ時期に日本を訪れたアメリカ大統領代表兼アメリカ日本賠償委員会委員のポーレー（Edwin W. Pauley）が東京において、中国中央社記者から質問を受けている。「日本商工省が略奪した芸術品や古物を抵当として外国から借款するという噂があるが、これは文物返還の規程に抵触するのではないか」と記者が問いかけたのに対して、ポーレーは「国籍が判別できる古物はその所有国に返還する」と答えた。しかし、「日本からの情報によれば、日本皇室の珍蔵古物の多くは中国伝来の芸術品であり、もとの所有者にいかなる方法で返還するのか」という質問にはポーレーは答えなかった。(48)

三　日本での文物調査

本来の計画が大幅に縮小し、一九四六年四月一日に李済と張鳳挙(49)の二人が連合国対日委員会代表団顧問という名義で日本に渡った。(50)一ヵ月余りの期間、東京、大阪、京都各地で調査を行った。その調査結果は、四六年五月一八日の清理戦時文物損失委員会第一〇回会議において李済によって報告された。その主な内容は次の四点にまとめられる。

（一）日本に収蔵されている外国から略奪した文物に対するＧＨＱの方針については、日本政府が下した訓令からうかがえる。その一は、金銀の輸出入への統制。その二は、芸術品も同様に統制する。その三は、日本国内にある略奪によって取得した財産を調査し、一九四六年六月一日までに報告する。

（二）民間情報教育局(51)（CIE：Civil Information and Education Section）の人員と意見交換したところ、一九三七年の盧溝橋事件発生以後に略奪された文物に関しては日本に返還させる意向であり、それ以前に略奪された文物の返還に関しては未定とされた。一方、日本が我が国で略奪した文物は原則的に実物で賠償し、中国が戦時中に損失した文物のリストを迅速に提出するように建議された。

（三）大阪、京都の美術館、研究所などを調査し、収集家などと会談したところ、日本側は、日本が中国で発掘した文物や、中国の文化と深く関わっている文物などは中国に返還する予定であると述べている。

（四）今後、取るべき方針は、盧溝橋事件以降の損失文物のリストを早急に作成することである。ただし、具体的な内容が要求される。ＧＨＱに対して、中国の文物賠償事項を特別に処理すること、及び対象時期は日清戦争にまで遡ることを提案する。中国の対日代表団は日本各所にある文物の目録を調査し、アメリカ側と並行して調査を行う。日本で中国文化を研究する機関に対しては、助成が望まれる。中国の文物政策を改める必要があり、なぜならば完全な出国禁止は必ずしも文化に有益とはいえないからである[52]。

ここには、日本での略奪文物の返還や略奪文物の調査に関する状況が報告されている。返還や賠償の対象となる文物の略奪時期に関して、中国側とＧＨＱとの間には依然として相違があり、ＧＨＱは返還と賠償要求が日本以外の欧米諸国に波及することを望んでいないように思われる。中国文化を研究する日本の機関に対する助成が必要であり、研究などが目的であれば文物の出国を認めてよいというのが、李済の意見であった。李の報告内容はその後「追償我国在日文物意見書」として外交部を通じてＧＨＱに提出された。

また、李済と張鳳挙の日本での調査結果に基づき、一九四六年六月一二日に清理戦時文物損失委員会が教育部に提出した文書から、中国の対日文物返還要求の方針がうかがえる。これは外交部を通じて極東委員会に提議することとなった。以下はその主な内容である。

一　一八九四年以降日本が中国から略奪した文物は全て返還される必要がある。

二　上記の期間中に中国政府の許可なしに、日本が科学調査の名目で、中国各地で発掘取得した一切の文物は返還すべきである。

三　上記の期間中に日本によって破壊され、或いは日本の軍事行動によって損失した全ての中国文物については、日本政府が同類の実物で賠償すべきである。

四　日本によって破壊された高価値を有する文物、或いは日本の軍事行動によって損失した中国文物の全てに、同類の実物がない場合、同等価値の品物で賠償する必要がある。価値の見積もりは受け取り側の政府が決める。

極東委員会への提議を踏まえ、さらに施策面についてＧＨＱに対して次のように要請した。

（一）日本に所蔵されている中国文物を処置するために、以下のような内容の特別法令の公布を要請する。

①日本政府に対して日本国内の中国文物の譲渡・転売の禁止を命じる。また、日本人が個人で収集した中国文物に対する徴税を停止する。これは密輸の発生を防ぐためである。

②日本政府に対し、日本国内で発見された一八九四年以降の一切の中国文物の登記を行うことを命じる。また、各項目の文物は日本政府或いはＧＨＱが管理し、将来の清算に備える。登記せず隠蔽する者には懲罰を与える。

③日本から輸出禁止物品に書籍の一項を加える（民国以前に出版された木版に限る）。

（二）我方の人員にＧＨＱの管理下でこの種の業務の参加を認める。また該当業務に従事する人員に必要な便宜と特権を与える。(53)

一九四六年五月ＧＨＱは、日本政府に対して六月一日までに戦時期に取得した文物の目録を作成することと、文物の保管、転売および移動の禁止を命じた。この命令に対して、日本政府は全国に文物調査の命令を発した。盧溝橋事件以降中国において、強制的な手段あるいは没収、略奪によって得た文物で、なお日本国内に現存しているものを四六年五月二〇日までに各地の行政機関へ報告することになった。違反した場合は罰金を課すことが通達された。(54)

一九四七年二月駐日本中国代表団の日本政府との交渉によって、香港において日本に略奪された善本古籍が中国に返還された。代表団によればこれらの古籍は、戦時中に中央図書館が上海において個人収蔵家から買い取ったものである。その後上海の戦局が悪化したため、これらの古籍を香港へ疎開させ、アメリカへ運搬して保護する計画が立てられた。しかし、間もなく香港も日本軍によって占領され、古籍は日本軍に接収された。日本が降服後、駐日代表がこの事実を発見し、四六年四月から返還交渉が始まり、計三二八六部三四九七冊が返還されることになった。その後、これらの古籍は数回に分けて中国へ運搬されることになった。[55]

一九四七年に清理戦時文物損失委員会が解散したのち、日本での文物調査に関しては新たに、四七年九月二五日駐日本中国代表団が日本賠償及返還物資接収委員会（以下、賠償委員会）を設立した。同委員会は賠償および被略奪財産帰還の業務を負う。委員は当初五名[56]であり、二〇名あるいは二五名までの増員が可能であった。[57]さらに、一九四八年三月五日に賠償委員会は日本から返還された物資を処理するために日本帰還物資処理委員会（以下、処理委員会）を設立する。処理委員会委員は一一名、賠償委員会、外交部、財政部、教育部、交通部、経済部、中央信託局、故宮博物院から代表各一名、賠償委員会主任委員指定の三名から組織される。[58]

結局、一九四九年九月までに、日本が中国へ返還した文物は、図書一五万八八七三冊、古物など約二〇〇〇点に止まった。[59]そのなかには四一年六月汪兆銘が日本を訪れた時に日本皇室へ贈った屏風一対および玉瓶三点、満洲国が日本に贈与した品物、日本に略奪された明清時代の古画二七点が含まれている。[60]

ところで、文物返還は中国側が期待したような結果とはならなかった。その理由を清理戦時文物損失委員会は次のように報告している。GHQの定めた文物返還規程が厳格であり、中国側が提出した略奪された文物の証明資料が不充分であるため、返還交渉が難航した。また、前述の中国側が提出した意見書に対して、GHQから具体的な回答が得られず、実物賠償についても国際社会から承認を得られなかったためであった。[61]

第三節　国内における文物の回収

一　各文化機関の接収と帰還

終戦直後の一九四五年八月ごろ、国民政府教育部は各省市に対して、「直ちに各教育文化機関を接収するための人員を派遣して、公私古物、文献損失の状況を調査する」ことを通達し、復員および接収の業務に着手した(62)。四五年一二月に教育部は文物の接収に関して行政院に以下の要請を行った。それは、行政院と軍事委員会が協議し、各収復区の軍政機関が差し押さえた敵偽産業が所有していた文物を、一律に清理戦時文物損失委員会が接収するという要請であった(63)。一九四六年一月三〇日ごろから接収された文物の整理が始められ、原則として本来の所有機関が判明する文物はそこに返還し、判明できない文物は所蔵先を検討したうえで、博物館や学術機関に保存することに決定した(64)。北平、天津地域では主に各文化機関の図書、檔案資料の接収が進められた。また、歴史博物館、国立北平博物館、古物陳列所などの収蔵品も接収された。そのなかで、古物陳列所の収蔵品は四八年に中央博物院籌備処が接収した(65)。

一方、一九四五年一〇月に北平故宮博物院は教育部によって接収され、馬衡が引き続き院長に留任した。四五年一〇月から四七年三月六日までの期間に、故宮博物院が接収ないし各処からの移管および寄贈された文物を整理したものが表6−1である(66)。後述のように「収復区敵偽産業処理辦法」が公布され、全国重要区域に敵偽産業処理局が設置された。故宮博物院の文物接収も同辦法に基づいている。そして、一九四七年ごろから抗日戦争期に疎開した文物を南京へ帰還させる作業が始まり、いったん重慶に結集したのち、南京へ向けて運搬し、四七年一一月に南京に到着した。

表 6-1　戦後北平故宮博物院の接収・各処からの移管・寄付文物一覧表

品　名	点数	原保管場所	接収期日	備　考
陳仲恕漢印	501	華北政務委員会経済総署	1945. 10	華北政務委員会経済総署の解散にともなう接収。
楊寧史銅器	263	北平スウェーデン百利公司	1946. 1	教育部及び行政院院長臨時駐北平辦公処令による接収。
郭觶齋磁器	427	北平郭宅	1946. 2	行政院会議決議による接収。
天津溥儀旧宅文物	1,085	天津溥儀宅	1946. 7	アメリカ駐中国海軍陸戦隊による発見後、河北津区敵偽産業処理局と協議したうえ接収。
天津溥修宅所蔵溥儀物品	222	天津溥修宅	1946. 7	河北津区敵偽産業処理局が差し押さえたあと、行政院の指令による接収。
福蘭克福（フランクフルト）中国学院友誼会古物図書	741	北平徳孚洋行	1946. 9	河北津区敵偽産業処理局が差し押さえたあと、行政院が教育部に審議を命じ、審議後接収。
存素堂絲繡及其他文物	3,319	中央銀行長春分行	1946. 11	国民政府の指示に基づく教育部の命令による接収。
前宗府残余玉牒	834	北平孔徳学校	1947. 3	同校の提出による接収。

出典：『故宮博物院檔案彙編・工作報告（1928-1949 年）四』をもとに著者作成。

接収・帰還作業が進行しつつあった一九四七年九月三日に、馬衡は北平広播電台（放送局）から講演依頼を受けた。放送された講演内容は、三三年の文物南遷から抗日戦争終了後の帰還までの期間に起こった故宮博物院をめぐる出来事や、復員後の北平での文物保管状況についてであった。馬は冒頭で講演を行った経緯を次のように説明した。「友人や新聞記者に抗戦期間中の文物の保管状況や、ロンドン展覧会に出品した文物が帰国したか否かについてよく質問されるが、国民はやはり故宮の収蔵文物に大変関心があることがわかる。この機会に国民に故宮文物の保管状況を報告したい」。馬のラジオ講演はその内容とは別に、電波媒体を用いた点に特徴があるが、当時の受信機の普及状況などから考えて、どの程度の人々が聴取できたかはわからない。一方で国民の間では「故宮文物」に対する関心は依然として高く、院長の釈明が求められる状況であったといえる。また、これからの故宮博物院の運営について国民の理解を求めることも講演の目的にはあったのだろう。

しかし、日本の敗戦により中国共産党が華北地区において勢力圏を拡大しつつあるなかで、文物を北京に帰還させることはもはや不可能となった。その後一九四八年九月中国共産党によって華北人民政府が成立し、国共内戦を経てその統治地域を拡大していった。四八年一二月から国民政府は南京に帰還した文物をさらに厳選して台湾へ運搬し始めることになった。

南京では戦後、中国陸軍総司令部が汪兆銘政権下の各機関を接収した。一九四五年九月に教育部は、汪政権が四一年に設立した「文物保管委員会」管轄下にあった中央図書館、地質調査研究所、紫金山天文台、博物専門委員会などの文化機関を接収した。四六年一月二一日にこれらの機関から接収した文物を整理するために会議が開かれ、故宮博物院などの中央文化機関が人員を派遣した。文物整理の原則は、本来の所有機関に返還することであり、そのほかは国民党中央党史資料編纂委員会、故宮博物院、中央研究院、中央図書館が保管することになった[68]。接収した文物は故宮博物院南京分院などを含め、七〇〇〇点あまりにのぼったが[69]、この時接収された文物は三七年ごろ内陸へ疎開できなかった文物がほとんどであった。

上海では、一九四六年九月教育部が中央博物院籌備処に対し上海和平博物館を接収する訓令を下した。いったんは江浙皖区敵偽産業処理局によって同博物館の古物や図書、書画は接収されたが、これらの文物は歴史性を有する芸術品であることから、その永久保管のためには、中央博物館籌備処による接収が適切であると判断されたのであった[70]。

東北地域では国民政府東北教育委員会が満洲国の中央博物院奉天分館や中央図書館奉天分館、瀋陽故宮などを接収し、のちにそれぞれ瀋陽博物館、瀋陽図書館、遼寧省民衆教育館に改称した[71]。

二 「敵偽財産」の接収

戦後、国民政府は敵国人や敵国に協力した人物の所有財産も接収対象に定めた。接収を執行するために、一九四五年に行政院が「収復区敵偽産業処理辦法」を公布した。その第一条では、全国的事業接収委員会が主体となって収復区の「敵偽産業」を接収・処理すると定められた。第二条では、同委員会は全国重要区域に敵偽産業処理局を設置し、「敵偽産業」（ドイツ人の事業も含まれる）の処置にあてるとされている。そして、第四条では、処理対象のほとんどを日本に限定しており、接収後の主権は中央政府に属すると明記されている。[72] 同辦法の実施原則などからみれば、ここでいう「敵偽産業」とは中国に駐在していた日本人およびドイツ人の経営した事業を指していることがわかる。

その後の実施状況として、文物関係では、北京にある日本の山中商会や上海にある水野洋行[73]などの文物も接収対象となった。一九四六年山中商会の文物は平津敵偽産業処埋局に接収され、国立北平図書館に保管されることとなり、その後四七年に国立中央博物院北平歴史博物館によって接収された。[74] 水野洋行の文物は蘇浙皖敵偽産業処理局が接収した。[75]

一方、敵国人に協力した中国人、いわゆる「漢奸」の所有文物（逆産）に対する接収は、各地域の敵偽産業処理局が接収することになった。一九四六年四月二五日『申報』の記事には上海で接収された逆産の文物に対する処分について以下のように書かれている。

軍事当局が上海において接収した三〇〇名あまりの漢奸が所有する逆産は既に敵偽産業局に移管した。……全ての逆産の中で、最も重要な宝物については慎重を期するために、宋院長が上海を離れる際に行政院駐滬辦事処副主任蔣尉先を派遣し、その協同処理にあたらせた。これらの貴重な宝物を点検する時は、蔣及び逆産接収責任者がともに封をし、中央銀行へ寄託した。[76]

このように上海のみならず、各地で「漢奸」の財産と判定された逆産、たとえば、天津にある溥儀所有の逆産や汪兆銘政権の要人王揖唐[77]所有の逆産は、それぞれ該当地域の敵偽産業局によって接収されたのち、そのなかで文物については各文化機関が収蔵することになった。表6-1にも記載しているように、一九四六年七月に天津にある溥儀の邸宅から一〇八五点の文物を接収した。のちにこれらの文物は北平故宮博物院の管理下に置かれた[78]。

接収作業が進められているなかで、北平故宮博物院は一九四七年ごろから、東北地域で散逸文物および溥儀に持ち出された文物を買い戻すことに取りかかったが、昌彼得によると財政状況のためにそれほど多くは買い戻せなかったという[79]。王揖唐は三五年から対日協力諸政権の要職についたため、のちに国民政府によって、「漢奸」の罪で銃殺される。王所有の銅器、磁器などの文物は四七年に華北平津区敵偽産業処理局によって接収され、その後国立中央博物院籌備処管轄の北平歴史博物館の収蔵品となった[80]。

その後、行政院は接収した逆産のなかに歴史性を有する文献や芸術品を審査するため、一九四七年一二月二三日の行政院第三五次会議において、委員会の設置および「接収敵偽逆文物審査委員会組織規程」を提案した。同規程が議決されると行政院は四八年三月九日に教育部に実施の訓令を発した。組織規程の第一条では「行政院は接収した敵偽逆財産中の、歴史に関係する文献や芸術品を審査するために、接収敵偽逆文物審査委員会を設置する」と規定されている[81]。その接収方法は、組織規程第五条に、各省市による接収および裁判による没収判決が下された敵偽所有の文物を委員会に提出し審査を受けるとある。逆産のなかで文物を除いた部分は競売などによって処分されるが、国家の歴史文化に関係するものや、国家が永久保持すべきと判断されたものは行政院へ報告したうえで、博物館ないし図書館において適切な保管が行われることが定められている[82]。

三　毛公鼎の保護にみる戦後の文物回収

一九四六年四月三〇日に国民政府は毛公鼎の保護に尽力した者へ報奨を与えている。以下はその報奨文である。

毛公鼎は周の初期に造られ、二九〇〇年あまり土の中に埋められ、清末にようやく関中に発見された。由緒があり、考証も充分に行われ、考古学者の鑑定によって彝器の冠とされた。抗戦中に流転亡失したが、商人陳咏仁が方法を講じて収蔵したために、現在に至って完全な状態が保たれた。こうした古物保存の大きな功績に対して表彰する。[83]

このように民間人の文物保護に対して政府自らが報奨したことは、毛公鼎が持つイメージを強化する狙いであり、国民党政府は正統な統治機関であることの象徴として利用しようとしたと考えられる。[84]

石守謙の指摘によれば、故宮博物院の収蔵品が「国宝」として象徴化されていく過程で、殷周時代の青銅器に対する評価が急激に高まった。殷周時代において青銅器の保持は政治と密接に関係している。保持の数などは権力の象徴につながるからである。青銅器は中国において再び注目されるようになったのが北宋のころであった。それは古代の青銅器の持つ性格が北宋において国家儀礼の再構築と関係していたからである。その後明清時代において、古代の青銅器に対する評価は書画に比べて低下したが、これは清朝皇帝のコレクションの内容からも確認できる。[85]

しかし、一九世紀に金石学が盛んになり、青銅器に書かれた銘文の持つ歴史的な価値および美術的な評価が見直されるようになった。また、二〇世紀初頭に中華民国の国家形成とともに形成された「国宝」という観念のもとで、青銅器は合法的な国家の象徴となった[86]。青銅器が中華民国の主張する「道統」観念を表象し、堯、舜、禹、湯、文武、周公という継承の原理に結びつけられたのである。つまり、権力の象徴である毛公鼎を保持することによって、政権の正統性を証明するという論理である。西周末期に鋳造された同鼎はこれまで発見された青銅器のなかでも最多の五〇〇文字の銘文が施され、古代史研究にとって極めて価値のある発掘品であった。ただし、ここで注目したいのは、学術的価値ではなく、政治的価値である。

毛公鼎は一八四三年に発掘されたのち、五二年には個人の収集家の手に渡って秘蔵された。その後、所有者が代わり一九一〇年代には抵当に入れられ、さらに海外へ売却される話が持ち上がった。ところが、輿論の反対があり売却を免れ、この騒ぎを通じて評価が高まり、抗日戦争中は葉恭綽によって保護された[87]。四六年八月一日に同鼎は中央博物院籌備処に保管されるようになり[88]、抗日勝利を祝うため南京での文物帰京展において一般公開された。のちに故宮博物院の収蔵品とともに、国民党政府の台湾退去によって台湾へ渡り、台北の国立故宮博物院の収蔵品となった。これまで台北の国立故宮博物院は様々な政治的な象徴として表現されてきた。その都度、毛公鼎の持つ政治的なイメージは再強化されたのである[89]。

国民党政府が毛公鼎に特別な価値を抱くようになった状況をみれば、戦前から戦後にかけて、国家統合ないし政権の正統性を表象する存在として文物が意識され始めたことと符合する。家永真幸の研究によれば、毛公鼎の公開は北京における清朝皇室コレクションの博物館化とは歴史的文脈が異なると指摘されている。南京国民政府による同鼎の収蔵・公開には、共和国の誕生ないし革命を象徴するというよりも、より遠い過去との歴史的連続性を象徴する役割が期待されていたのだという[90]。毛公鼎の政治化過程についてはさらなる検討が必要だろう。しかし、歴史的連続性を象徴する文物の保護者として国民党政府が自らを位置づけていた点はやはり注目に値する。少なくとも、国家権威の強化に役立つ文物保護と政権の正統性との結びつきは、南遷に端を発し、抗日戦争期から戦後の台湾退去にかけて、徐々にその基礎を築いたことが確認できる。

小結

中華民国は戦時下において、戦後になって展開される日本に対する文物返還要求を見据えて、専門家による損失文物調査に着手していた。第二次世界大戦後は、清理戦時文物損失委員会による文物の実態調査を本格化させるとともに、日本に対する文物返還についてGHQを通じて要求した。中国は主要戦勝国の立場から日本に対して文物返還を強く要求できる一方で、この問題では他の連合国と足並みをそろえる必要もあった。中国側には文物の返還を義和団事件まで遡って行うという構想もあったのである。

中国は一九四三年ごろから、義和団事件の際にドイツおよびイタリアによって略奪された文物について調査を始め、四五年八月に義和団事件時ドイツおよびイタリアによって略奪された中国文物一覧表を作成している。義和団事件が起きた一九〇〇年の時点では中国はまだ王朝体制下にあった。しかし、文物の返還が求められた四三年の時点では、中国はすでに中華民国に変わっていた。返還の対象となった文物はもはや「清朝由来の文物」ではなく、中国の歴史や文化、伝統を表象する国民国家・中華民国にふさわしい文物に変わったのである。

義和団事件の際にドイツおよびイタリアによって略奪された文物までを、返還の対象としたことは、文物を取り戻すという執拗な意思の表れとみることもできよう。しかし、そこには戦勝国という国際関係上の立場に立脚し、かつて中国を侵略した列強諸国に対して「失われた文物」の返還を迫ることで、中華民国を近代の原点に遡って強力に再統合しようとする姿勢が表れているのではないかと思われる。さらに、日本に対する略奪文物の返還要求や、中国国内における逆産文物の没収、接収した文物および疎開から帰還した文物を博物館などに速やかに所蔵した点においても、近代文物事業は再構築され国家統合に結びつけられたといえる。

こうしたなかで、象徴的なのは周朝期の鋳造とされる毛公鼎の中華民国における神格化である。毛公鼎は清末以来の列強諸国による蹂躙や日本の侵略から劇的な過程を経て守られた中華文明の至宝とされた。鼎は古代社会ではその所有が権勢を量るものとされていた。この伝統は明清時代に至るまで長い間忘れられていたが、中華民国の正統性を示唆するために復活させたのであった。東アジアにおける主要戦勝国となった中華民国は「失われた文物」の回復を通じて、中国における正統政権として国家の再統合を図ることになった。

南京国民政府期以降、近代文物事業は法制面と制度面の双方において整備が進み、文物流出の阻止のみならず、より高度な事業が展開されるようになった。これは、国民統合を高めるための文物利用、国際連盟での活動や文物の海外出展などを通じて国際関係のなかに文物事業を位置づけることであった。戦中戦後における文物返還を見据えた様々な対応も、こうした南京国民政府が行ってきた文物事業の実績があればこそ可能になったといえる。

注

(1)「戦後処理」という概念は、中国史では一般的ではなく、むしろ日本戦後史（主に、戦後賠償の文脈において）で使われるものである。「終戦」は中国の近代文物事業の一つの画期であり、日本をはじめとした敗戦国からの文物回収事業は、一九四五年の終戦から四九年の中華民国の台湾への退去までの期間に積極的に推進された。戦勝の事後処理という点で、こうした諸政策はまさしく「戦後処理」といいうるものである。

(2) 遅景徳『中国対日抗戦損失調査史述』台北：国史館、一九八七年、六−七頁。

(3)「行政院長蔣中正呈国民政府為抗戦損失調査委員会組織規程」、「抗戦損失調査委員会組織法令案」国史館蔵、国民政府檔案、檔案号：001-012071-00287-001。

（4）「教育部代電」（一九四三年一二月二五日収）」、「清埋戦時文物損失委員会及交渉文物帰還」国史館蔵、外交部檔案、檔案号：020-010119-0031。

（5）当時すでに敵人罪行調査委員会（国防最高委員会）、向敵要求賠償文化研究会（教育部）、戦後外交資料整理研究委員会（外交部）の三つの組織が存在している。向敵要求賠償文化研究会と抗戦損失調査委員会とは損失調査という面が類似しており、重複調査を避けるために併合された。遅景徳前掲書『中国対日抗戦損失調査史述』、八一一〇頁。

（6）前掲檔案「行政院長蔣中正呈国民政府為抗戦損失調査委員会組織規程」。

（7）「御署名原本・明治四十五年・条約第四号・陸戦ノ法規慣例ニ関スル条約」国立公文書館蔵、アジア歴史資料センター、A03020942000。

（8）中国語による委員会の名称は「美国保存欧州美術及歴史上古蹟委員会」となっている。「成立戦区文物保存委員会（一九四三年六月―一九四六年三月）」、「戦區文物保存委員会」国史館蔵、外交部檔案、檔案号：020-050207-0050。

（9）森本和男『文化財の社会史――近現代史と伝統文化の変遷』彩流社、二〇一〇年、六二〇頁。

（10）中国語による委員会の名称は「美国保存戦区美術及歴史上古蹟委員会」となっている。前掲檔案「成立戦区文物保存委員会（一九四三年六月―一九四六年三月）」。

（11）同前檔案「成立戦区文物保存委員会（一九四三年六月―一九四六年三月）」。

（12）同前。

（13）「教育部戦時文物清理委員会案（一九四三年一二月―一九四七年八月）――清理戦時文物損失委員会結束報告（一九四七年四月）」、前掲檔案「清理戦時文物損失委員会及交渉文物帰還」。

（14）「戦区文物保存委員会会議記録（一九四五年六月―一九四六年五月）」、前掲檔案「戦區文物保存委員会」。

（15）孟国祥『大劫難――日本侵華対中国文物的破壊』北京：中国社会科学出版社、二〇〇五年、一一〇頁。

（16）森本和男前掲書『文化財の社会史――近現代史と伝統文化の変遷』、六三七‐六三八頁。

（17）なお、家永真幸によれば、第一次世界大戦後、ベルサイユ条約への調印を拒否した中華民国は一九二〇年八月、ドイツとの二国間交渉の過程で、一九〇一年に北京から持ち去った天文儀器を中国に返還することをドイツ側に認めさせている。家永真幸『国宝の政治史――「中国」の故宮とパンダ』東京大学出版会、二〇一七年、七五頁。

（18）「査当時我国芸術品及其他古物被劫掠物品為数頗多除由部函有関機関並分函由」国立故宮博物院蔵、故宮博物院史檔案、檔案号：0032-120-00-00-018。「為遵令開庚子年徳義両国劫去我国文物之清単由」国立故宮博物院蔵、故宮博物院史檔案、檔案号：0034-500-00-00-070。

(19)「令発清理戦時文物損失委員会組織規程仰知照」国立故宮博物院蔵、故宮博物院史檔案、檔案番号：0034-400-00-00-029。

(20) 前掲檔案「戦区文物保存委員会会議記録（一九四五年六月―一九四六年五月）」。「調査収復区文物損失　文物保存委員会昨開会討論　並歓迎紐約博物院副院長」『大公報』（重慶）一九四五年九月一三日、三版。

(21)「教育部清理戦時文物損失委員会請転函各省市公告登記文物損失辦法呈（一九四五年一〇月二六日）」中国第二歴史檔案館編『中華民国史檔案資料彙編　第五輯第三編　文化』南京：鳳凰出版社、一九九九年、四四五-四四六頁。

(22) そのほかにも熱河、済南市、雲南郵政管理局、貴州南昌国立中正医学院、山東滕県、四川開県から報告があった。孟国祥編著『抗戦時期的中国文化教育与博物館事業損失窺略』抗日戦争時期中国人口傷亡和財産損失調研叢書、中共党史出版社、二〇一六年、三四五-三九四頁。

(23) その内訳は、書籍（公：二二五万三二五二冊その他五三六〇種、四一一箱、四万四五三八部、私：四八万八八五六冊その他一万八三三五種、一六八箱、一二一五部）、書画（公：一五五四幅、私：一万三六一二幅その他一六箱）、碑帖（公：四五五点、私：八九二一点）、古物（公：一万七八一八点、私：八五六七点その他二箱）、古蹟（公：七〇五処、私：三六処）、器具（公：五〇一二点その他六三箱、私：一一〇点その他三箱）、標本（公：一万四五八二点その他一二〇四箱、私：一万七九〇四点）、地図（公：一二五点、私：五万六〇〇三点）、芸術品（公［原典では数字が欠落している］私：二五〇六点）、雑件（公：六四万八三六八点、私：三箱）である。「中国戦時文物損失数量及估計目録凡例暨総目表（一九四九年一月二四日）」中国第二歴史檔案館編前掲『中華民国史檔案資料彙編　第五輯第三編　文化』、四五九-四六〇頁。

(24) 前掲檔案「教育部戦時文物清理委員会案（一九四三年一二月―一九四七年八月）」――清理戦時文物損失委員会結束報告（一九四七年四月）」。

(25) 孟国祥前掲書『大劫難――日本侵華対中国文物的破壊』、二七二頁。

(26) 孟国祥「調査和追償日本劫奪我国文物工作述要」『民国檔案』中国第二歴史檔案館、一九九二年第四期、一二八-一二九頁。

(27) 中塚明『日清戦争の研究』青木書店、一九六八年、二四一-二四三頁に全文が記載されている。原典：「斉藤実関係文書」国会図書館憲政資料室所蔵。

(28)　中塚明前掲書『日清戦争の研究』、二四四頁。
(29)　東京帝室博物館編『稿本日本帝国美術略史』隆文館図書、一九一六年、序文一－六頁、序文は一九〇〇年パリ万国博覧会の参加に合わせてフランス語で書かれ、のちに日本語に翻訳された。その主な内容は「故に支那印度に於ける数千年来の文華は、寧ろ其の本国に余葩を留むるもの少なくして、却って我が日本帝国に於いて遺芳を放つもの多し。……固より日本美術は日本特有の趣致を有する言を俟たざれども、其の骨子たる嘗て東洋美術の粋を集めて構成したるものに外ならず。……以て東洋美術史の津梁と為し、併せて東洋史学上に一大材料を給し、鴻益を与へんと欲す。蓋し是等の事業は敢えて支那及び印度の国民に望むべからず、応に東洋の宝庫たる我日本帝国民にして始めて能く完成するを得べきのみ」である。
(30)　瀧精一（一八七三～一九六五）は、一八九七年東京帝国大学文科大学を卒業、同大学大学院に入学、美学を専攻した。東京美術学校、京都帝国大学、東京帝国大学などの講師を経て一九一四年東京帝国大学教授に任せられ、美術史学の講座を担当した。二〇年東宮御学問所御用掛を拝命しのちの昭和天皇に美術史を御進講した。その生涯の業績中最大のものは、雑誌『国華』の刊行であり、一九〇一年その編集に初めて携って以来、その逝去に至るまで岡倉大心など創刊者の意を継承して、その発展に努力し、自ら編集の主軸となると同時に多くの論文、解説などを発表した。
(31)　瀧精一「支那に現存する古美術品（一）」『大阪　朝日新聞』一〇三四八号、一九一〇年一二月一七日、一面。
(32)　瀧精一「支那美術の流行」『繪畫叢誌』第二九〇号、一九一一年六月二五日、四－五頁。
(33)　瀧精一「欧米に於ける東洋の美術品に就いて」『國華』第三二編第一〇冊第三八三号、一九二二年四月、三六六－三七二頁。
(34)　「清国革命動乱ノ際奉天宮殿宝物売却凡説一件」、「中国ニ於ケル古物並国有宝物売却禁止関係雑件二」、外務省記録（外務省外交史料館 I-1-7-0-4）。
(35)　「清室優待条件」、「清室優待条件支那古美術保存関係雑件」、外務省記録（外務省外交史料館 H-7-1-0-5）。
(36)　「陝西省、東北区公私文物損失数量及估価目録」『中国戦時文物損失数量及估価総目』『中華民国よりの掠奪文化財総目録』）外務省特殊財産局、一九四九年。
(37)　一九三七年一二月日本軍特務部のもとで、満鉄上海事務所、上海自然科学研究所、東亜同文書院の協力によって、占領地区図書文献接収委員会が組織され、主に上海、南京、杭州の図書文献の調査接収にあたった。続いて上海自然科学研究所を主とする学術資料接収委員会が結成され、南京および杭州における学術標本の接収保存に着手した。三八年九月新たに組織された中支文化関係処理委員会の指導下に、中支図書標本整理事務所が設置された。三九年二月に興亜院華中連絡部の設置にともない、委員会は中支建設資料整備委員会に改称された。中支建設資料整備委員会『業務概況』一九四一年三月、一–二頁。なお、中支建設資料整備委員会に関する研究は、金丸裕一「中支建設資料整備委員会とその周辺――『支那事変』期日本の対中国調査活動をめぐる習作」『立命館経済学』第四九巻第五号、二〇〇〇年一二月、九三–一二七頁に詳しい。

(38) 中支建設資料整備委員会前掲『業務概況』、二三–二七頁。

(39)「南京市公私文物損失数量及估価目録」、前掲『中国戦時文物損失数量及估価総目』。

(40) 同前。

(41) 褚民誼『行政院文物保管委員会年刊』南京：行政院文物保管委員会、一九四一年、五頁。

(42) 同前、四–五頁。

(43)「教育部戦時文物清理委員会案(一九四三年一二月―一九四七年八月)――行政院訓令(一九四五年一〇月一日)」、前掲檔案「清理戦時文物損失委員会及交渉文物帰還」。

(44) 同前。調査団人員の構成については、最初は一三名の予定であったが、最終的には張鳳挙、李済、徐森玉、朱家済の四名となった。なお最初派遣されたのは李と張であった。

(45)「教育部清理戦時文物損失委員会報送赴日調査団工作綱要呈(一九四五年一〇月二六日)」中国第二歴史檔案館編前掲『中華民国史檔案資料彙編　第五輯第三編　文化』、四四七頁。

(46) 中華民国史事紀要編輯委員会編『中華民国史事紀要(初稿)一九四五・一〇―一二』中華民国史料研究中心、一九九〇年、九三五頁。原典：秦孝儀主編『中華民国重要史料初編――対日抗戦時期、第二編作戦経過、第四冊(柒)抗戦損失調査與賠償』台北：中国国民党中央委員会党史委員会、一九八一年、二八頁。『中華民国重要史料初編――対日抗戦時期、第七編戦後中国、第四冊(陸)接収復員與重建』台北：中国国民党中央委員会党史委員会、一九八一年、七一–七三頁。

(47)「教育部派員赴日清理文物(一九四五年一一月―一九四六年三月)」、前掲檔案「清理戦時文物損失委員会及交渉文物帰還」。

(48) 中華民国史事紀要編輯委員会編前掲『中華民国史事紀要(初稿)一九四五・一〇―一二』、九三五–九三六頁。原典：『中央日報』(上海)一九四五年一一月一六日、二八日、第二版(なお、出典元の『中央日報』上海版は確認できない)。

(49) 張鳳挙(一八九五〜?)は、江西省南昌出身、原名張黄、字鳳挙、定璜。東京帝国大学文学士、一九二一年帰国、北

京大学、中法大学、北京女子師範大学教授歴任。一九一五年一二月から翌年四月にかけて、魯迅と『国民新報副刊』乙刊を編集。三・一八惨案後北京政府に指名手配され、三〇年代フランスへ赴いた。陳玉堂『中国近現代人物名号大辞典』杭州：浙江古籍出版社、一九九三年五月。

(50) 「教育部派員赴日清理文物（一九四五年一一月―一九四六年三月）」、前掲檔案「清理戦時文物損失委員会及交渉文物帰還」。

(51) 森本和男前掲書『文化財の社会史――近現代史と伝統文化の変遷』、六二三頁。

(52) 前掲檔案「戦区文物保存委員会会議記録（一九四五年六月―一九四六年五月）」。

(53) 「教育部清理戦時文物損失委員会関于辦理有関収回在日文物状況呈（一九四六年六月一二日）」中国第二歴史檔案館編前掲『中華民国史檔案資料彙編　第五輯第三編　文化』、四四八-四五〇頁。

(54) 孟国祥前掲論文「調査和追償日本劫奪我国文物工作述要」、一二九-一三〇頁。

(55) 中華民国史事紀要編輯委員会編前掲『中華民国史事紀要（初稿）一九四六・一―三』、四四三-四四四頁。原典：「我国向日本追還善本古書」『申報』一九四七年二月五日、第二張（八）。

(56) 主任委員は呉半農、ほか四人の委員は王樹華、李式琛、周茂柏、康崇孔である。

(57) 中華民国史事紀要編輯委員会編前掲『中華民国史事紀要（初稿）一九四七・七―九』、一〇四九頁。原典：「日本賠償尚待力争　盟総仍持扶植日本策略　我駐日代表団成立賠償委員会」『大公報』（天津）一九四七年九月二七日、三版。

(58) 中華民国史事紀要編輯委員会編前掲『中華民国史事紀要（初稿）一九四八・一―六』、三四四頁。原典：『国民政府公報』第三〇七六号、一九四八年三月八日。

(59) 孟国祥、喩徳文『中国抗戦損失与戦後索賠始末』合肥：安徽人民出版社、一九九五年、一一八頁。

(60) 中華民国史事紀要編輯委員会編前掲『中華民国史事紀要（初稿）一九四八・一―六』、三八一頁。原典：「国内時事：教育文化：汪逆贈日古物帰還我国」『外交部周報』一九四八年、第六六期、二頁。

(61) 前掲檔案「教育部戦時文物清理委員会案（一九四三年一二月―一九四七年八月）――清理戦時文物損失委員会結束報告（一九四七年四月）」。

(62) 熊明安『中華民国教育史』重慶：重慶出版社、一九九七年、二九三-二九六頁。

(63) 孟国祥前掲書『大劫難――日本侵華対中国文物的破壊』、二四九-二五〇頁。

(64) 史勇『中国近代文物事業簡史』蘭州：甘粛人民出版社、二〇〇九年、二〇三頁。なお、本節の戦後各文化機関の接収

に関しては、同書の二〇二–二〇五頁および前掲『大劫難――日本侵華対中国文物的破壊』、二四九–二六五頁の記述に基づく。
(65) 同前『中国近代文物事業簡史』、二〇四頁。同前『大劫難――日本侵華対中国文物的破壊』、二五七–二六四頁。
(66) 故宮博物院編『故宮博物院檔案彙編・工作報告(一九二八―一九四九年)四』北京:故宮出版社、二〇一五年、一二一五–一二二六頁。
(67) 同前、一二三六–一二五六頁。
(68) 孟国祥前掲書『大劫難――日本侵華対中国文物的破壊』、二五一–二五六頁。
(69) 史勇前掲書『中国近代文物事業簡史』、二〇四頁。
(70)「接収上海平和博物館之古董字画由」台北:国立故宮博物院蔵、故宮博物院史檔案、檔案号:0035-120-00-0-043。
(71) 史勇前掲書『中国近代文物事業簡史』、二〇四頁。
(72)「行政院呈国民政府為収復区敵偽産業処理辦法(一九四五年一一月二四日)」、「公逆産管理法令(三)」国史館蔵、国民政府檔案、檔案号:001-012480-00003-032。
(73) 抗日戦争終結当時、上海の乍浦路にあった日本人経営の古美術商である。
(74)「敵産山中商会書籍古玩等移交国立北平図書館接収保管函請査照迅速転飭派員前来局洽辦法為由」国立故宮博物院蔵、故宮博物院史檔案、檔案号:0036-120-00-00-044。
(75)「奉令接収水野洋行古物謹将接収清冊呈報備案並乞鈞部増撥二千万元為各種接収費用由」国立故宮博物院蔵、故宮博物院史檔案、檔案号:0035-120-00-00-006および「為派員前来洽辦接収水野洋行留存之古物函請査照賜洽由」国立故宮博物院蔵、故宮博物院史檔案、檔案号:0035-120-00-00-007。
(76)「逆産移交 開始辦理至今点収約六十戸」『申報』一九四六年四月二五日、四版。
(77) 王揖唐(一八七七~一九四六)は、安徽省合肥県生まれ。一九〇四年に進士となり、その後軍事を学ぶため東京の振武学校に入学し卒業後金沢の砲兵第九連隊に入隊、その後法政大学に転入。〇七年帰国、東三省総督徐世昌の知遇を受け、奉天軍事参議となる。辛亥革命後、袁世凱の幕僚となる。三五年冀察政務委員会委員に就き、四〇年汪兆銘が南京に中華民国国民政府を組織すると考試院院長に就く。華北政務委員会委員長に就任。抗日戦争終結後「漢奸」の罪で銃殺される。徐友春主編『民国人物大辞典(増訂版)』石家荘:河北人民出版社、二〇〇七年。
(78) 前掲『故宮博物院檔案彙編・工作報告(一九二八―一九四九年)四』、一二二一六頁。

(79) 昌彼得主編『故宮七十星霜』国立故宮博物院七十星霜編輯委員会編撰、台湾商務印書館、一九九六年、一四八―一四九頁。
(80) 「奉令電飭派員就近洽収王逆案内所有銅瓷器及古玩具報以憑転報由」国立故宮博物院蔵、故宮博物院史檔案、檔案号：0036-120-00-00-001および「為電飭北平歴史博物館派員逕洽接収王逆揖唐等文物函請査照由」国立故宮博物院蔵、故宮博物院史檔案、檔案号：0036-120-00-0-006。
(81) 「行政院抄発接収敵偽逆文物審核委員会組織規程訓令(一九四八年三月九日)」中国第二歴史檔案館編前掲『中華民国史檔案資料彙編　第五輯第三編　文化』、四五五―四五六頁。
(82) 「行政院公布『接収敵偽逆文物審議委員会組織規程』」中華民国史事紀要編輯委員会編前掲『中華民国史事紀要(初稿)一九四八・一―六』、三六〇―三六一頁。原典：『国民政府公報』第三〇八〇号、一九四六年三月一二日。
(83) 「国民政府明令嘉奨陳咏仁保存毛公鼎」、「明代洪武鈔票毛公鼎交中央博物館保存(一九三八年二月―一九四七年七月二一日)」国史館蔵、国民政府檔案、檔案号：001-097141-00003-011。
(84) 毛公鼎に関する報奨のほかに次のような事例がある。一九四六年八月に溥儀収蔵の文物が発見された際に、天津市政府がこれらの文物を北平の故宮博物院に移管したあと、発見者の連合軍将兵に対して報奨するように行政院に要請した。この要請は一九四七年四月に教育部、財政部、内政部三部協議の結果、「非常時期人民栄誉奨状頒給条例」第二条第五款および「人民栄誉奨章奨状審査辦法」第一〇条に基づき、連合軍に奨章あるいは奨状を与えることに決定した。その理由として「連合軍ゲリー大佐等三名が隠された文物を発見し我が国に提出したことは、厚誼のみならず、我が国の文物保存にも甚大な貢献である」と記された。「酌給発現溥儀所存文物盟軍栄奨」、「盟軍有功人員奨励」国史館蔵、国民政府檔案、檔案号：001035139A024。
(85) 石守謙「皇帝コレクションから国宝へ――中国美術と国立故宮博物院の創設」『うごくモノ――時間・空間・コンテクスト』第二六回文化財の保存に関する国際研究集会報告書、東京文化財研究所、二〇〇四年、一二一頁。「清室収蔵現代転換――兼論其與中国美術史研究発展之関係」『故宮学術季刊』第二三巻第一期、二〇〇五年秋、一四頁。
(86) 同前「皇帝コレクションから国宝へ――中国美術と国立故宮博物院の創設」、一二一―一二二頁。同前「清室収蔵現代転換――兼論其與中国美術史研究発展之関係」、一六頁。
(87) 毛公鼎の収蔵過程に関しては、家永真幸前掲書『国宝の政治史――「中国」の故宮とパンダ』、一〇四―一〇八頁に詳しい。

(88)「国立中央博物院籌備処一九四六年度工作報告(一九四六年一二月)」中国第二歴史檔案館編前掲『中華民国史檔案資料彙編　第五輯第三編　文化』、三三四頁。

(89)石守謙前掲論文「皇帝コレクションから国宝へ――中国美術と国立故宮博物院の創設」、一二二–一二三頁、「清室収蔵現代転換――兼論其與中国美術史研究発展之関係」、一九頁。

(90)家永真幸前掲書『国宝の政治史――「中国」の故宮とパンダ』、一〇八頁。

補論

辛亥革命から北京政変前後における「清室宝物」をめぐる議論

――『順天時報』の社論・論説分析を中心に

本補論の目的は、辛亥革命から一九二五年故宮博物院が設立されるまでの期間を対象に、「清室宝物」[1]の所有権をめぐって北京政府および清室の両勢力が争うなかで、日本政府がそれにどのように関わろうとしたのかについて検討し、日本政府の「清室宝物」に対する政策およびその政策形成の背後にある思惑を明らかにすることである。これらを明らかにするために、当時北京で発行していた漢字新聞『順天時報』の社論・論説を分析し、あわせて参考軸として日本外務省記録を用いる。

本補論が『順天時報』の社論・論説を主要な史料として扱う理由は、『順天時報』は日本人によって発行され、その読者として中国人が想定されており、中国社会における輿論形成を意識して編集された新聞だからである。また、本補論が対象とする時期には同紙は日本外務省の管轄に入っているため、同紙の社論・論説には日本政府の対中政策を一定程度反映していたと考えられる。当時の他の新聞[2]と比較すると、『順天時報』は辛亥革命以来、「清室宝物」に対して注意を払っており、同紙に掲載された「清室宝物」に関する社論・論説は比較的多く、これは他紙にはみられない同紙の特徴の一つである。

本補論を本書に収録した理由は、北京政変前後までの『順天時報』の「清室宝物」に関する議論が、中国の近代文物事業に脅威を与え、抗日戦争期における文物南遷の最大の理由となった、日本の中国文物への高い関心と野心の背景を説明できる点に意義が認められるからである。中国を主語とし、その近代文物事業の展開を分析した本書の他の章と異なり、この補論は新聞分析であり、かつ日本の視点で描かれているために「補論」という形式を用いた。

当時、「対支文化事業」を展開していた日本では、「東洋の盟主」として、「清室宝物」に対する日本の管理権が一部で主張されるに至るが、これは中国の文物を日本が管理すべきとの思考の初発であり、抗日戦争期には、文物略奪を正当化させるロジックとしても用いられた。この補論で明らかになった日本の中国文物に対する執拗な関心は、東アジア近代史のなかで中国近代文物事業を考えるうえで避けては通れない問題である。時期や分析対象が限定されているなど、不充分な点もあるが、読者の理解を助けるため、本書に収録した次第である(3)。

本補論が扱う期間は北京政府期にあたる。そこで同時期の文物事業を概観しておく必要があるが、それは第一章で述べたためここでは割愛する。

第一節　『順天時報』とその沿革

『順天時報』は一九〇一年一二月に義和団事件のあとを受け、清国開発および日清両国の親善を標榜して、東亜同文会前福州支部長の中島真雄によって北京において創刊された。同紙は、日本人が経営・編集した北京の主要漢字紙である。当時清朝政府は北京で政治に言及する新聞の発行を禁じていたが、義和団事件に際して西安に避難していた清廷が、「辛丑条約」(北京議定書)の締結によって北京に帰還する前に『順天時報』は発刊された。このために同紙は当時の北京で初めて外国人が発行した新聞となり、発行期間は清朝政府期、北京政府期、南京国民政府期にわたり、一九三〇年に停刊するまで約三〇年間発行され続けた。

中島は当初北京の日本公使館に新聞発行の援助を要請したが断られ、その後、順天府尹陳璧および児玉源太郎から資金援助を受けた。発行部数は一万部であったが、一九一九年の排日運動を受け約四二〇〇部に減り[4]、その後は中国側の排日ボイコットやナショナリズムの高まりを受けて増減を繰り返し、三〇年三月二七日に日本外務省の決定により廃刊に至った。創刊から一九〇五年三月までは中島によって経営され、日露戦争に際して中国人の親日輿論の誘導に大きな役割を発揮し、中島自身も日本政府から注目を浴びることとなった。〇五年、日本の駐華公使館が同紙を買い取って以降は日本外務省の管理下に置かれ、一六年の袁世凱帝政に対しては批判的な論陣を張った。中島以降の歴任代表者は、上野岩太郎、西村虎太郎、亀井陸郎、渡辺哲信（兼主筆、一九一九—一九三〇年の主筆は金崎賢）が務め、組織も幹部は日本人が占め、ほかの職員はおおむね中国人であった。

『順天時報』に関し、従来の研究では「日本帝国主義」の言論発信機関としての働きが強調される傾向があった。その主な観点は以下のようである。『順天時報』は中国の近代化発展に積極的に発言し、日中関係の改善への貢献もある程度期待されていた。しかし、日本帝国主義の対華侵略政策が日に日に激しくなるにつれて、『順天時報』は日本の大陸政策宣伝の手先となり、時には事実と相反して、日本政府の政治的立場の表明に荷担した。親善の名を掲げ、実際は日本の侵略を援護する役割を担った[5]。

こうした研究動向と一線を画したのが、呉文星による実証的な研究である[6]。その後も複数の研究が登場し、近年前記のような観点に修正を迫る論考も現れ始めた。『順天時報』の中国社会で果たした報道機関としての役割を再評価し、同紙は、日本人が中国で発行し、日本外務省の管理下に置かれた特殊な新聞という側面を持ちつつも、時には北京政府の言論統制にとらわれずに広い視野で日中間が抱えている問題を客観的かつ理性的に論じたとの指摘もなされている。[7]

二〇一七年三月に東洋文庫より青山治世・関智英編『『順天時報』社論・論説目録』が出版された。同目録には青山および関の解説論文が掲載されている。青山は『順天時報』の社論・論説についてその形態と執筆者の変遷を分析し、それに基づいて発行時期を初期（一九〇一年一二月〜一九〇四年七月）、前期（一九〇四年七月〜一九一二年七月）、中期（一九一二年七月〜一九一七年三月）、後期（一九一七年三月〜一九三〇年三月）の四期に区分したうえで、これまで先行研究が強調する『順天時報』の姿は排日運動の影響を受けて廃刊に至った中期から後期の姿であり、これを三〇年にわたる同紙の歴史全体に投影することはできないとする。[8]

本補論が主な研究対象とする時期は青山の区分に従えば、中期・後期にあたるが、この時期の特徴は「論説」欄の中心から中国人執筆者が退場したことである。『順天時報』は勃興する中国ナショナリズムによって次第に「日本帝国主義の宣伝機関」とみなされ、攻撃・打倒の対象になっていった。[9]

一方、関は『順天時報』後半期の社論を五つの観点から検討した。[10] そのうち同論考が指摘する『順天時報』の持つ性質、「大アジア主義」と「引照基準としての日本」は、「清室宝物」をめぐる『順天時報』の論説に関わる観点としても興味深い指摘である。同論考によれば、アジア・東洋という概念をほとんど受容しなかった中国では、日本で熱心に議論されたアジア主義に対して総じて冷淡であり、こうした中国人の意識を理解せずに議論を推し進めるところに『順天時報』の限界があった。また、『順天時報』が日本の事例を引照基準として中国社会の改良を促そうとした点についても、同紙編集者が意図せずして日本を引照基準としていた蓋然性が高かった点も指摘されている。[11]

本補論でも以上の近年の研究成果を引き継ぎながら、一九一三年から北京政変までの一一年間という比較的長い期間にわたって『順天時報』に掲載された「清室宝物」の問題に関する社論・論説の変遷を分析する。対象期間は比較的中立的な論調の時期から日本政府の代弁者として中国側から批判を浴びる時期までに及んでいるが、ここから中国

表補-1『順天時報』に掲載された古物保護関連の「社論・論説」一覧表

番号	掲載期日（西暦）	掲載期日（旧暦）	号数	タイトル
1	1913.06.07	癸丑.05.03	3430	宜保存名勝
2	1914.06.15	甲寅.05.22	3787	古董店之嘆声
3	1914.10.03	甲寅.08.14	3897	保存古物
4-1	1915.06.29	乙卯.05.17	4154	論中国須振興美術（上）
4-2	1915.06.30	乙卯.05.18	4155	論中国須振興美術（下）
5	1916.02.29	丙辰.01.27	4387	宜保護清朝之宝物 （『大阪朝日新聞』同年2月23日社説の翻訳）
6	1916.11.07	丙辰.10.12	4636	保存古物之必要
7	1921.07.02	辛酉.05.27	6250	三大有形的文化事業
8	1923.07.27	癸亥.06.14	6966	帝室博物館建設之必要
9	1923.09.14	癸亥.08.04	7014	再就清室宝物而論
10	1924.11.11	甲子.10.15	7419	清室宝物公私産之分界及其保管方法
11	1924.12.19	甲子.11.23	7459	保管清室宝物与日本文化事務局

の文物事業および「清室宝物」に対する日本側の思惑を探ってみたい。

第二節 「清室宝物」に関する社論・論説の分析

一九一一年の辛亥革命勃発後から二五年の故宮博物院設立までに、『順天時報』に掲載されていた古物保護に関する社論・論説は管見の限り一一本あり（表補-1）[12]、その多くが「清室宝物」の保護などについて論じたものであった。これは、同時期の他紙にはみられない『順天時報』の特徴である。以下では掲載された時期を四つの期間に分けて、その内容を引用しながら分析する。

一 一九一三年〜一九一四年の社論・論説

この期間は、辛亥革命から「限制古物出口令」（一九一四年六月）が公布され、古物陳列所が公開されるまでの時期にあたる。

辛亥革命から一九一四年までの間に掲載された社論・論説は三本である。この時期、充分な文物保護が実施されないことに対する外国メディアからの批判を受けて、北京政府は一九一四年六月一四日付で「限制古物出口令」を公布した。この法令では、近代国家として自国の文物を自ら保護すべきであり、中華民国の歴史文物の海外流失を防ぐ必要性が謳われている。続いて一九一六年一〇月には「保存古物暫行辦法」が実施された。「限制古物出口令」の令文や内務部の文書には、文物保護に関する崇高な理念が宣言されているが、実際に有効な文物保護を行う体制は法令面でも運用面においても実現しなかった。

番号1の「宜保存名勝」（一九一三年六月七日）は管見の限り、歴史遺跡や彫刻・絵画などの美術品に対する保存について述べた辛亥革命後最初の論説である。文中には一国の文明である歴史遺物を保存することによって、他国からの軽蔑の念を払拭でき、その保存の責務は政府と国民とが共同で担うべきであると主張されている。また、西洋諸国では国家や地方自治体が遺跡や美術品などを保護してきたため、ギリシアやローマの古物は今日まで残すことができたのに対し、中国は四千年の歴史を有する文明国であるにもかかわらず、国民がそれを大切にしないことは大変嘆かわしいことである。さらに、外国人さえも「支那人は名勝の保存に無自覚だ」と嘆き、実に感慨深いことであると述べられている。

番号2の「古董店之嘆声」（一九一四年六月一五日）は「漫言」[13]として軽妙なタイトルと文体で書かれており、「限制古物出口令」が公布された翌日に掲載された文章である。古董店の二人の番頭が「限制古物出口令」について語り合う会話を通じて軽妙な筆致で書かれている。大総統令として公布された「限制古物出口令」によって、今後古物売買は厳密に管理され、密売などの不法行為は厳重に取り締まられ、そのうえ古物を外国人へ売却することも禁じられてしまえば、実に「不都合な法令である」と番頭たちは語り合う。そして、工業資源や鉄道を外国人へ売却する方がよほど深刻な問題であるにもかかわらず、古物の売却を必死に禁止する政府の姿勢を皮肉を込めて揶揄している。

番号3の「保存古物」（一九一四年一〇月三日）は一九一四年の古物陳列所公開の一週間前に書かれたものである。

文中では、欧米諸国の古物保護政策は模倣すべきであり、また古物は私蔵すべきではなく、積極的に国民に開放することによって社会教育の効果を挙げることができると強調されている。論説の筆者は古物陳列所の設立に大きな期待を抱いており、文末には以下のように書かれている。

古物保存については、欧米の文明諸国は非常に鄭重に扱っている。……民国成立以来、前清皇室が奉天・熱河の各行宮に貯蔵していた古物は既に国都に運搬され武英殿に陳列されている。今般内務部は該殿を古物陳列所に改め、今年の国慶日（今月一〇日）に公開し、一般民衆が自由に意のままに観覧できるようにするとのことである。数千年来秘蔵していた宝物をひとたび国民に公開したならば、精神上かつ実質上、その得られる利益は決して少なくない。故に吾人はこれを聞き、非常に喜ばざるを得ない。並びに朝野人士が皆国家の公益を最優先に考え、もし家に古物を保管しているのであれば、直ぐに陳列所に送ることが望ましい。そうすれば一般人民も皆その恩恵を受けられ、国光を発揚するだけに止まらないであろう。

この論説の全文を通読すると、古物陳列所の設立前後に、中国の古物保存について『順天時報』がいかなる姿勢であったかを読み取ることができる。文中では、欧米文明国家を基準として、比較的中立な立場から古物保護が提唱されている。冒頭に述べたように、中国が充分な文物保護を行わないことに対する外国メディアの批判を受けて、北京政府は「限制古物出口令」を公布した。この時期の文物保護に関する『順天時報』の姿勢には日本を引照基準とする論調はみられず、北京政府に対しては文明国としての文物保護を求め、そのために優れた欧米の古物保護政策を参照して速やかにその導入を図ることを迫った。しかし、北京政府は同紙が求めるような政策を導入したものの、実効性においては不完全なものに終わった。

二　一九一五年～一九一六年の社論・論説

この時期は「限制古物出口令」が公布された翌年から「対文文化事業[14]」が始まるまでの期間にあたる。この期間の北京政府の文物政策は、一九一六年一〇月に内務部によって「保存古物暫行辦法」が公布されたにもかかわらず、この法令はあくまで暫定的なもので「古物」に関する定義もまだ定まっていなかったこともあり、その実施には障害が生じていた。

番号4-1および番号4-2「中国須振興美術（上・下）」（一九一五年六月二九・三〇日）では、「美術発展」と「国運発展」との相互関係が強調され、中国は日本が実施した美術発展政策に倣うべきであることが主張されている。また中国美術は広く深いものだが、古物陳列所の収蔵品はそのなかのわずかなものに過ぎないとしたうえで、以下のように言及する。

現在欧米諸国では、上は政府から下は公私の各団体や個人に至るまで、美術の提唱を要務として努めないものはない。最近の日本では一〇年余り前から文部省が特に美術展覧会を設けて毎年一〇月に東京と京都で開催し、美術専門家によって各種美術品の優劣を判定して分類・陳列している。……また国家が美術学校を設立し美術専門の人材を養成している。……全ての美術が非常に発達しており、［日本の］国運の進歩も実はその恩恵をこうむっているのである。……現在中国には各種の美術品があり、……それぞれ極めて優美であり、これらは東西各国の美術と比較しても全く遜色がみられない。これは決して吾人の過褒や空言ではない。これは武英殿古物陳列所に陳列されている物品を一覧すれば、自ずとわかることであり、ましてや中国の数千年来の美術上の遺物はこれに尽きるものではない。

この論説で筆者は、中国の美術振興を図るためには欧米諸国のそれを見習うべきであると主張する一方で、日本の美術展覧会や美術学校教育などの美術振興策を国家的見地から高く評価し、中国もこれを模範とすべきであると説いている。この時期の『順天時報』には、少なくとも文物事業の分野に関しては日本を引照基準とする観点が現れ始めているといえよう。また、この論説にはすでに西洋と東洋とを対峙させる図式も現れている。

番号5「宜保護清朝之宝物」(一九一六年二月二九日)はもともと『大阪朝日新聞』に掲載された社説を翻訳して転載したものであるが、その論調は前後に発表された古物・宝物に関する『順天時報』の社論・論説と一貫性があるため、この論説も同紙の論調の一部として分析する。なお、同紙では国内外の他の新聞・雑誌に掲載された記事や論説を転載することがあるが、同紙と異なる主張が含まれている場合は、冒頭に「本社謹んで識す」などとして自社の見解とは異なる点があることが付記されていた。この論説にはこうした付記がないことから『順天時報』の論説と見解上の相違はないものと考えられる[15]。

同文では、袁世凱が財政困難を理由に「清室宝物」を売却するのではないかとの風聞が流れ、清朝の宝物を取り巻く状況について次のように論評されている。

清朝の宝物には、北京の宮中に収蔵されているものと、奉天・熱河に収蔵されているものとがあり、皆康熙・乾隆時代に収集されたものである。その多くは中国古来の美術工芸の珍品であり、実に東洋文明の精華である。……数量等からいえば、実に世界文明において東洋民族のために異彩を放ち得るものである。故に[これらの宝物は]前清皇室の私産であるとはいえ、我々東洋民族が均しく保存・維持する責任を有しており、袁氏が強奪して勝手に処分するようなことは間違っている。……そもそもこの件は今のところまだ風説に過ぎないが、袁政府の従来の行動を参照してみても、あり得ないこととはいいがたい。今のところ吾人が具体的な保護方法について意見を出す時機にはまだ至っておらず、我が国民と隣国の有識者が［本件について］注意深く見守ることを願うばかりである。ただ一旦風説が現実のものとなれば、保護のための適切な手段を至急採るべきである。これはただ孤立して苦境に立つ清皇室を救済することになるだけでなく、東洋文明においても非常に関わりのあることなのである。

この論説において、初めに「東洋民族」という概念が提出された点は重要である。番号4の論説において東洋・西洋を対峙させる図式が示されたことを指摘したが、この論説では「東洋民族」という概念が明示され、「東洋民族は清室宝物の保護に責任を負うべきである」という主張もみられた。ここで注目すべきは、日本と中国は同じ「東洋民族」であるという枠組みが設定されていることである。すなわち、中国と同じ「東洋民族」である日本は、「清室宝物」の保護にも関与しうるという思惑が見て取れるのである。また、「清室宝物」は清皇室の私産ではあるが、袁世凱政権が勝手に処分できるものではないとする主張もみられ、さらに「清室宝物」は中国だけのものではなく「東洋」に属するものであるとの観点も示されている。これらの宝物は東洋から西洋に流出させるべきではなく、「隣国の有識者」の注意も喚起しているが、ここにいう「隣国」とは日本を指すことはいうまでもない。

次に、番号6「保存古物之必要」（一九一六年一一月七日）についてみてみよう。この論説は一九一六年一〇月に北京政府が「保存古物暫行辦法」を公布したあとに書かれたものである。同文では同辦法の制定は適切なものだと称揚したうえで、次のように論じている。

内務部が先日出した訓令では、中国の古物は極めて数が多く、整理の方法としてはもとより調査から着手するが、とりわけ保管が目下の急務であるという。物品というのは受け継がれる時間が長いほど珍重さが増すものである。国家が保護に関する専門の法令を設けなければ、簡単に散逸してしまい収集困難になってしまう。……このたび「保存古物暫行辦法」全五条が制定された。……日本では都市・村落を問わず古寺旧刹は皆古跡や古物を大切に保存している。その［日本の］社寺保存会［古社寺保存会］は内務省に隷属しているが、古物の保存会は士大夫［社会エリート］に任され公に保存されている。そのうち国宝と称されるものは国有とし、国外に流出することが禁じられている。一方、我が国の状況をみれば、九鼎は泗水に沈み、雅楽は契丹により廃された。……張衡の地動儀に至っては日本の大学の博物館に保存される始末である。[16]……内務部の訓令をみて私は深い感慨を覚えた。

この論説は「清室宝物」について直接言及してはいない。しかし注目したいのは、日本において一八九七年に「古社寺保存法[17]」が制定され内務省に古社寺保存会が設置されたことや、古物の保存が社会エリートに任されていたことを紹介する一方で、中国の古物はそうした体制が整わず散逸している現状を批判的に指摘している点である。この論説においても日本の優れた制度が提示される反面、中国の古物保存の危機的な状況が対比されている。文末では中国の古物が日本の大学博物館によって保存されていることに触れることで、古物流出を戒める一方、日本は古物を保存する能力を充分に有していることを暗に示そうとしたとも考えられる。

三　一九二一年〜一九二三年の社論・論説

この時期は「対支文化事業」に関わる論説が掲載された時期である。「対支文化事業特別法」が制定されたのは一九二三年だが、論説内容との関連性から一九二一年七月に掲載された番号7「三大有形的文化事業」もここに区分した。

番号7「三大有形的文化事業」（一九二一年七月二日）において主張されているのは、「東洋大学」、図書館、美術館の三つの有形文化事業の推進である。この論説は中国が専ら西洋文明を取り入れようとすることに対して批判的な姿勢を取っている。内容の要旨は以下の通りである。

現在、東洋文明は衰弱の崖っぷちに立たされているため、まずは古物の整理保存を行うことが最優先であり、これは本来東洋文明の盟主であった中国が行うべきことである。また、東洋文明を保存するには図書館と美術館が必要となる。これらの施設があれば、帝室保管の古物や個人コレクションは完全に保存することができ、研究資料としても活用できる。図書と美術品を研究する機関としては「東洋大学」が必要である。『四庫全書』の刊行や文書の保存整理は図書館が担い、紫禁城の文華殿と武英殿は美術館として公開し、北京国立大学を「東洋大学」に発展させることを期待する。もし中国人がこれらの事業に取り組まなければ、日、英、仏、米、独等が中国の代わりに実行することになってしまうので、一日も早く中国人自らが取り組むことを望む。

番号6の論説以降、五年近く「清室宝物」関連の社論・論説は掲載されていない。この論説では「東洋大学」、図書館、美術館を設立する必要性とそれを中国が自ら担うことが望ましいと説かれているが、こうした事業に日本も関与したいという思惑が見て取れる。こうした論説が書かれた時代背景としては次の三つが挙げられる。第一に、文物保護についてはまだ実効性のある政策は実現しておらず、外国探検隊による国外流失が問題になっていたことである。第二に、義和団賠償金を転用した教育・文化事業の振興である。第三に、義和団賠償金と関連した蔡元培らを中心とした新たな学術機構の設立への動きである。(18) 吉開将人によれば、義和団賠償金を利用した教育・文化事業への助成は、列強間である種の競争構造を生み出した[19]。こうした背景のもとに「東洋大学」、図書館、美術館の三つの有形文化事業の推進が謳われ、東洋概念を提示したうえで、日本がこうした事業に関与する可能性が述べられたのである。

番号8「帝室博物館建設之必要—委託外人亦可」（一九二三年七月二七日）は一九二三年三月に「対支文化事業」が決定され、同年五月に対支文化事業局が設立されたのちに掲載されたものである。「対支文化事業」では中国における図書館や博物館の設立を事業の一つとして定めたことから、論説で語られた提言は「対支文化事業」の政策内容と一致するものといえる。その主な内容は以下の通りである。

吾人の注意をさらに惹起したものは、清室の所有する多数の古物や珍しい品々である。……それらの珍蔵品は実に世界の宝庫であり、また東洋文明の結晶となりうるものである。そのうえ今後二度と生産できないような稀にみる貴重な品も多く、誠に人類文化史上において必ず保存しなければならないものである。この点からみれば、絶対に清室の私有物とみなしてはならず、公共物とするべきであり、そうすれば人類文化史上に貢献するであろう。これに従っていうならば、正当な方法は［これらの物品を］民国に引き渡し、民国は帝室博物館を建設して受理した品々をそこに陳列することである。……中国は「東洋人学」、美術館、博物館を設立する必要がある。吾人はこれまでも多方面で陳述してきたように、中国が自ら立ち上がって為すことが唯一の原則である。しかし、もし中国人が自ら為すことができないならば、外国人が代わって為しても差し支えはない。文化事業というものは国境を区別する必要はないのである。

論説の筆者が提示した論点は二つである。一つ目は、「清室宝物」は民国政府に引き渡し、民国政府が帝室博物館を設立し管理することである。もう一つは、もし中国自身にその能力がなければ、外国人に委託することも構わないということである。タイトルに書かれた「外人」とは暗に日本人を指していると考えられる。また、これまでの論説とは異なり、初めて「絶対に清室の私有物とみなしてはならず、公共物とするべきである」と唱え、清室が宝物を所有することに対して一定程度容認していた番号3と番号5の論説とは全く異なる主張となっている。

番号9「再就清室宝物而論」(一九二三年九月一四日)は一九二三年九月の関東大震災発生直後に掲載されたものである。筆者は関東大震災が発生したとはいえ、日本には相変わらず中国に代わって「清室宝物」を管理する能力は保たれていると主張し、次のように述べる。

保存には多額の費用と随時の監視が必要であり、現在の清室の財力と能力では負担することはできず、このままでは散逸を免れない。……吾人は以前の論説の主旨では、もともと中国国内で保存することを望んでいた。これらの宝物は中国美術工業の結晶であり、東洋文化の精粋である。故に保存する者が誰か等問うことはない。清室でもよいし中国国家でもよい。その他の公益団体でもよい。公益団体のメンバーは、それが華人であるのか外人であるのかを問うことはなく、ただ精神の拠り所に求めて中国人の共有とするのみである。……もともと吾人は同じ東洋にある国という誼にちなんで、清室或いは中国政府から日本の帝国大学或いは博物館に対して交渉を行い、前述の条件に基づいて「[「清室宝物」の]保存を委託すべきであると考えていた。今は日本で大地震が起きたため、日本にこのような余裕があるのか断言できない。だが、日本の国力は必ずしも一時的な災害で頽廃するものではない。……対華文化事業等の問題が以前に発生したこともあり、日本の志士に託し北京で保存し、決して日本には運ばないという方法もないわけではない。……もし北京で保存する方法がありそれによって散逸させることはないというのであれば、必ずしも日本人の手を借りることはなく、その他の外国人の手によって行われてもよく、各国の外国人が共同で行ってもよいのである。もし中国人と外国人が共同で行うというのであれば、それが最も良い方法であろう。

この論説からは、清室には財力と能力がないために、清室に代わって誰かが管理しなければ「宝物」は散逸してしまうとし、そうなれば「東洋民族」が「東洋文明」を保護する責任を担うという使命に違背することになるとの趣旨が読み取れる。また、外国人が関与する「公益団体」によって「清室宝物」を保護させることも提案している。これは明白に「対支文化事業」を通じて日本が中国に代わって「清室宝物」を管理する意図を語ったものである。

この時期、『順天時報』の論調には日本政府の代弁者としての性格が色濃く現れ始めていた。青山によれば、一九一〇年代半ばを境に論説執筆陣から中国人は退場したという。「「論説」欄から中国人執筆者が消えるという変化は、中国人読者からみた場合、『順天時報』が日本人による「一方的な」言論発信機関となった」[20]ともいえ、「清室宝物」をめぐる一連の論説にもそうした傾向が現れているといえよう。

これらの論説は「対支文化事業」が開始されて以降に掲載されたものだが、同事業については、『順天時報』では一九二三年三月から二五年一〇月にかけて一三本ほどの社論・論説が掲載されている（表補-2）。最初の論説「日本対華文化事業」では、日本はアジアの諸民族のなかでいち早く西洋文明を理解したため、東洋文明を融和する力を持っていると述べられている。また、日本は富国強兵の追求のみに満足せず、積極的に中国の文化事業にも努力すべきであると主張する。こうした「対支文化事業」に関する社論・論説は「清室宝物」に関する論説と軌を一にする部分があり、一九二三年以降両者の論調は調和的な関係にあったといえるが、この点については稿を改めて論じたい。

表補-2　『順天時報』に掲載された「対支文化事業」関連の社論・論説

西暦	東洋暦	号数	タイトル
1923. 03. 25	癸亥. 02. 09	6845	日本対華文化事業
1923. 07. 27	**癸亥. 06. 14**	**6966**	**帝室博物館建設之必要**
1923. 08. 11	癸亥. 06. 29	6981	日本之所謂対華文化事業
1923. 09. 14	**癸亥. 08. 05**	**7014**	**再就清室宝物而論**
1924. 02. 15	甲子. 01. 11	7154	日本対華文化事業大綱已決定
1924. 02. 16	甲子. 01. 12	7155	再論日本対華文化事業
1924. 03. 03	甲子. 01. 28	7171	〔漫言〕文化事業中国方面委員之人選
1924. 04. 04	甲子. 03. 01.	7203	服部教授及其他人士之渡華—日本対華文化事業之進歩
1924. 04. 15	甲子. 03. 12	7213	関於日本対華文化事業之懐疑説
1924. 05. 06	甲子. 04. 03	7234	華洋博物院与日本之対華文化事業
1924. 05. 17	甲子. 04. 03.	7245	広東与日本之文化事業 予防南北分離之紐子
1924. 11. 11	**甲子. 10. 14**	**7070**	**清室宝物公私産之分界及其保管方法**
1924. 12. 19	**甲子. 11. 23**	**7457**	**保管清室宝物与日本文化事務局**
1925. 03. 12	庚子. 01. 18	7528	日本対華文化事業之進行
1925. 10. 07	庚子. 07. 20	7733	中日文化事業総委員会之開会：歓迎日本方面総委員之来華
1925. 10. 12	庚子. 07. 25	7737	〔漫言〕対於中日文化事業之感想
1925. 10. 15	庚子. 07. 28	7740	中日文化総委員会之閉会

注：太字部分は「清室宝物」に関する社論・論説をさす。

四　一九二四年の社論・論説

この時期は北京政変によって紫禁城内にあった「清室宝物」の取り扱いがにわかに問題になった。番号10「清室宝物公私産之分界及其保管方法」（一九二四年一一月一一日）では紫禁城内にあった「清室宝物」に対して、今後どのような処理をなすべきかについて明確に提言している。その内容は以下の通りである。

吾人は今回の「清室の」処分の是非善悪については、ひとまず論じないことにする。ここで少し検討したいのは、ただ「清室が所有する」宝物類の処分についてのみである。……第一の問題は、「国有物」と「清室品」との区別である。公産（公有財産）を国有とし、その他は皆区別して清室に帰属させるというが、その境界は甚だ不明瞭である。……第二の問題は、公産と決定されたものの保管方法である。この問題は目下最も緊要な問題である。……この革命による混乱で社会秩序がまだ回復していない時に、一般の政務の根本方針でさえ確定し難いのに、学術的・文化的な施策が完全に実行できるか否かは疑問である。故意か過失かを問わず、もし混乱に乗じて破壊されたり紛失したりしたら、実に末代までの痛恨事である。この点に関しては、今回の処分を断行した政府や、政府に断行させた馮［玉祥］将軍には重大な責任がある。万が一このことに関して、金銭に関わる醜聞が発生すれば、実に民族文化の公敵になってしまい、その罪は成敗されても仕方がないものであろう。吾人は、当局者が慎重に保管する責任を負い、国内外に厚い信用を示した。そのうえで完全に永遠かつ確実な保管方法を確立することを希望するのみである。

この時点において、「清室宝物」はすでに溥儀の手から清室善後委員会にわたり、管理されることとなった。この論説では、日本による干渉やその正当性については言及されておらず、かえって中国が主体となって「清室宝物」を管理することを肯定的にとらえる見解が示されている。この論説はこれまでとは異なり、北京政府が打ち出した政策に沿った内容であり、他紙の論調とも共通する。溥儀を紫禁城から退去させ、清室善後委員会を設立した北京政府は局勢を掌握しており、こうした論調にはそれへの配慮がうかがわれる。一方、この時点で中国では日本の「対支文化事業」が一種の文化侵略になりかねないという懐疑論が起こり始めており、日本が「清室宝物」に関与しようとしていると疑われるような発言を慎んだとも考えられる。そのうえで「清室宝物」が安易に売買の対象となり散逸してしまうことへの警戒も示されている。

番号11「保管清室宝物与日本文化事業局」（一九二四年一二月一九日）が書かれたのも、日本が推進する「対支文化事業」に対して中国輿論の厳しい眼が向けられていた時期にあたる。一九二四年末、日中双方が協議して「対支文化事業」を「東方文化事業」に改称し、北京における執行機関として東方文化事業総委員会が設置された。論説の内容は以下の通りである。

「「清室宝物」の保管と日本による「文化事業」との関係をめぐる」これらの議論に対して最も妨害となるのは、恐らく偏狭な国家観念である。清室宝物は中国の公産であるため、その保管者は中国国家であるべきであり、日本の文化局が代わって保管することはできないという議論がその都度発生するのはそのためである。しかし、こうした議論は充分な理由を備えていない。日本の文化局による事業は、東洋文化の発達を研究することにより、中国文化の発達に貢献するものである。……これらの宝物は中国の国家或いは民族が保管するのが最も妥当であり、誠に当然なことである。しかし現在の政局は混沌とした状態にあり、最も近接する日本民族が代わりに尽力して保管の責任を果たすのも自然なことである。そもそも現在の国家観念は西洋諸国の経験から生まれたものであり、偏狭に過ぎるといわざるを得ない。この種の観念を徐々に修正することは、実に吾人が抱懐している意見である。さらに今後の世界思想は、国境を撤去する方向に向かわざるを得ないだろう。……実際のところこうした国境の撤去は実現の傾向が徐々にみられる。こうした見地からみれば、日本の文化事業局が清室宝物を保管することは、何ら問題とならないのである。

先にみた番号10の論説と掲載日は一ヵ月ほどしか変わらないのに、その論調には再び「東洋」という概念が現れている。古物の保護にあたっては偏狭な国家概念にとらわれる必要はなく、日本の文化事業局が遂行する事業に対して懐疑的な態度を取るべきではないことが強調されている。また、日本の文化事業局は東洋文化を研究するために設立され、その事業は中国文化を発達させることと同義であるとも主張している。そして最後には、より明確に日本の文化事業局が「清室宝物」を管理することは至極合理的であると述べている。「清室宝物」の管理に寄せる強い意志は、番号10の論説では中国側の反発を意識していったんは抑えられたが、この論説では再び強く主張され、「日本の文化事業局が清室宝物を保管することは、何ら問題とならない」とまで言い切っている。

以上が『順天時報』に掲載された一一本の論説を分析した結果である。

第三節　外務省記録関係文書の検証

本節においては、日本外務省記録のなかで「清室宝物」に言及している関係文書を考察したうえで、『順天時報』の社論・論説と対照しながら、当時の日本政府の「清室宝物」に対する姿勢を探る。

辛亥革命勃発後、日本の駐中国公使は早くも民国政府の「清室宝物」の処理動向について注目していた。一九一二年一月六日に当時の奉天総領事落合謙太郎から外務大臣の内田康哉に発した以下の電文にそれが確認できる。

北京政府ハ過般当奉天ノ宮殿ニ保存シアル諸種ノ宝物ヲ調査シ至急報告スヘキ旨趙［爾巽］総督ニ命令シ来リタルハ事実ト認メラルルモ、右ハ売却セムカ為ノ調査ナルヤ将又整理ノ為ナルヤハ世上斉シク疑問ト為シツツアリシカ、当館警察署員ノ探知スル処ニ據レハ、右調査ハ全ク売却セムカ為ニシテ、該宝物ノ購入ニ関シ清国人ハ勿論殊ニ近来諸外国人ノ競争甚タ熾ニシテ、就中英国人某ノ如キ目下各方面ニ盛ニ運動ヲ試ミツツアリト云フ……。(21)

この電文からは、辛亥革命勃発直後に北京政府が奉天の宮殿に保管されていた文物を売却しようとする動きを日本の奉天総領事館が察知し、さらにその買手についてもある程度把握していたことが読み取れる。その後、一九一四年に北京政府が宝物を全て北京へ運搬し、古物陳列所に保存することが表明されるまでの間、日本の在奉天総領事館は絶えず奉天にあった「清室宝物」の動向に注目し、数回にわたり本国に報告し続けた。そして、数多くの陶磁器や銅器などの美術品の目録を入手し外務省に呈している。(22)

また、一九二四年に北京政変が起こると、溥儀が紫禁城から退去した直後の一一月七日と八日に、特命全権公使の芳澤謙吉は外務大臣幣原喜重郎宛ての電文において、「清室宝物」の処理にあたって民国政府と清室は善後委員会を組織したうえで、それらを公産と私産とに分別する方針を定めたという情報を中国側の関係者から得たことを報告している。(23) これらの報告を受け、幣原は芳澤に以下のような訓電を発している。

今般公布セラレタル修正清室優待条件第五条ニハ、「清室ノ私産ハ清室ノ完全ナル享有ニ帰シ、民国政府ハ其ノ他一切ノ公産ハ民国政府ノ所有ニ帰スヘシ」トノ規定アル処、之等公私ノ財産中ニハ、四庫全書ヲ始メ貴重ナル文献不尠《スクナカラズ》、又東洋美術研究ノ好資料等多数ニ存スル趣ナルカ、支那政府ハ其ノ公産ト認ムヘキモノハ之ヲ国立図書館及博物館ニ収納セントスル方針ナルカ如キモ、財務窮乏ノ折柄其ノ所有ニ帰シタル公産ヲ売却スルノ虞無キニ非ス。斯クテハ折角蒐集セラレタル此等貴重ナル図書及美術品等追々散逸スルニ至ルヘク、殊ニ外国人等ニ於テ買収ヲ試ムルカ如キコトアランニハ、国外ニ持去ラルル至ルナキヲ保セス。右ハ啻ニ支那ノ為ニ惜ムノミナラス、帝国政府カ研究所、図書館等ノ施設ヲナシテ東洋文化ノ保存、研究及発揚ヲ目的トスル事業ニ着手セントスルニ当リ遺憾不尠。次第ニ有之候幸ヒ対支文化事業特別会計本年度予算ニハ多少図書及研究資料購入及保管ノ費目モ有之候ニ付、場合ニヨリテハ経費ノ許ス範囲ニ於テ購入スルカ、或ハ之カ維持保存ニ要スル費用ヲ幾分支出シ、以テ出来得ル限リ防止スルコトニ努メタキ意向ニ有之候。就テハ右御含ノ上、清室財産整理ノ模様御注意ノ上随時参考トナルヘキ事項御報告相成度。尚ホ機会アル毎ニ支那関係局ニ対シ東洋文化保存ノ見地ヨリ清室財産整理上特ニ意ヲ須キルコト可然旨慫慂セラレ何等処分ヲナスカ如キ場合ニハ、予メ我方ニ内報セシムル様仕向ケ置カルル様致度、此段申進候也。[24]

外務大臣から全権公使への訓電の重要性はいうまでもないが、電文では北京政府が公産とみなした「清室宝物」が財政難のために売却されることへの懸念が示される一方、『四庫全書』や美術品などが中国国外へ持ち去られることは、中国のみならず、日本がなそうとしている「東洋文化の保存」においても、大変遺憾なことになりかねないとの見解を述べている。さらに、「清室宝物」を整理する際には、特に「東洋文化の保存」という見地に依拠すべきことを北京政府に対して呼びかけるよう指示されている。ここからは、「東洋文化の保存」という論理に依拠することで、日本が東洋の盟主として紫禁城内の「清室宝物」の処置に深く関与したいという日本政府の意図をうかがうことができる。

これと類似した論調は、一九一五年あたりから『順天時報』の論説には再三みられたものである。時期的には番号10と番号11の論説に対応する。内容的には、私産・公産の分別と売却の危惧を述べた点では番号10の論説と、「東洋」概念と「対支文化事業」の論理を主張する部分では番号11の論説と重なっている。さらに訓電では、「対支文化事業」の年度予算から「清室宝物」の保存に関わる経費を捻出するよう指示されており、「対支文化事業」を通して「清室宝物」への関与を強めようとする日本政府の意図が明確に現れている。

しかし、このような状況は必ずしも日本側が一方的に働きかけた行動ではなかった。たとえば、国立北京大学研究所国学門主任の沈兼士[25]は日本東京美術学校校長の正木直彦[26]に宛てて、一九二五年三月二一日に古物保存への援助を求める要請文を送っている。その大意は以下のようなものであった。中国が有する美術史の素材は豊富であるが、従来の収蔵家の偏狭なやり方によって徐々に散逸してしまい、これを目にする我らはとても心を痛めている。このような状況を打開するため、科学的な方法によって整理・保存を行おうと考えている。日本が義和団賠償金を中華文化発展のための事業に使おうというなら、これこそまずなすべき急務ではないか。当局に建議していただければ実に学術上の幸いとなるであろう。[27]

このように中国の学術組織である国学門に所属する知識人が、中国の文物保存が置かれている状況に危機感を抱き、それを打開するには日本の協力が必要であると考え、義和団賠償金を使った文物保存の推進に期待を寄せていたのである。[28]

沈兼士からの要請を受けた正木直彦は、一九二五年四月六日に対支文化事業部長の岡部長景宛てに要請文を提出した。要請文では古美術の保存は「対支文化事業」のなかで最も急を要するものと述べられている。そして正木の提案は、美術行政の専門家として、中国古美術調査会の組織化、保存法の立案、出土品の調査、保存設備の整備、海外の中国古美術の研究調査、文献蒐集にまで及び、「清室宝物」の整理に止まらず中国美術史の編纂事業に至るまで日本が主導するという内容であった。[29] 正木本人としては、北京大学からの要請を受けて中国の文物保存に関して日本側として最大限の援助体制を構想したものであった。この提案に対し岡部は、「対支文化事業」によってすでに北京には日中共同経営の人文科学研究所・図書館が設置され、同所には美術部門も設けられているため、正木の提案に賛意を示しながらも、文物保存について日本はあくまで援助・指導的な立場を保つべきであると主張した。[30]

岡部は正木が提起した「東洋文化の保存」という考え方には賛同している。しかし、文化事業の推進にあたっては、あくまで中国が主体であるべきという原則を強調した背景には、「対支文化事業」が実施当初からある種の「文化侵略」ではないかという疑念を中国側から抱かれており、中国側のこうした輿論に対する配慮があったといえよう。正木の提案は文物保存において日本側が全面的な主導権を握ることにもつながるものであり、中国側からは受け入れがたいものであった。

こうした中国側の懐疑的な視線に対し、『順天時報』は一九二四年四月一五日の社論「関於日本対華文化事業之懐疑説」において日本の立場を代弁し、「対支文化事業」を「文化侵略」とみなす見解を持つのは、同事業の性質や現在多くの日本人が抱く友好的対中感情に無理解だからであり、日中双方が一致団結することこそ、同事業が最良の成果を生み出す方法であると力説している。

小結

『順天時報』に掲載された「清室宝物」に関する論説の特徴としては、古物保護における中国の劣位性と日本の優位性、「清室宝物」を保護する責務は中国のみならず「東洋」全体に属するという認識の二つである。この二つの論調が重なり合って、「清室宝物」の保存に関与できるのは中国だけではなく、その最適任者は「東洋」の指導的立場にある日本であるとの主張が強力に展開されていくようになる。

一方、「対支文化事業」は日本政府にとって「清室宝物」に関与するための格好の仕組みであった。同事業を活用した「清室宝物」の保護に対して、日本政府内にそれに対する強い意向が存在しただけでなく、中国側の一部からも古物保護に大きな期待が寄せられた。当然こうした日本側の動きには中国側の反発もあったが、『順天時報』はむしろ日本の文化事業局が「清室宝物」を保管することには正当な理由があると訴え、中国側の反発は不当なものであると主張した。他方、外務省記録からは、日本外務省も「東洋」概念と「対支文化事業」とを連動させることによって「清室宝物」の保護への関与を企図していたことがうかがわれ、これは『順天時報』の論調とも共通するものであった。

以上みてきたように、「清室宝物」に関する『順天時報』掲載の社論・論説には、「清室宝物」に関与しようとする日本政府の思惑も反映していることが確認できた。今後は、一九二〇年代当時の日本がなぜ「清室宝物」の保存にここまで関与しようとしたのか、またそこにはどのような論理や背景が存在したのかを、さらに精査する必要があるが、それらは稿を改めて論じることにしたい。

注

（1） 本書全体では「清王朝文物」という用語を用いているが、『順天時報』では清朝の所蔵文物に対して「清室宝物」という用語を使用しているため、便宜上本補論においてもこの用語を使用する。他紙では「宝物」、「清室古物」、「清室美術品」、「清室物件」などが用いられている。なお、清朝の所蔵文物に特定できないものは、適宜「古物」、「文物」の用語を使用している場合がある。

（2） 『大公報』（天津）、『晨報』（原名『晨鐘報』、北京）、『益世報』（天津）、『申報』（上海）。

（3） なお、本補論の初出は、「「北京政変」前後における「清室宝物」をめぐる議論――『順天時報』の社論・論説分析を中心に」『アジア太平洋討究』第三〇号、早稲田大学アジア太平洋研究センター、二〇一八年一月、二〇七-二二三頁。なお、本書への収録にあたって紙幅の制限から一部を割愛した。

（4） 発行部数は時期によって異なるが、一九一〇年代後半から二〇年代にかけて七〇〇〇～三万五〇〇〇部の間で推移したという。青山治世「『順天時報』とその社論・論説について――形態と執筆者の変遷を中心に」『『順天時報』社論・論説目録』東洋文庫、二〇一七年、三二三頁（注釈四）。

（5） 戈公振『中国報学史』台北：台湾学生書局、一九七六年、一一〇頁。方漢奇主編『中国近代報刊史（上巻）』太原：山西教育出版社、二〇一二年、四〇-四一頁。

（6） 呉文星「『順天時報』――日本在華宣伝機構研究之一」『国立台湾師範大学歴史学報』第六期、一九七八年、三八九-四三八頁。

（7） 殷晴「帝国的眼光――『順天時報』的中国論述」北京：北京大学新聞与伝播学院修士論文、二〇一三年六月。楊鎵民「中日談判下的在華日人輿論與宣伝——以『順天時報』対中日二十一条交渉報導為例」『曁南史学』第一七号、二〇一四年七月、二一一―二六九頁。蕭明禮「五四運動時期中国知識份子的亜洲言説——以『順天時報』為個案的探討」『曁南史学』第九号、二〇〇六年七月、六一―八五頁。関智英「『順天時報』社論所見的袁世凱帝制」、東方文化学術検討会報告論文（二〇一六年四月三〇日、台湾花蓮・慈済大学）。

(8) 青山治世前掲論文「『順天時報』とその社論・論説について——形態と執筆者の変遷を中心に」、三〇八―三一二頁。

(9) 初期（一九〇一年一二月～一九〇四年七月）には、執筆者の陣容が整っておらず、多種多様な「論説」を毎号掲載することはできなかった。こうしたジレンマのなかで試行錯誤を繰り返していたが、前期（一九〇四年七月～一九一二年七月）に入ると、中国知識人の論説執筆者が登場したことによって、論説の供給が安定したと述べられている。青山治世前掲論文「『順天時報』とその社論・論説について——形態と執筆者の変遷を中心に」、三〇八―三一〇頁。

(10) 関は「民国政治の在処——民意を基盤に」、「大アジア主義——日中の齟齬」、「日中の衝突を続って——『順天時報』の伝えなかったこと」、「北京の新聞として——社会を映す鏡」、「引照基準としての日本」の五つの観点を提示する。関智英「『順天時報』と中国・北京・日本——同紙社論を読む」『『順天時報』社論・論説目録』東洋文庫、二〇一七年、三三三―三四七頁。

(11) 関智英前掲論文「『順天時報』と中国・北京・日本——同紙社論を読む」、三三八―三四七頁。

(12) 本論は北京中華全国図書館文献縮微中心が作製した『順天時報』のマイクロフィルムを使用し、前掲『『順天時報』社論・論説目録』を適宜参照した。

(13) 青山治世によれば、「漫言」は「白話文や韻文で時事を批判したもので、一九一二年一一月一五日から一九二九年六月二四日まで毎週月曜日に掲載された。軽妙なタイトルと文体で書かれながら、通常とは異なる視角や表現を駆使することで、かえって社論・論説で直言できない社の主張や見解を強く発言する役割を果たしていた」という。青山治世前掲論文「『順天時報』とその社論・論説について——形態と執筆者の変遷を中心に」、三一七頁。

(14) 一九一六年の年末から一七年にかけて、外務省内において日中間の文化事業の有効性が示された（「対支方針大綱決定ニ伴ヒ施設スベキ細目」）。第一次世界大戦後、日中間での提携を文化的な側面から強固なものにする必要に迫られ、「両国ノ間ニ真ノ了解ヲ齎スニハ独リ政治的経済的方面ノミナラズ、文化的方面ニ於テモ大ニ努力シナケレバナラヌ」という見解に基づいて「対支文化事業」が案出された。その財源は義和団賠償金から支出された。二三年三月に「対支文化事業特別法」が制定され、同年五月五日に対支文化事業局が設置される。同年一二月二〇日には対支文化事業調査会が設置され、二四年の外務省の組織改革にともなって対支文化事業局を文化事業部に改称、二五年五月には東方文化事業総委員会の設置が決定された。「対支」という呼称が中国側の強い反発を招いたため、二四年二月の汪・出淵協定（汪栄宝駐日公使と出淵勝次対支文化事業局長による協定）によって日中双方が合意し、「対支文化事業」ではなく「東方文化事業」と呼ぶことになり、文化事業実施機関として北京に東方文化事業総委員会が設置された。しかし、中国はその後も、日中双方の委員数や権限の不均衡などを理由に、日本による「文化侵略」との批判を強め、「日本文化侵略反対大同盟会」を組織した。さらに、二八年五月に起きた「済南事件」により再び反日・排日運動が激化し、東方文化事業にも影響を及ぼした。翌二九年六月、国民政府教育部は「中日文化事業に関する取極めは、中国の文化的進歩を阻害する」として、外交部に対し同事業協定の廃止を申し入れたが、日本側は単独でも文化事業を推し進める強硬な態度を取った。しかし、中国側の反発などによって「対支文化事業」は途中で挫折し、満洲事変によって同事業は完全に頓挫することになった。以上、阿部洋『「対支文化事業」の研究――戦前期日中教育文化交流の展開と挫折』汲古書院、二〇〇四年、山根幸夫『東方文化事業の歴史――昭和前期における日中文化交流』汲古書院、二〇〇五年、熊本史雄『大戦期間の対中国文化外交――外務省記録にみる政策決定過程』吉川弘文館、二〇一三年を参照。

(15) 青山治世前掲論文「『順天時報』とその社論・論説について――形態と執筆者の変遷を中心に」、三一四頁。

(16) 本引用の日本と比較している箇所は、本書第一章で取り上げた一九一三年に康有為が『不忍雑誌』に寄稿した「保存中国古蹟古器説」の内容と重なっており、『順天時報』が康有為の論説を引用したことが推測できる。本書第一章第二節を参照。

(17) 一八九七年に公布され、歴史的・美術的に価値の高い建造物や宝物類を内務大臣が「特別保護建造物」、「国宝」などに指定し保存するための法令である。しかし、同法は対象を社寺に限っており、国・地方公共団体・個人などが所有する貴重な文化財を保護することができなかった。一九二九年には同法が廃止され、新たに国宝保存法が公布された。以上、馬淵久夫など編集『文化財科学の事典』朝倉書店、二〇〇三年および山崎有信『古社寺保存便覧――古社寺保存法註解同保存出願手続』最勝閣、一九〇三年を参照。

(18) 吉開将人「近代中国とアカデミー――政治史と文化史のあいだ」『人文科学年報』専修大学人文科学研究所、第三二号、二〇〇二年、一二二頁。

(19) 同前、一二三頁。

(20) 青山治世前掲論文「『順天時報』とその社論・論説について――形態と執筆者の変遷を中心に」、三一二頁。

(21)「清国革命動乱ノ際奉天宮殿宝物売却凡説一件」、「中国ニ於ケル古物並国有宝物売却禁止関係雑件二」、外務省記録(外務省外交史料館 I-1-7-0-4)。

(22) 同前。

(23) 同前。

(24)「清室優待条件」、「清室優待条件支那古美術保存関係雑件」、外務省記録(外務省外交史料館 H-7-1-0-5)。

(25) 沈兼士(一八八六〜一九四七)は、浙江省呉興出身。一九〇五年日本鉄道学校に入学、中国同盟会に加入。一九一二年二月朱希祖らと国学会を設立。一七年四月北京大学編纂所編集員に任じられ、二一年一一月北京大学研究所国学門主任に就任。国学門創設から文科研究所時代まで長年にわたって務めた。二四年一一月には清室善後委員会委員も務め、二五年九月故宮博物院理事に就任。徐友春主編『民国人物大辞典(増訂版)』石家荘：河北人民出版社、二〇〇七年。

(26) 正木直彦(一八六二〜一九四〇)は、美術行政官、教育者、号は十三堂。一八九二年七月帝国大学法科大学法律科を卒業。帝国奈良博物館学芸委員、奈良県古社寺保存委員などを歴任する。九七年六月文部大臣秘書官に補せられて上京、翌年フランス万国博覧会出品調査委員となり、九九年一一月渡欧、一九〇一年三月帰国、同年東京美術学校校長に就任した。三二年に退官するまで三二年間同校長を務める。〇六年には文部省美術展覧会の創設を建議し、同年一〇月第一回文展が開催された。一三年六月帝室技芸院選択委員に任じられ、帝国美術院展覧会(帝展)の幹事を務め、三一年一一月帝国美術院院長となった。臼井勝美ほか編『日本近現代人名辞典』吉川弘文館、二〇〇一年。

(27)「支那古美術保存」、「清室優待条件支那古美術保存関係雑件」、外務省記録(外務省外交史料館 H-7-1-0-5)。

(28) 沈兼士は国学門設立に際して、各国の義和団賠償金返還金から支援が寄せられることを訴えたが、期待通りにはならなかった。また、国学門考古学会主席の馬衡は、日本の東京・京都帝国大学の考古学研究者と提携を図り、日中の考古学者の共同組織として東亜考古学会を結成し、日本の「対支文化事業」から助成を期待したが、日中の政局の変化と中国国内におけるナショナリズムの高まりのなかで、成果を挙げることなく頓挫した。吉開将人前掲論文『近代中国とアカデミー——政治史と文化史のあいだ』、一一三頁。

(29) 前掲外務省記録文書「支那古美術保存」、「清室優待条件支那古美術保存関係雑件」。

(30) 同前。

終章
未完のプロジェクトとしての近代文物事業

第一節　近代文物事業とは何だったのか
――序章における五つの問題提起への回答

本書では、辛亥革命から一九四九年までの期間を対象として、中華民国各政府期に進められた近代文物事業を検討し、国家建設における文物の役割を考察した。本書の特徴は、中国の近代文物諸事業を個別的、通史的、網羅的な形ではなく、各文物事業を横断しながら、その総体を総合的にとらえることを試みた点である。序章では、五つの問題提起を示した。以下本節では、各章の考察に基づいて、五つの問題提起に答えたい。

第一の問題提起は、文物の海外流出を阻止するために構想された文物保護を中心とする近代文物事業は、各政権期においてどのように展開されたのかということであった。

文物保護が構想されたのは清末である。その要因は清末から問題化した文物の破壊や海外流出を阻止することであり、それによって近代国家として国際社会からの承認を得たいということであった。北京政府期に入ると清末新政の文物事業は未完のままに継承され、古物陳列所や故宮博物院などの博物館が導入され、「限制古物出口令」、「保存古物暫行辦法」が制定されるなど法制面では一定の実績を挙げたが、実際に有効な文物保護を行う体制は実現しなかった。その原因は北京政府には文物事業に対して強力な権限を有する専門的な機関が存在せず、関係機関の間で権限をめぐる争いが発生したからであった。文物保護には、中国国内の発掘調査において中国の主権行使を確立するという政策課題があった。一九二七年のスウェーデン探検隊の調査申請を機に外国探検隊に対する規制ルールがつくられた。

南京国民政府は中央集権的体制を目指すなかで、近代文物事業の基本法となる「古物保存法」を一九三〇年に制定するとともに、専門機関として中央古物保管委員会が一九三四年に設置され、中国全土の近代文物事業を中央から統制していく。南京国民政府に至り、文物保護はようやく実効性のある運用体制を整えたといえる。また、外国探検隊に対する統制が実現し、発掘事業において対外的に国家文化主権を示すことになった。

つまり、文物保護という事業は、清末新政以降の政権交替にもかかわらず、その目的や課題には一貫した方向性があり、文物の海外流出を防ぐという点において事業の趣旨は引き継がれていったのである。各政権が行った事業にはそれぞれに限界と成果があり、そこに新たな政権が改革を試みながら、文物保護の実現を目指したのであった。保護以外の近代文物諸事業、たとえば、展示、管理、政治利用なども全て文物保護とつながりをもっており、こうした点から文物保護は文物事業の根幹に位置しているといえる。

第二の問題提起は、中国の歴史と伝統文化という価値が文物に投影されることは、近代文物事業にどのように反映され事業の展開につながったのか、また、こうした文物事業と勃興するナショナリズムはどのような関係にあるのかということであった。

近代中国の文物事業には、欧米から文物保護制度や博物館制度などを導入する過程においては「近代化」という性格を有しながら、事業対象となる文物自体は前近代の「古物」などであった。「古物」には中国の歴史や伝統文化という過去の王朝体制に依拠する価値が近代という視座から改めて付与されることになった。文物の多くが中国の歴史や伝統文化を表象しうる存在であるという認識が生じ、それらの文物が不当な方法によって海外に流出するのを阻止することが文物保護の根拠になった。清末以降、文物の海外流出という現実と文物保護制度の遅れが、ナショナリズムの感情を高揚させ、知識人たちに文化的な危機意識を抱かせた。

実は、中国ナショナリズムの実践にも伝統維持と反伝統という相反する特性が内包されていた。すなわち、西洋に侵されようとしている中国を守るために(=伝統維持)、中国の伝統的制度や技術が否定され、「優れた」西洋の科学技術や思想、制度などが導入される(=反伝統)。これによって、初めて西洋に対抗できるということである。[1]これは文物保護において文物を守るために、西洋の制度を導入することと同義であり、近代中国で文物保護が展開される際には、同時にナショナリズムと連動していることを意味していた。しかし、近代文物事業を取り巻く状況は複雑であり、西洋から導入した諸制度が全面的に肯定されるわけではなかった。文物が中国の歴史と伝統文化を表象する存在であることから、西欧文明の無批判な摂取に対して「国粋」という概念が示され、『国粋発揚』は「古物保存」と結びつくこともあったのである。

以上のように、ナショナリズムは第一の問題提起で取り上げた文物保護と深く関わっていた。また、外国探検隊に対する規制と発掘における中国側の文化主権の確立にもナショナリズムが大きく影響した。清末から北京政府期にかけて生成された文化ナショナリズムは、南京国民政府期に入ると、国家建設および国民統合に利用されるようになる。

第三の問題提起は、国民国家建設に不可欠な国民創出において、文物事業はどのように展開され、どのように国家統合につながったのかであった。

一九三四年に設立された中央古物保管委員会の設置理念や文物保護の重要性に関して、同年、当時の行政院院長汪兆銘と軍事委員長蔣介石が連名で声明文を発している。そこには、近代文物事業を通じて博大な民族の歴史を示し、固有文化を創造し、それによって国民を創出しようという意図が示されていた。文物事業による国民創出が政策として明確に打ち出されるのは南京国民政府からであった。

博物館の設置は北京政府期から推進された事業であるが、南京国民政府では文物保護や研究に加え、国民に対して文物を展示する機能が強調されることになった。さらに、展覧会を国民統合のプロパガンダとして利用することや、近代文物事業の国際関係における模索、中国国内の考古学調査における主権が確立した。殷墟の発掘に代表される考古学調査が国民のルーツを科学的に探ることであるならば、これも国民創出による国家統合とつながる事業である。一九三五年に教育部は全国の各学校および教育関係機関に対して、古物や古蹟保護に関する内容を教科書に取り入れるとともに、古物、古蹟の保管への協力を通達したが、このように国民教育においても文物は利用された。

国民の創出に文物を活用することは文物の政治利用と換言することができる。政権が文物を意図的に国家統合や国家建設に動員したということである。もちろん、文物事業は全てにわたって政治性を有するのであるが、ここでいう政治利用とは、国家統合や国家建設を目的とした、国民の創出、プロパガンダ、国際関係の構築などに文物を積極的に利用することであり、これは中央集権体制を志向する南京国民政府によって初めて取り組まれた事業である。

第四の問題提起は、辛亥革命後、「清王朝文物」を保管・保護・展示するために生まれた博物館が文物にどのような意味を与え、国家建設にどのような役割を果たしたのか、ということであった。

中華民国が成立すると、これまで不可視だった「清王朝文物」が民衆の前に出現した。文物保護とともに「清王朝文物」の処置が近代文物事業の新たな課題に加えられることになり、その方途として博物館への保管と展示が模索された。

民国政府と清朝側との間では、清朝の処遇について「清室優待条件」が結ばれ、清朝の財産の保護責任を果たすために、奉天と熱河などに保管されていた文物は古物陳列所に展示されることになった。そこで、接収した「清王朝文物」が公開されることによって、王朝時代が終焉し、現体制が中華民国であることを民衆に示すこともできた。

一九二四年の北京政変によって紫禁城内廷から溥儀が追放されると、新たに出現した「内廷文物」を処理するために、「修正清室優待条件」が公布され、清室善後委員会が組織された。この時清朝の財産が初めて公共財産として認知されることとなった。清室善後委員会は、「内廷文物」を管理下に置きその公開を図るために、故宮博物院を設立したのであった。

中華民国において政府関係者や知識人が、博物館が文物を国民国家に組み込むための装置であることを認識するのは、辛亥革命後の古物陳列所や歴史博物館が設置された時点ではなく、北京政変後に「内廷文物」の処置と故宮博物院設立が問題になった時であった。故宮博物院の設立を契機に、中華民国における博物館は、文物を単に施設に収容して保護するだけではなく、公開を通じて国民国家の建設に資する装置となった。「内廷文物」は故宮博物院によって、「清王朝文物」という性格が弱められ、中華民国の「故宮文物」に変換された。「故宮文物」の公開は、民族の歴史や伝統文化を表象する文物の鑑賞を通して、民衆に国民意識を涵養することにつながっていく。一九二八年の北伐以後、故宮博物院は南京国民政府によって接収され、正式な国家機関として位置づけられた。南京国民政府によって中央集権的な近代文物事業が構築されていく過程において、「清王朝文物」は正式に国家機構に組み込まれることになった。「清王朝文物」は、西洋から導入した博物館に保管し国民に展示されることによって、「中華民国の文物」に変換されることになった。

第五の問題提起は、侵略の危機に直面した中華民国は、文物を保護するために収蔵場所から文物を疎開させたが、こうした文物の移動によって国家建設における文物の位置づけにどのような変化が生じたのかということであった。

満洲事変後の文物南遷は北平の故宮博物院とそこに所蔵される「故宮文物」の意味を大きく変えることになった。南遷した文物には、「故宮文物」のみならず、北平にあった他の重要な文物も数多く含まれていたために、南京国民政府が管理する文物における「故宮文物」の位置づけはより相対化された。また、南遷によって清朝や旧都北平と文物の結びつきはさらに弱められた。

南遷や西南疎開の対象となる文物には、故宮博物院に所蔵されていた文物のみならず、古物陳列所、中央博物院籌備処などの清朝由来の文物や中華民国成立後の発掘品なども含まれていたが、遷移を経てこれらの文物が「故宮文物」と総称されることが一般化した。その原因として、南遷後の文物管理は故宮博物院南京分院が中心となったことが考えられる。さらに、「故宮古物」という言葉が清朝由来の文物を広く指す用例が当時の檔案・文献に少なからずみられることが挙げられる。そして、最終的に台湾の国立故宮博物院にこれらの文物が所蔵されたことから、「故宮文物」を上記のように広義に解釈することが通念として今日まで継承されてきた。

南遷と西南疎開を経験した文物は戦後、南京に再び集結し、近代文物事業は新たな段階を迎えようとしていた。それを象徴する近代文物事業が戦後の文物返還要求である。戦後、中華民国は義和団事件の際にドイツおよびイタリアに略奪された文物にまで遡及して、文物返還要求を打ち出した。日本に対しても日清戦争以来の略奪文物の返還が当初は構想された。こうした返還要求は欧米列強諸国や日本に蹂躙された歴史を遡り、文物を取り戻すという執拗な意思の表れであるともいえる。また、戦勝国という国際関係上の立場から、「失われた文物」の返還を迫ることで、中華民国を近代の原点に立ち返り強力に再統合しようとする姿勢の表れとみることもできる。

中国の近代文物事業は清末新政期という助走期間を経て構想され、辛亥革命によって生まれた北京政府そして南京国民政府によって取り組まれた。本書の研究意義を挙げるならば、中華民国政府の文物事業が単なる文化政策の一種ではなく、統一中国の象徴性を生み出す重要な事業であったことを発見した点であろう。

第二節　文物の持つ移動可能性という特性
――「コレクション」を補助線として

前節では五つの問題提起に対して本書において展開した議論を整理した。本節では、近代文物事業に通底する文物の特性に注目し、視点を変えて近代文物事業について考えてみたい。

本書では、文物は移動できるものに着目し、動かすことのできない歴史文物や遺跡は原則的に含まないとした。文物を移動可能な「古物」に限定することによって、建築物や遺跡を含む文化財一般を対象として考察するのとは異なる議論を目指した。中国の近代文物事業で移動という言葉は文物南遷や西南疎開を直ちに想起させるが、「文物の移動」は文物を運搬することを意味するだけではなく、文物の本質的な特性をも示している。そこで、本節では移動できるという文物の特性に注目し、移動と深く関わるコレクションというキーワードを補助線として、中国の近代文物事業についてとらえ直してみたい。

本節で用いるコレクションという概念は、個人や王朝が「好古の思潮」を求めて収集した所蔵品に限定されるものではなく、近代国家における博物館や研究機関の所蔵品、すなわち近代化という文脈において制度化されたコレクション（「コレクションの制度化」）をも含むより広い概念である(2)。

コレクションと移動には密接な関係がある。コレクションとはそもそも物品が移動できることを前提としているからである。そうでなければ、物品がもともとあった場所を離れてコレクションとなることはない。清朝皇室の所蔵品（コレクション）が形成されたのは、清朝を含む歴代の王朝のもとに何らかのルートを経て運ばれてきたからである。いったん所蔵品（コレクション）となった文物は何らかの理由でコレクションという範疇から逸脱する場合がある。

清末以降の状況下では次のような事例が挙げられる。まず、略奪による非コレクション化である。単なる略奪品もその後売買の対象となる略奪品もその時点ですでにコレクションではなくなっているが、略奪品が海外の博物館や個人収集家によって所蔵されるに至って再びコレクションとなる。こうしたコレクションからの逸脱と再コレクション化は文物が有する移動できるという特性から生じている。

北京政府が「清室優待条件」のなかで清室に約束した経費が滞ったため、清室は所蔵品の一部を競売にかけ、また抵当として銀行に借款を求めたことがあった。これらもポミアンの定義に従えばコレクションからの逸脱である。ポミアンによれば、「コレクションを構成する品物は一時的あるいは永久に、営利活動の流通回路の外に保たれていなければならないからである。他方でコレクションから逸脱しない移動があり、奉天と熱河の文物が古物陳列所に運送されたうえで展示された事例や「内廷文物」が故宮博物院に保管・展示される事例がそれにあたる。これらの場合、コレクションの主体は清室から国家へ変更されたものの、文物は営利活動の流通回路の外に保たれており、「特別な保護のもとに置かれ」、「閉じられた場所の中で、視線にさらされている[4]」ことに変わりはないからである[5]。

清末新政から北京政府期にかけて近代文物事業の中心にあった文物保護は、略奪や発掘による文物の海外流出を阻止することから構想されたが、これは中国国内ですでにコレクション化している文物、たとえば「清王朝文物」や個人所蔵の文物などが非コレクション化し海外へ移動することを防止することであった。発掘品については、売買の対象となることで非コレクション化したり、海外に流出したあとにコレクション化したりすることを防ぎ、あくまで中国国内で公的機関によって所蔵（コレクション）されることを目指したのであった。文物保護を推進するため清末以来、各政権は文物が持つ移動という特性を抑制し、文物を管理しようとしたのであった。それは博物館への所蔵であり、文物が移動していないことを確認するための文物調査であり、外国探検隊への統制であった。

移動できるという文物の特性が文物保護の手段にそのまま転化したのが、文物の南遷と西南疎開であった。一九三一年九月満洲事変が発生すると、南京国民政府は日本の侵略から北平にあった文物を保護するために、三三年に「北平文物」を南京や上海に運び出した。さらに三七年に盧溝橋事件が発生し南京の情勢が緊迫すると、南遷した文物はさらに西南へ疎開することになった。特に、西南疎開に際しては政府機関も重慶に移転し、そこで疎開した文物を利用した展覧会などの文物事業が展開され、戦意高揚が図られたのであった。第二次世界大戦が終結すると、西南に疎開した文物はいったん南京に戻されたが、国共内戦の敗北が決定的になると台湾に文物は再び遷移することになった。このように大量の文物が戦乱からの保護を目的として幾度も移動を経験したことは、南京国民政府の近代文物事業に特徴的な現象であった。

コレクションという概念によって説明を加えるならば、一九三〇年代に入り、文物を保護する諸制度が整い、文物に国家主権が発揮されるようになると、中国国内に存在する文物は南京国民政府が設けた文物制度によって管理される存在となった。これを中華民国によるコレクション化と呼ぶことができるであろう。これらの中国国内のコレクションを脅かしたのが日本軍であり、そのために文物は遷移を余儀なくされたのであった。なお、遷移しなかった文物は日本軍にいったん接収されたが、その後、汪兆銘政権に移管されることでコレクションとして存続した。

文物が疎開のために長距離を移動したという実績は一九三〇年代の海外出展につながったといえるのかもしれない。海外への出展文物が中国に帰還し、戦争が終結すると疎開した文物は南京に戻された。文物はこうした幾多の移動を経て、国家が本来定めたコレクションがあるべき場所に戻された。ここで主要戦勝国の一角を占めた中華民国は過去に海外に流出した文物の返還、すなわち中国による再コレクション化を実現しようと動き出すのであった。

第三節　見果てぬ文物回収への希求

ところで、一九四九年以降中国の近代文物事業はどのように展開されたのであろうか。両岸の故宮博物院の動向を中心に、簡単に概観してみたい[6]。

戦後の国共内戦で劣勢に立たされた国民党政権は、故宮博物院・中央博物院籌備処・中央研究院・北京図書館に収蔵されていた文物を台湾へ運搬し、台中県霧峰郷吉峰村北溝山麓に新設した倉庫に保管した。一九六五年に台北市郊外に国立故宮博物院の新館が建設されると、文物は同院新館に移され、新たな管理体制が発足した。台湾へ移転した中華民国にとって、ほぼ同時期に中国大陸で発動した文化大革命による文物の破壊活動は、国民党政権が文物を台湾へ移転させたことの正しさを証明するものとされた[7]。

一方、一九四九年一月に中国共産党は人員を派遣して故宮博物院を接収した。中華人民共和国は建国当初より北京の故宮博物院を維持し、その収蔵物の充実や建物の修繕に注力した。文化大革命の一時期を除けば、共産党政権は一貫して「清王朝文物」の価値を認め、台湾の国民党政権による文物の遷移と保管は不当であることを、五〇〜六〇年代を通じて主張し続けていた[8]。

両岸にある故宮博物院は、その正当性をめぐる闘争という側面を有しつつも、博物館によって文物を保管・展示するという清末新政・北京政府期以来の姿勢を今日まで維持し続けた。すなわち戦後台湾へ移転した中華民国と中国大陸で新たに成立した中華人民共和国の双方が、故宮博物院に限れば、清末からの文物保護意識を受け継ぎ、文物事業を継続していることがわかる。

本書の叙述を終えるにあたり、中国の近代文物事業の歴史性と現代性を考えるうえで紹介したいエピソードがある。一八六〇年に海外に流失したとされる文物の一部が二〇〇九年にパリで開催されたオークションに出品された経緯とその顚末である。

一八六〇年に英仏連合軍に略奪され海外へ流出したとされる文物の一部が二〇〇九年二月二五日パリで競売会社クリスティーズが開いたオークションに出品された。オークションにかけられたのは、円明園から略奪され、中国で屈辱の歴史を象徴するとされる十二支動物像のうち、ネズミとウサギの頭部の銅像で、銅像はフランスの服飾デザイナー、イブ・サンローランが所有し、サンローランの死去にともない遺産相続人を通じてクリスティーズに出品されたものであった。十二支動物像で所在がわかっている七体のうち四体は中国、一体はマカオにあり、所在の判明した最後の二体がオークションにかけられたのであった[9]。

この二体が出品されることに対して、北京の弁護士八五人がインターネット上で競売中止と中国への返還を求める声明を発表した。同声明では弁護士団は、盗まれた文化財は国際法で返還が義務づけられており、競売は法的、道義的に認められないと主張した。これに対してクリスティーズ側は、銅像は合法的に取り引きされたもので、売買経歴の文書も完備しており、売買を実施する意向を示した。

銅像は中華海外流出文物救援基金顧問を務める中国人収集家によって落札され、落札額は三一四九万ユーロであった。落札した中国人収集家は、略奪品のオークションには中国人であれば誰でも参加する、自分も責任を果たしたに過ぎない。代金を払うつもりはないと述べており、二像の落札は略奪品のオークションに対する抗議とともに、略奪品の即時返還を求めるメッセージであったといえる。中華海外流出文物救援基金は中国政府文化部傘下の団体であったことから、中国政府の意思が背後にあるとも考えられている[10]。

十二支動物像が一八六〇年に英仏連合軍に略奪されたのではないことは近年の検証でほぼ判明している。十二支動物像は、一八世紀中葉に完成した円明園内西洋楼庭園の一角にある噴水施設の一部であった。刻限になると各動物の口から水を吹き出す仕掛けになっており、フランス人技術者によって設計された。十二支動物像は英仏連合軍兵士には全く魅力がなかったために略奪にはあわず、やがて南海へ移され、一九三〇年前後に撮影された写真には十二支動物像が写っている。その後、十二支動物像の頭部が切り取られ北京の骨董市で売りに出され、世界各地に流出していった。十二支頭部を盗んだ人物は特定できないが、当時の状況から、外国軍隊による略奪ではないことはもちろん、欧米諸国や日本による組織的な略奪の可能性は高くないという(11)。

この二〇〇九年に起こった騒動には既視感がある。中華民国が一九三〇年代に国際連盟において「保護歴史美術宝物公約」の制定をめぐって略奪文物の買い取りを要求したことがあった。さらに第二次世界大戦中には、日本のみならずイタリアやドイツまでを対象とし、義和団事件にまで遡及した文物返還要求が構想されたことがあった。しかし、中華民国の二度にわたる要求は果たせなかった。欧米諸国が作り上げた美術工芸品取引の国際ルールでは、略奪という来歴は不問に付された。その後大陸中国では文化大革命による伝統文化の破壊が全国規模で展開され、そこでは歴史や伝統文化を表象する文物そのものが否定されることになった。やがて、二一世紀を迎え中国の著しい国力の伸長を背景として、オークションが有する欧米中心の価値体系に挑戦するかのように、二像は落札されたのであった。

十二支動物像は本来、本書がいうところの移動できる文物ではない。円明園にあった噴水施設の一部だったからである。切り取られたことで文物として流通するようになったのである。そのなかの一部であるネズミとウサギの頭像はイブ・サンローランのコレクションとなっていた。これに対して中国側は頭像を中国のコレクションに復帰させようとする国家文化主権のデモンストレーションを行ったのであった。

中国の近代文物事業は、清末から発生した文物の海外流出を防ぎ、中国国内の文物を保護下に置くことであり、やがて文物を国民統合に利用することにつながった。こうした一連の文物事業によって文物は国家建設に資することになった。しかし、近代文物事業の完遂が、中国から不当な方法によって国外へ流出した文物を回収することであるとすれば、中国の近代文物事業は、「近代」と同様に未完のプロジェクトであるのかもしれない。

注

(1) 黄興濤著、小野寺史郎訳「近代ナショナリズムの感情・思想・運動」飯島渉、久保亨、村田雄二郎編『シリーズ20世紀中国史1 中華世界と近代』東京大学出版会、二〇〇九年、一九三—一九四頁。

(2) コレクションの制度化については、松宮秀治『ミュージアムの思想』白水社、二〇〇九年を参照。

(3) クシシトフ・ポミアン著、吉田城、吉田典子訳『コレクション——趣味と好奇心の歴史人類学』平凡社、一九九二年、三六九頁。

(4) 同前、三七〇頁。

(5) ポミアンによるコレクションの定義および松宮の「コレクションの制度化」を援用した議論については、家永真幸『国宝の政治史——「中国」の故宮とパンダ』東京大学出版会、二〇一七年、一五—一六頁に示唆を受けた。

(6) 国民党政権によって、台湾へ持ち込まれた故宮博物院の文物管理体制や中国共産党による北京故宮博物院の接収、および戦後、「故宮文物」をめぐる国共間の対立については、家永真幸前掲書『国宝の政治史——「中国」の故宮とパンダ』、一六四—一九六頁に詳しい。

(7) 台湾において二〇〇〇年の民進党政権成立後、故宮博物院南部分院設立計画が発動され、中国への偏重を脱することを方針とする「アジアの博物館」が構想された。国民党政権は民進党政権期の計画を継承し、二〇一五年一二月嘉義県に同院南部分院は開館した。

(8) 家永真幸前掲書『国宝の政治史——「中国」の故宮とパンダ』、一六六頁。

(9) 「清朝『屈辱の象徴』パリ競売へ」『朝日新聞』二〇〇九年二月三日、八面(国際)。

(10) 「『略奪』銅像落札の中国人、文化省傘下団体の顧問」『朝日新聞』二〇〇九年三月三日、八面(国際)。

(11) 中野美代子「愛国心オークション——『円明園』高値騒動」『図書』七二五号、二〇〇九年七月、一八—二四頁。

あとがき

本書は、二〇一二年度に早稲田大学アジア太平洋研究科に提出した学位請求論文「中華民国と文物事業――国民国家建設における文物の意味」を加筆修正したものである。

思えば、二〇〇三年秋に早稲田大学アジア太平洋研究科博士課程に入学してから、学位を取得するまで、実に一〇年近くの時間を費やした。この間、つねに寛大かつ温かく見守ってくださった指導教授の天児慧先生には最大の感謝の意を表したい。また、博士論文の審査過程で、劉傑先生、松金公正先生、小林英夫先生からは、論文の枠組みから、問題意識の整理、年代区分の再考などに至るまで貴重なご助言を賜った。これらのご指導を本書においてなんとか生かそうと努めたが、今なお消化しきれない点が少なからず残されており、これは今後の課題とさせていただきたい。

当初、私は研究テーマを故宮博物院の成立過程に設定していたが、文献や先行研究を調べていくなかで、故宮博物院設立の背後にある中国の近代文物事業やそれが構想されるようになった歴史的背景について関心が移っていき、それらが博士論文のテーマとなったのである。しかし、言い訳になるが、もともと私の専門は歴史学ではなかったので、史料調査ですらままならない時もあり、研究を途中で投げ出したくなったこともあった。もちろん、本書の内容に稚拙な箇所が多々あるとすれば、これは最終的には私の努力不足に由来するものである。

博士課程に在籍できる最大の年数を費やして学位を取得し、本書の出版に漕ぎつけることができたのは、多くの先生方の力添えのおかげである。中国近代文物事業という視点から研究を構想するきっかけは、吉開将人先生の一連のご研究から多大な示唆を受けたことによる。そして、先生には多くの有益な研究情報をご教示いただき、拙論の誤りについても詳細かつ丁寧なご指摘を賜った。家永真幸先生には、研究会でコメンテーターを引き受けてくださり、また、初めての投稿論文の際には文献収集について多大なるご協力をいただいた。当該論文の掲載時に謝辞を付すことを失念していたため、遅ればせながらここにお詫びとともに謝意を表したい。

蔡和璧先生（元国立故宮博物院研究員）には台湾・世界新聞専科学校の助手をしていたころより長年にわたりお世話になった。文物を研究テーマにする着想は先生からの影響が少なくない。国立故宮博物院での史料調査の際には、荘吉發先生（元国立故宮博物院研究員）がお声をかけてくださり、多くのご助言を賜った。両先生に謝意を伝えたい。さらに、日本における研究活動の原点は、立教大学大学院社会学研究科修士課程に遡る。指導教授の溝尾良隆先生に改めて感謝の意をお伝えしたい。

私が早稲田大学大学院に入学して間もないころ、野口真広先生から読書会に声をかけてくださり、研究の基本からご指導いただいた。その時の読書会で読んだナショナリズムに関する書籍は博士論文の作成におおいに参考になった。島田大輔先生には初期の文献調査の段階からご指導をいただき、絶えず励ましの言葉をかけてくださった。また、文語文の日本語文献を読み解く際に貴重なご助言をいただいたのみならず歴史研究の基礎を教えていただいた。今回の出版にあたって、両先生からはお忙しいなか、細部にわたって細やかなご教示を賜り、心より感謝している。また、黄偉修先生には数度にわたり資料収集の際にお力添えをいただいた。天児ゼミの皆様、特に平川幸子先生、鄭成先生、任哲先生、黄斌先生にはお世話になった。ここで感謝の意を表したい。

そして、学位取得後から参加させていただいた劉傑先生主催の「東アジア歴史認識研究会」および青山治世、関智英両先生主催の「順天時報の会」の皆様からは数え切れないご教示を賜った。特に本書収録の補論は「順天時報の会」で発表した内容をもとに加筆修正したものである。その際には青山、関両先生に多大なご助言をいただいたことに衷心より感謝をお伝えしたい。

学位を取得してからすでに六年が経った。この間に、日中双方では中国近代文物事業に関する優れた論著が数多く発表された。本書の出版にあたって、可能な限りこれらの新たな「先行研究」を収集し取り入れたつもりであるが、おそらく漏れた論考もあると思われる。この点も今後の継続課題である。

ところで、本書の刊行は「早稲田大学文化推進部文化企画科二〇一六年第二回学術研究書出版助成」によって実現することができた。本書発刊の機会を与えてくださった関係者各位にここで感謝したい。

最後に、絶えず研究活動を支えてくれた台湾の家族および日本の家族に、感謝の意を示したい。

二〇一九年　初秋

cultural relics in an attempt to unify the nation by fostering nationalist sentiment in wider society.

The creation of museums was something that had already been encouraged under the Beijing Government, but the Nanjing Government went beyond the mere protection and academic study of these objects and promoted the exhibition of cultural relics to the citizenry. Triggered by the establishment of the National Palace Museum, the museums in the Republic of China came to be not only means to store cultural relics for preservation; they were also made part of the nation-building process through the public consumption of national cultural relics. Furthermore, the government promoted the use of exhibitions as propaganda for the unity of the Chinese people, as well as the development of modern cultural product projects for international relations.

Faced with the threat of Japanese invasion, the Nanjing Government first evacuated the cultural relics from Beijing to southern China and, then, moved them again to the southwest for the sake of safety. These relocations weakened the intimate link these cultural relics had had to their former residence – the old capital of Beijing – and closely associated them with the Nationalist Government in Nanjing. After the war, the cultural relics were brought to Nanjing and a new phase of modern cultural relics projects began. The government put pressure on Western countries to return those cultural relics looted in earlier times in order unify the country by way of revisiting its initial encounter with modernity.

Cultural Relics in Republic of China:

The Role of Modern Cultural Relics Projects in Nation-Building

CHANG Pihui

This article discusses the role of cultural relics in the nation-building process by analyzing modern cultural relics projects enacted in Republic of China. It covers the period from the 1911 Xinhai Revolution until the founding of the People's Republic in 1949. Rather than delivering individual studies and a historical review, the purpose of this article is to provide a comprehensive analysis of the overall nature of modern cultural relics projects in Republic of China.

During the early Republic, the Beijing Government carried on the nascent cultural relics projects that had been initiated by late Qing dynasty. Although it made some progress in developing a legal framework, it was ultimately unable to create a system of effective protections for cultural relics. The succeeding Nationalist Government in Nanjing further expanded this legal framework and established an organization for the promotion of modern cultural relics projects. The basic law concerning modern cultural relics projects, the "Antiques Preservation Act" (古物保存法), was enacted in 1930. This was followed in 1934 by the creation of the Central Commission for the Preservation of Antiquities（中央古物保管委員会）as an organ regulating modern cultural relics projects on the national level. Thus, under the Nanjing Government an effective operational structure for the preservation of cultural relics was established. In addition, Chinese authorities extended control over foreign research expeditions in order to demonstrate China's cultural sovereignty over [illegible]aeological excavations.

At the end of th[illegible]ing Dynasty, the outflow of cultural relics to foreign countries and failure [illegible]pose a system of effective protections for cultural relics had caused an in[illegible] in nationalism and a sense of cultural calamity among Chinese intellect[illegible]uring the period of the Beijing Government in the 1920s, nationalist sent[illegible]ade intellectuals, government officials, and citizens increasingly call fo[illegible]servation of the country's cultural relics. The Nanjing Government wen[illegible]urther and consciously attempted to use

著者紹介

張　碧恵（ちょう　へきけい）

早稲田大学大学院アジア太平洋研究科・博士（学術）。立教大学観光学部兼任講師。
主な業績「中華民国における「故宮文物」の意味形成――北京政府期を中心に」『中国研究月報』（第63巻12号、2009年）、「南京国民政府期における文物保護政策――「北平文物」の南遷を中心に」『次世代アジア論集』（No.8、2015年）、「「北京政変」前後における「清室宝物」をめぐる議論――『順天時報』の社論・論説分析を中心に」『アジア太平洋討究』（第30号、2018年）。

早稲田大学エウプラクシス叢書　18

中華民国と文物
国家建設に果たした近代文物事業の役割

2019年10月25日　初版第1刷発行

著　者……………………張　碧恵
発行者……………………須賀晃一
発行所……………………株式会社 早稲田大学出版部
169-0051 東京都新宿区西早稲田1-9-12
電話 03-3203-1551　http://www.waseda-up.co.jp/
装　丁………………笠井亞子
印刷・製本……………シナノ印刷株式会社

　ISBN978-4-657-19803-7

刊行のことば

一九一三（大正二）年、早稲田大学創立三〇周年記念祝典において、大隈重信は早稲田大学教旨を宣言し、そのなかで、「早稲田大学は学問の独立を本旨と為すを以て　之が自由討究を主とし　常に独創の研鑽に力め以て　世界の学問に裨補せん事を期す」と謳っています。

古代ギリシアにおいて、自然や社会に対する人間の働きかけを「実践（プラクシス）」と称し、抽象的な思弁としての「理論（テオリア）」と対比させていました。本学の気鋭の研究者が創造する新しい研究成果については、「よい実践（エウプラクシス）」につながり、世界の学問に貢献するものであってほしいと願わずにはいられません。

出版とは、人間の叡智と情操の結実を世界に広め、また後世に残す事業であります。大学は、研究活動とその教授を通して社会に寄与することを使命としてきました。したがって、大学の行う出版事業とは大学の存在意義の表出であるといっても過言ではありません。これまでの「早稲田大学モノグラフ」、「早稲田大学学術叢書」の二種類の学術研究書シリーズを「早稲田大学エウプラクシス叢書」、「早稲田大学学術叢書」の二種類として再編成し、研究の成果を広く世に問うことを期しています。

このうち、「早稲田大学エウプラクシス叢書」は、本学において博士学位を取得した新進の研究者に広く出版の機会を提供することを目的として刊行するものです。彼らの旺盛な探究心に裏づけられた研究成果を世に問うことが、他の多くの研究者と学問的刺激を与え合い、また広く社会的評価を受けることで、研究者としての覚悟にさらに磨きがかかることでしょう。

創立百五〇周年に向け、世界的水準の研究・教育環境を整え、独創的研究の創出を推進している本学において、こうした研鑽の結果が学問の発展につながるとすれば、これにすぐる幸いはありません。

二〇一六年一一月

早稲田大学